# LE LIVRE ÉCHANGE

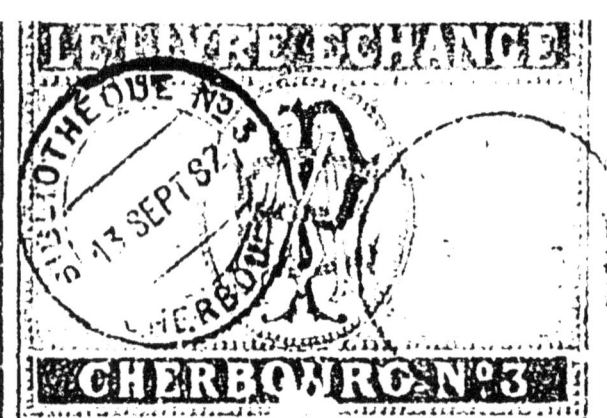

*Les Livres-Échange déchirés ou maculés ne seront pas repris.*

TOUTE DEMANDE

DE BIBLIOTHÈQUE OU DE PUBLICITÉ

doit être adressée

à MM. Et. Molles-Puyredon & Cie

2, Rue Saint-Jean

A BRUXELLES

ou

14, Rue Maguelone, à MONTPELLIER

| A. LANIER | DENELLE |
|---|---|
| Imprimeur | Relieur |
| Des LIVRES-ÉCHANGE | Des LIVRES-ÉCHANGE |
| PARIS, Rue Jacob, 11 | 53, Rue des Sts-Pères, PARIS |

# LES VOYAGEURS DE COMMERCE

(Extrait du *Gill-Blas*, 18 mai 1882).

Dans leur existence mouvementée, les voyageurs de commerce se voient malheureusement obligés de négliger toute étude sérieuse; ils n'ont pas les moyens pratiques de s'entourer des documents, des œuvres, des travaux des maîtres, qui faciliteraient leur culture intellectuelle. Ceux d'entre eux, en très petit nombre, qui se forment une bibliothèque, ne peuvent en emporter les volumes dans leur malle; c'est déjà trop de payer aux Compagnies des suppléments pour les caisses d'échantillons.

Et cependant les voyageurs aiment à lire.

Dans les trains, on les voit entourés de journaux et de volumes. A la table d'hôte, le marchand de gazettes est toujours satisfait de sa vente. Et le soir, en regagnant sa chambre froide et nue, est-ce que le voyageur de commerce ne demande pas à un camarade s'il n'a pas un livre à échanger?

Car le volume qu'on achète ne reste pas dans la malle; on le passe, après l'avoir lu, au collègue qui vous en offre un autre.

Une idée, qui vaut la peine d'être signalée, vient de se greffer sur cette habitude des voyageurs de commerce. L'un d'eux, M. Et Molles-Puyredon, a pensé qu'il pouvait être utile à ses camarades en leur offrant les moyens de satisfaire plus facilement leur goût de lecture, sans s'exposer de réels sacrifices d'argent.

Il veut établir dans tous les hôtels, à ses frais, une bibliothèque élégante qui sera sous la surveillance du maître de l'établissement.

Il garnira ces bibliothèques d'un choix varié d'œuvres des maîtres, et le voyageur de commerce pourra y puiser à son aise, emporter tel ou tel volume au loin, et l'échanger dans une ville quelconque de sa tournée contre un autre livre.

Une fois le premier achat fait, au prix fort, tout échange ne coûtera plus qu'une redevance de 50 centimes.

On m'apprend qu'il y a déjà, dans un certain nombre de grandes villes, des maîtres d'hôtel qui ont accepté la combinaison.

Puisse donc M. Et Molles-Puyredon, qui me paraît être un homme intelligent et actif, réaliser promptement son idée et lui donner l'extension qu'elle comporte! Mais qu'il ne s'attache pas seulement aux questions matérielles d'une affaire qui peut être bonne pour lui; qu'il envisage plutôt son rôle à un point de vue élevé, qu'il soigne ses choix et compose son catalogue des œuvres qui développent et grandissent l'esprit de l'homme.       *DE RANDERATH.*

# BIBLIOTHÈQUES
### DES
# LIVRES-ÉCHANGE

## FRANCE

| VILLES | DÉPOSITAIRES | NOMS DES HOTEL |
|---|---|---|
| Agen...... | J. SOULIÉS........ | Hôtel des Ambassadeurs. |
| Amiens.... | Vᵉ CARTON-GARBE.. | Hôtel du Commerce. |
| Avignon .. | BOUGNIARD et CAMPÉ | Hôtel du Luxembourg. |
| Bayonne... | JOS BAY.......... | Hôtel Saint-Étienne. |
| Besançon.. | ED. BALLAND...... | Grand Hôtel du Nord. |
| Béziers.... | ERNEST GUIARD..... | Grand Hôtel de la Paix. |
| Bordeaux.. | QUEUILLE et DARIC.. | Grand Hôtel Lambert. |
| Brest ..... | LAMARQUE........ | Grand Hôtel. |
| Cahors.... | J. VIVIÉS........ | Hôtel des Ambassadeurs. |
| Cette...... | Ch. ANDRIEU...... | Grand Hôtel. |

| VILLES | DÉPOSITAIRES | NOMS DES HOTELS |
|---|---|---|
| Cherbourg. | LE BRETON | Hôtel de France et du Commerce. |
| Clermont-F<sup>d</sup> | C. TISSEYRE | Grand Hôtel de la Poste. |
| Dijon | BENOIT-FAILLOT | Hôtel de Bourgogne. |
| Grenoble | P. CLAVEL | Hôtel des Trois Dauphins. |
| La Rochelle | L. BAREAU | Hôtel du Commerce. |
| Le Hâvre | GRELLÉ | Hôtel d'Angleterre. |
| Le Mans | J. CHANIER | Grand Hôtel Diot. |
| Lille | G. CAUSAERT | Hôtel du Singe d'Or (Café du Centre) |
| Limoges | MOREAU et MARTINAU<sup>d</sup> | Grand Hôtel de la Boule d'Or. |
| Lyon | MARIUS TREYNET | Grand Hôtel des Etrangers. |
| Marseille | FÉRAUD | Hôtel des Négociants. |
| Montpellier | FERD. GRIMAL | Hôtel du Cheval Blanc. |
| Moulins | L. BILLAUD | Hôtel de l'Allier. |
| Nancy | L. SCHWENNINGER | Hôtel de l'Europe. |
| Nantes | X. GARNIER | Hôtel du Commerce et des Colonies |

| VILLES | DÉPOSITAIRES | NOMS DES HOTELS |
|---|---|---|
| Narbonne.. | HYP. COMBES...... | Hôtel de la Dorade. |
| Nice....... | V. SCHMITZ ....... | Hôtel des Étrangers. |
| Orléans.... | LEMAIRE BRUNE... | Grand Hôtel Saint-Aignan. |
| Périgueux. | A. MARCAULT ..... | Grand Hôtel des Messageries. |
| Perpignan. | EUG. MALET...... | G$^d$ Hôtel du Nord et du Petit Paris réunis. |
| Poitiers... | ROUSSET ......... | Hôtel des Trois Piliers. |
| Reims..... | J. WILMART....... | Grand Hôtel. |
| Rennes.... | GRIVOIS.......... | Grand Hôtel. |
| Rodez..... | BINEY ........... | Hôtel Biney. |
| Rouen..... | DRUEL............ | Hôtel de Lisieux. |
| Tarbes.... | GERMAIN BARTHÉ.. | G$^d$ Hôtel de la Paix et du G$^d$ Soleil (English-Spoken) |
| Toulon ... | L. FILLE ......... | Grand Hôtel (English-Spoken). |
| Toulouse .. | MIRAL-FABRE ..... | Hôtel Domergue. |
| Tours ..... | A. DEVILLE....... | Grand Hôtel de Londres. |
| Troyes .... | DEROZE ARNOULT .. | Grand Hôtel du Commerce. |

## ÉTRANGER

| VILLES | DÉPOSITAIRES | NOMS DES HOTELS |
|---|---|---|
| Bruxelles.. | E. J. GIROD..... | Grand Hôtel |
| Genève.... | H. SPAHLINGER.... | Hôtel du Lac. |

8° Y² 9529

# LE BACHELIER

9529

# LE BACHELIER

OUVRAGES DE JULES VALLÈS

PUBLIÉS DANS LA BIBLIOTHÈQUE-CHARPENTIER

à 3 fr. 50 le volume.

## JACQUES VINGTRAS

L'Enfant . . . . . . . . . . . . . . . . . . . . . . . 1 vol.
Le Bachelier. . . . . . . . . . . . . . . . . . . . 1 vol.
L'Insurgé . . . . . . . . . . . . . . . . . . . . . . 1 vol.

Les Réfractaires, nouvelle édition. . . . . . . . . 1 vol.

Paris. — Imp. E. Capiomont et V. Renault, rue des Poitevins, 6.

# JACQUES VINGTRAS

# LE BACHELIER

PAR

JULES VALLÈS

TROISIÈME ÉDITION

PARIS

G. CHARPENTIER, ÉDITEUR

13, RUE DE GRENELLE-SAINT-GERMAIN, 13

1881

Tous droits réservés.

## A CEUX

### QUI

### NOURRIS DE GREC ET DE LATIN
### SONT MORTS DE FAIM

*Je dédie ce livre.*

*JULES VALLÈS.*

Paris.

JACQUES VINGTRAS

# LE BACHELIER

## I

### EN ROUTE

J'ai de l'éducation.

« Vous voilà armé pour la lutte — a fait mon professeur en me disant adieu. — Qui triomphe au collège entre en vainqueur dans la carrière. »

Quelle carrière ?

Un ancien camarade de mon père, qui passait à Nantes, et est venu lui rendre visite, lui a raconté qu'un de leurs condisciples d'autrefois, un de ceux qui avaient eu tous les prix, avait été trouvé mort, fracassé et sanglant, au fond d'une carrière de pierre, où il s'était jeté après être resté trois jours sans pain.

Ce n'est pas dans cette carrière qu'il faut entrer ; je ne pense pas ; il ne faut pas y entrer la tête la première, en tout cas.

Entrer dans la carrière veut dire : s'avancer dans

le chemin de la vie ; se mettre, comme Hercule, dans le carrefour.

*Comme Hercule dans le carrefour*. Je n'ai pas oublié ma mythologie. Allons ! c'est déjà quelque chose.

Pendant qu'on attelait les chevaux, le proviseur est arrivé pour me serrer la main comme à un de ses plus chers *alumni*. Il a dit *alumni*.

Troublé par l'idée du départ, je n'ai pas compris tout de suite. M. Ribal, le professeur de troisième, m'a poussé le coude.

« *Alumn-us, alumn-i*, m'a-t-il soufflé tout bas en appuyant sur le génitif et en ayant l'air de remettre la boucle de son pantalon.

— J'y suis ! *Alumnus...*, cela veut dire « élève, » c'est vrai.

Je ne veux pas être en reste de langue morte avec le proviseur ; il me donne du latin, je lui rends du grec :

— Χάρις τῷ μοῦ παιδαγωγῷ (ce qui veut dire : merci, mon cher maître).

Je fais en même temps un geste de tragédie, je glisse, le proviseur veut me retenir, il glisse aussi ; trois ou quatre personnes ont failli tomber comme des capucins de cartes.

Le proviseur (*impavidum ferient ruinæ*) reprend le premier son équilibre, et revient vers moi, en marchant un peu sur les pieds de tout le monde. Il me reparle, en ce moment suprême, de mon éducation.

« Avec ce bagage-là, mon ami... »

Le facteur croit qu'il s'agit de mes malles.

« Vous avez des colis? »

Je n'ai qu'une petite malle, mais j'ai mon éducation.

Me voilà parti.

Je puis secouer mes jambes et mes bras, pleurer, rire, bâiller, crier, comme l'idée m'en viendra.

Je suis maître de mes gestes, maître de ma parole et de mon silence. Je sors enfin du berceau où mes braves gens de parents m'ont tenu emmailloté dix-sept ans, tout en me relevant pour me fouetter de temps en temps.

Je n'ose y croire! j'ai peur que la voiture ne s'arrête, que mon père ou ma mère ne remonte et qu'on ne me reconduise dans le berceau. J'ai peur que tout au moins un professeur, un marchand de langues mortes n'arrive s'installer auprès de moi comme un gendarme.

Mais non, il n'y a qu'un gendarme sur l'impériale, et il a des buffleteries couleur d'omelette, des épaulettes en fromage, un chapeau à la Napoléon.

Ces gendarmes-là n'arrêtent que les assassins; ou, quand ils arrêtent les honnêtes gens, je sais que ce n'est pas un crime de se défendre. On a le droit de les tuer comme à Farreyrolles! On vous guillotinera après; mais vous êtes moins déshonoré avec votre tête coupée que si vous aviez fait tomber votre père contre un meuble, en le repoussant pour éviter qu'il ne vous assomme.

Je suis LIBRE! LIBRE! LIBRE!...

Il me semble que ma poitrine s'élargit et qu'une moutarde d'orgueil me monte au nez... J'ai des fourmis dans les jambes et du soleil plein le cerveau.

Je me suis pelotonné sur moi-même. Oh! ma mère trouverait que j'ai l'air noué ou bossu, que mon œil est hagard, que mon pantalon est relevé, mon gilet défait, mes boutons partis! — C'est vrai, ma main a fait sauter tout, pour aller fourrager ma chair sur ma poitrine; je sens mon cœur battre là-dedans à grands coups, et j'ai souvent comparé ces battements d'alors au saut que fait, dans un ventre de femme, l'enfant qui va naître...

Peu à peu cependant l'exaltation s'affaisse, mes nerfs se détendent, et il me reste comme la fatigue d'un lendemain d'ivresse. La mélancolie passe sur mon front, comme là-haut dans le ciel, ce nuage qui roule et met son masque de coton gris sur la face du soleil.

L'horizon qui, à travers la vitre me menace de son immensité, la campagne qui s'étend muette et vide, cet espace et cette solitude m'emplissent peu à peu d'une poignante émotion...

Je ne sais à quel moment on a transporté la diligence sur le chemin de fer[1]; mais je me sens pris d'une espèce de peur religieuse devant ce chemin que crève le front de cuivre de la locomotive, et où court ma vie... Et moi, le fier, moi, le brave, je me sens pâlir et je crois que je vais pleurer.

Justement le gendarme me regarde — du courage!

---

1. En 1851, cela se faisait ainsi.

Je fais l'enrhumé pour expliquer l'humidité de mes yeux et j'éternue pour cacher que j'allais sangloter.

Cela m'arrivera plus d'une fois.

Je couvrirai éternellement mes émotions intimes du masque de l'insouciance et de la perruque de l'ironie...

J'ai eu pour voisine de voyage une jolie fille à la gorge grasse, au rire engageant, qui m'a mis à l'aise en salant les mots et en me caressant de ses grands yeux bleus.

Mais à un moment d'arrêt, elle a étendu la main vers une bouquetière ; elle attendait que je lui offrisse des fleurs.

J'ai rougi, quitté ce wagon et sauté dans un autre. Je ne suis pas assez riche pour acheter des roses !

J'ai juste vingt-quatre sous dans ma poche : vingt sous en argent et quatre sous en sous.... mais je dois toucher quarante francs en arrivant à Paris.

C'est toute une histoire.

Il paraît que M. Truchet, de Paris, doit de l'argent à M. Andrez, de Nantes, qui est débiteur de mon père pour un M. Chalumeau, de Saint-Nazaire ; il y a encore un autre paroissien dans l'affaire ; mais il résulte de toutes ces explications que c'est au bureau des Messageries de Paris, que je recevrai de la main de M. Truchet la somme de quarante francs.

D'ici là, vingt-quatre sous !

Vingt-quatre sous, dix-sept ans, des épaules de lutteur, une voix de cuivre, des dents de chien, la peau olivâtre, les mains comme du citron, et les cheveux comme du bitume.

Avec cette tournure de sauvage, une timidité terrible, qui me rend malheureux et gauche. Chaque fois que je suis regardé en face par qui est plus vieux, plus riche ou plus faible que moi ; quand les gens qui me parlent ne sont pas de ceux avec qui je puis me battre et dont je boucherais l'ironie à coups de poing, j'ai des peurs d'enfant et des embarras de jeune fille.

Ma brave femme de mère m'a si souvent dit que j'étais laid à partir du nez et que j'étais empoté et maladroit (je ne savais pas même faire des 8 en arrosant), que j'ai la défiance de moi-même vis-à-vis de quiconque n'est pas homme de collège, professeur ou copain.

Je me crois inférieur à tous ceux qui passent et je ne suis sûr que de mon courage.

J'ai de quoi manger avec les provisions de ma mère. Je ne toucherai pas à mes vingt-quatre sous.

La soif m'ayant pris, je me suis glissé dans le buffet, et derrière les voyageurs, j'ai tiré à moi une carafe, j'ai rempli mon gobelet de cuir. Je l'achetai au temps où je voulais être marin, aventurier, découvreur d'îles.

Il me faut bien de l'énergie pour sauter au cou de cette carafe et voler son eau. Il me semble que je suis un de ces pauvres qui tendent la main vers une écuelle, aux portes des villages.

Je m'étrangle à boire, mon cœur s'étrangle aussi. Il y a là un geste qui m'humilie.

Paris, 5 heures du matin.

Nous sommes arrivés.

Quel silence! tout paraît pâle sous la lueur triste du matin et il y a la solitude des villages dans ce Paris qui dort. C'est mélancolique comme l'abandon : il fait le froid de l'aurore, et la dernière étoile clignote bêtement dans le bleu fade du ciel.

Je suis effrayé comme un Robinson débarqué sur un rivage abandonné, mais dans un pays sans arbres verts et sans fruits rouges. Les maisons sont hautes, mornes, et comme aveugles, avec leurs volets fermés, leurs rideaux baissés.

Les facteurs bousculent les malles. Voici la mienne.

Et le personnage aux quarante francs? l'ami de M. Andrez?

J'accoste celui des remueurs de colis qui me paraît le plus *bon enfant*, et, lui montrant ma lettre, je lui demande M. Truchet, — c'est le nom qui est sur l'enveloppe.

« M. Truchet? son bureau est là, mais il est parti hier pour Orléans.

— Parti !... Est-ce qu'il doit revenir ce soir?

— Pas avant quelques jours; il y a eu sur la ligne un vol commis par un postillon, et il a été chargé d'aller suivre l'affaire. »

M. Truchet est parti. Mais ma mère est une criminelle ! Elle devait prévoir que cet homme pouvait partir, elle devait savoir qu'il y a des postillons qui volent, elle devait m'éviter de me trouver seul avec une pièce d'un franc sur le pavé d'une ville où j'ai été enfermé comme écolier, rien de plus.

« Vous êtes le voyageur à qui cette malle appartient ? fait un employé.
— Oui, monsieur.
— Voulez-vous la faire enlever ? Nous allons placer d'autres bagages dans le bureau. »

La prendre ! Je ne puis la mettre sur mon dos et la traîner à travers la ville... je tomberais au bout d'une heure. Oh ! il me vient des larmes de rage, et ma gorge me fait mal comme si un couteau ébréché fouillait dedans...

« Allons, la malle ! voyons ! »

C'est l'employé qui revient à la charge, poussant mon colis vers moi, d'un geste embêté et furieux.

« Monsieur, dis-je d'une voix tremblante... J'ai pour M. Truchet... une lettre de M. Andrez, le directeur des Messageries de Nantes... »

L'homme se radoucit.

« M. Andrez ?... Connais ! Et alors c'est d'un endroit où aller loger que vous avez besoin ?... Il y a un hôtel, rue des Deux-Écus, pas cher. »

Il a dit « pas cher » d'un air trop bon. Il voit le fond de ma bourse, je sens cela !

« Pour trente sous, vous aurez une chambre. »

Trente sous !

Je prends mon courage à deux mains et ma malle par l'anse.

Mais une idée me vient.

« Est-ce que je ne pourrais pas la laisser ici ? je viendrais la reprendre plus tard ?

— Vous pouvez... Je vais vous la pousser dans ce coin... Fichtre ! on ne la confondra pas avec une autre, dit-il en regardant l'adresse. J'espère que vous avez pris vos précautions.

C'est ma mère qui a cloué la carte sur mon bagage :

Cette malle, souvenir de famille, appartient à
VINGTRAS (Jacques-Joseph-Athanase), né le jour de la Saint-Barnabé, au Puy (Haute-Loire), fils de Monsieur Vingtras (Louis-Pierre-Antoine), professeur de sixième, au collège royal de Nantes. Parti de cette ville, le 1er mars, pour Paris, par la diligence Laffitte et Gaillard, dans la Rotonde, place du coin. La renvoyer, en cas d'accident, à Nantes (Loire-Inférieure), à l'adresse de M. Vingtras, père, quai de Richebourg, 2, au second, dans la maison de Monsieur Jean Paussier, dit *Gros Ventouse*.
**Veillez sur elle !**

C'est arrangé comme une épitaphe de cimetière sur une croix de village. Le facteur me regarde de la tête aux pieds, et moi je balbutie un mensonge :

— C'est ma grand'mère qui a fait cela. Vous savez, les bonnes femmes de village... »

Il me semble que je me sauve du ridicule, en attribuant l'épitaphe à une vieille paysanne.

« Elle a un serre-tête noir, et sa cotte en l'air par derrière, je vois ça, dit le facteur d'un air bon enfant. »

S'il avait vu le chapeau jaune, avec oiseaux se béquetant, qui était la coiffure aimée de ma mère!... ma mère que je viens de renier...

Enfin, on a remisé la malle. — Je salue, tourne le bouton et m'en vais.


Me voilà dans Paris.

C'est ainsi que j'y entre.

Je débute bien! Que sera ma vie commencée sous une pareille étoile?

Je sors de la cour; je vais devant moi... Des voitures de bouchers passent au galop; les chevaux ont les naseaux comme du feu (on dit en province que c'est parce qu'on leur fait boire du sang); la ferblanterie des voitures de laitier bondit sur le pavé; des ouvriers vont et viennent avec un morceau de pain et leurs outils roulés dans leur blouse; quelques boutiques ouvrent l'œil, des sacristains paraissent sur les escaliers des églises, avec de grosses clefs à la main; des redingotes se montrent.

Paris s'éveille.

Paris est éveillé.

J'ai attendu huit heures en traînant dans les rues.

## II

MATOUSSAINT?

Que faire?

Je n'ai qu'une ressource, aller trouver Matoussaint, l'ancien camarade qui restait rue de l'Arbre-Sec. S'il est là, je suis sauvé.

Il n'y est pas!

Matoussaint a quitté la maison depuis un mois, et l'on ne sait pas où il est allé.

On l'a vu partir avec des poètes, me dit le concierge... des gens qui avaient des cheveux jusque-là.

« C'est bien des poètes, n'est-ce pas? et puis pas très bien mis; des poètes, allez, monsieur, fait-il en branlant la tête. »

Oh! oui, ce sont des poètes, probablement!

Dans les derniers temps, Matoussaint faisait la cour à la nièce d'une fruitière qui demeurait rue des Vieux-Augustins.

N'avait-elle pas aussi, à ce que m'a confié Matoussaint, un oncle *qui avait pris la Bastille?* Il avait gardé un culte pour la place et il était toujours au *mannezingue* du coin, d'où il partait tous les soirs soûl comme la bourrique à Robespierre, en insultant la veuve Capet. Je le trouverai peut-être le nez dans son verre, et il me mettra, en titubant, sur la trace de mon ami.

Hélas! le marchand de vin est démoli. C'est tombé sous la pioche, et je ne vois qu'un tireur de cartes qui m'offre de me dire ma bonne aventure.

« Combien?

— Deux sous, le petit jeu. »

Je tire une carte — par superstition — pour avoir mon horoscope, pour savoir ce que je vais devenir. Deux ou trois personnes en font autant.

Au bout de cinq minutes, l'homme nous raccole, une bonne, deux maçons et moi, et nous fait marcher comme des recrues que mène un sergent, jusqu'au mastroquet voisin. Là, nous regardant d'un air de dégoût :

« *L'as de cœur!*

— C'est moi qui ai l'as de cœur. »

« Monsieur, me dit le sorcier en m'attirant à lui, voulez-vous le grand ou le petit jeu?

Je sens que si je demande le petit jeu il me prédira le suicide, l'hôpital, la poésie, rien que des malheurs; je demande le grand.

« Quinze centimes en plus. »

Je donne mes vingt-cinq centimes.

« Payez-vous un verre de vin ? »

Je suis sur la pente de la lâcheté. Il me demanderait une chopine, j'irais de la chopine, je roulerais même jusqu'au litre.

On apporte des verres.

« A la vôtre ! »

Il boit, s'essuie les lèvres, renfonce son chapeau et commence :

« Vous avez l'air pauvre, vous êtes mal mis, votre figure ne plaît pas à tout le monde ; une personne qui vous veut du mal se trouvera sur votre chemin, ceux qui vous voudront du bien en seront empêchés, mais vous triompherez de tous ces obstacles à l'aide d'une troisième personne qui arrivera au moment où vous vous y attendrez le moins. Il faudrait pour connaître son nom, regarder dans le *jeu des sorciers*. C'est cinq sous pour tout savoir. »

Je ne puis pas mettre encore cinq sous, même pour tout savoir !

L'homme se dépêche de m'expédier.

« Vous tirerez le diable par la queue jusqu'à quarante ans ; alors, vous songerez à vous marier, mais il sera trop tard : celle qui vous plaira vous trouvera trop vieux et trop laid, et l'on vous renverra de la famille. »

Il me pousse dans le corridor et appelle le *dix de trèfle*.


Il n'y a plus qu'à aller du côté de l'amoureuse à Matoussaint.

Je ne connais malheureusement que sa figure et son petit nom. Matoussaint l'avait baptisée *Torchonette*.

Je bats la rue des Vieux-Augustins en longeant les trottoirs et cherchant les fruitières : il y en a deux ou trois. Je me plante devant les choux et les salades en regardant passer les femmes; toutes me voient rôder avec des gestes de singe, car je fais des grimaces pour me donner une contenance et je me tortille comme quelqu'un qui pense à des choses vilaines... je dois tout à fait ressembler à un singe.

Je ne puis pas aller vers les fruitières et leur dire :

« Avez-vous une nièce qui s'appelle Torchonette et qui aimait M. Matoussaint? Avez-vous un parent qui se soûlait tous les jours à la Bastille? »

Je ne puis qu'attendre, continuer à marcher en me traînant devant les boutiques, avec la chance de voir passer Torchonette.

J'ai eu cette bêtise, j'ai eu ce courage, comptant sur le hasard, et je suis resté des heures dans cette rue, toisé par les sergents de ville; mon attitude était louche, ma rôderie monotone, inquiétante.

Il y avait justement une boutique d'horloger et des montres à la vitrine voisine. Si dans la soirée on s'était aperçu d'un vol dans le quartier, on m'aurait signalé comme ayant fait le guet ou pris l'empreinte des serrures. J'étais arrêté et probablement condamné.

A l'heure du déjeuner, j'ai eu vingt alertes, croyant vingt fois reconnaître l'amoureuse à Matoussaint, et vingt fois faisant rire les filles sur la porte de l'atelier ou de la crémerie.

— Quel est donc ce grand dadais qui dévisage tout le monde ?

Elles me montraient du doigt en ricanant et je devenais rouge jusqu'aux oreilles.

Je m'enfuyais dans le voisinage, j'enfilais des ruelles sales qui sentaient mauvais ; où des femmes à figures violettes, à robes lilas, à la voix rauque, me faisaient des signes et me tiraient par la manche dans des allées boueuses. Je leur échappais en me débattant sous une averse de mots immondes et je revenais, mourant de honte et aussi de fatigue, dans la rue des Vieux-Augustins.

Il y en a qui m'ont pris pour un mouchard.

« *C'en est un*, ai-je entendu un ouvrier dire à un autre.

— Il est trop jeune.

— Va donc! Et le fils à la mère Chauvet qui était dans la Mobile, n'est-il pas de la *rousse* maintenant ? »

Il faisait chaud. Le soleil cuisait l'ordure à la bouche des égouts et pourrissait les épluchures de choux dans le ruisseau. Il montait de cette rue piétinée et bordée de fritures une odeur de vase et de graisse qui me prenait au cœur.

J'avais les pieds en sang et la tête en feu. La fièvre m'avait saisi et ma cervelle roulait sous mon crâne comme un flot de plomb fondu.

Je quittai mon poste d'observation pour courir où il y avait plus d'air et j'allai m'affaisser sur un banc du boulevard, d'où je regardai couler la foule.

J'arrivais de la province où, sur dix personnes, cinq vous connaissent. Ici les gens roulent par centaines : j'aurais pu mourir sans être remarqué d'un passant !

Ce n'était même plus la bonhomie de la rue populeuse et vulgaire d'où je sortais.

Sur ce boulevard, la foule se renouvelait sans cesse ; c'était le sang de Paris qui courait au cœur et j'étais perdu dans ce tourbillon comme un enfant de quatre ans abandonné sur une place.

J'ai faim !

Faut-il entamer les sous qui me restent ?

Que deviendrai-je, si je les dépense sans avoir retrouvé Matoussaint ? Où coucherai-je ce soir ?

Mais mon estomac crie et je me sens la tête grosse et creuse ; j'ai des frissons qui me courent sur le corps comme des torchons chauds.

Allons ! le sort en est jeté !

Je vais chez le boulanger prendre un petit pain d'un sou où je mords comme un chien.

Chez le marchand de vin du coin, je demande un *canon de la bouteille.*

Oh ! ce verre de vin frais, cette goutte de pourpre, cette tasse de sang !

J'en eus les yeux éblouis, le cerveau lavé et le cœur agrandi. Cela m'entra comme du feu dans les veines.

Je n'ai jamais éprouvé sensation si vive sous le ciel !

J'avais eu, une minute avant, envie de me retraîner jusqu'à la cour des Messageries, et de redemander à partir, dussé-je étriller les chevaux et porter les malles sous la bâche pour payer mon retour. Oui, cette lâcheté m'était passée par la tête, sous le poids de la fatigue et dans le vertige de la faim. Il a suffi de ce verre de vin pour me refaire, et je me redresse droit dans le torrent d'hommes qui roule !

Il est deux heures de l'après-midi.

J'ai les pieds qui pèlent, je n'ai pas aperçu Torchonette chez les fruitières.

Que devenir ?

Dans l'une des ruelles que j'ai traversées tout à l'heure, j'ai vu un garni à six sous pour la nuit. Faudra-t-il que j'aille là, avec ces filles, au milieu des souteneurs et des filous ? Il y avait une odeur de vice et de crime ! Il le faudra bien.

Et demain ? Demain, je serai en état de vagabondage.

Encore un verre de vin !

C'est deux sous de moins, ce sera mille francs de courage de plus !

— Un *autre* canon de la bouteille, dis-je au marchand d'un air crâne, comme s'il devait me prendre pour un viveur enragé parce que je *redoublais* au bout d'une halte d'une heure ; comme s'il pouvait me reconnaître seulement !

Je donne dix sous pour payer — une pièce blanche au lieu de cuivre ; quand on est pauvre, on fait toujours changer ses pièces blanches.

« Cinquante centimes : Voilà six sous. — L'homme me rend la monnaie.

— Je n'ai pris qu'un verre.

— Vous avez dit : *Un autre...*

— Oui.., oui...

Je n'ose m'expliquer, raconter que je faisais allusion au verre d'avant ; je ramasse ce qu'on me donne, en rougissant, et j'entends le marchand de vin qui dit à sa femme :

— Il voulait me carotter un canon, ce mufle-là !

Je ne puis retrouver Matoussaint !

Si je frappais ailleurs ?

Est-ce que Royanny n'est pas venu faire son droit ? Il doit être en première année, je vais filer vers l'École, je l'attendrai à la porte des cours.

Allons ! c'est entendu.

Je sais le chemin : c'est celui du Grand concours, au-dessus de la Sorbonne.

M'y voici !

Je recommence pour les étudiants ce que j'ai fait pour les fruitières. Je cours après chacun de ceux qui me paraissent ressembler à Royanny ; je m'abats sur des vieillards à qui je fais peur, sur des garçons qui tombent en garde, je m'adresse à des Royanhy, qui n'en sont pas ; j'ai l'air hagard, le geste fiévreux.

Ce qui me fatigue horriblement, c'est mon paletot d'hiver que j'ai gardé pour la nuit en diligence et que j'ai porté avec moi depuis mon arrivée, comme un escargot traine sa coquille, ou une tortue sa carapace.

Le laisser aux Messageries c'était l'exposer à être égaré, volé. Puis il y avait un grain de coquetterie ; ma mère a dit souvent que rien ne *faisait mieux* qu'un pardessus sur le bras d'un homme, que ça complétait une toilette, que les paysans, eux, n'avaient pas de pardessus, ni les ouvriers, ni aucune personne *du commun*.

J'ai jeté mon pardessus sur mon bras avec une négligence de gentilhomme.

Ce pardessus est jaune — d'un jaune singulier, avec de gros boutons qui font un vilain effet sur cette étoffe raide. Cet habit a l'air d'avoir la colique.

On ne le remarquait pas, ou du moins je ne m'en suis pas aperçu, dans la rue des Vieux-Augustins ou sur les boulevards, mais ici il fait sensation. On croit que je veux le vendre ; les jeunes gens se détournent avec horreur, mais les marchands d'habits approchent.

Ils prennent les basques, tâtent les boutons, comme des médecins qui soignent une variole, et s'en vont ; mais aucun ne m'offre un prix. Ils secouent la tête tristement, comme si ce drap était une peau malade et que je fusse un homme perdu.

Et il pèse, ce pardessus !

Avec mes courses vers l'un, vers l'autre, le grand air, et ce poids d'étoffe sur le bras, j'en suis arrivé à l'épuisement, à la fringale, à l'ivrognerie !

J'ai déjà mangé un petit pain, bu deux canons de la bouteille, et j'ai encore soif et j'ai encore faim ! La boulimie s'en mêle !

Pas de Matoussaint, pas de Royanny !

Je me suis décidé à entrer dans les amphithéâtres. J'ai produit une émotion profonde, mais n'ai pas aperçu ceux que je cherchais.

Les salles se vident une à une. Un à un les élèves s'éloignent, les professeurs se retirent. On n'a vu que moi dans les escaliers, dans la cour, — moi et mon paletot jaune.

Le concierge m'a remarqué, et au moment de faire tourner la grosse porte sur ses gonds, il jette sur ma personne un regard de curiosité; il me semble même lire de la bonté dans ses yeux.

Il a dû voir bien des timides et des pauvres depuis qu'il est dans cette loge. Il a entendu parler de plus d'une fin tragique et de plus d'un début douloureux, dans les conversations dont son oreille a saisi des débris. Il me renseignerait peut-être.

Je n'ose, et me détourne en sifflotant comme un homme qui a mené promener son chien ou qui attend sa bonne amie, et qui a pris un pardessus jaune, parce qu'il aime cette couleur-là.

La porte tourne, tourne, elle grince, ses battants se rejoignent, ils se touchent — c'est fini !

Elle me montre une face de morte. Je ne sais où est Matoussaint, je n'ai pu retrouver Royanny. J'irai coucher dans la rue où est le garni à six sous.

Je montre le poing à cette maison fermée qui ne m'a pas livré le nom d'un ami chez lequel je pourrais quêter un asile et un conseil.

Pourquoi n'ai-je pas parlé à ce portier qui me semblait un brave homme? Poltron que je suis!

Ah! s'il sortait!...

Il sort.

Je l'aborde courageusement; je lui demande — qu'est-ce que je lui demande donc? — Je ne sais, j'hésite et je m'embrouille; il m'encourage et je finis par lui faire savoir que je cherche un nommé Royanny et que l'École doit avoir son adresse, puisque Royanny est étudiant en droit.

« Allez voir le secrétaire de la Faculté, M. Reboul. »

Il rentre dans l'École avec moi et m'indique l'escalier.

M. Reboul m'ouvre lui-même — un homme blême, lent, l'air triste, la peau des doigts grise.

« Que désirez-vous? Les bureaux sont fermés... Vous avez donc quelqu'un avec vous? »

Il regarde au coin de la porte.

C'est que j'ai planté là mon paletot jaune qui a l'air d'un homme; M. Reboul a peur et il me repousse dans l'escalier.

Le gardien me recueille, je ressaisis mon paletot

comme on lève un paralysé et je m'en vais, tandis que M. Reboul se barricade.

« Écoutez, me dit le concierge, je vais prendre sur moi de regarder dans les registres, en balayant. Faites comme si vous étiez domestique et descendez dans la salle des inscriptions. »

Je fais comme si j'étais domestique. Je mets ma coiffure dans un coin et je retrousse mes manches. Ah! si j'avais un gilet rouge au lieu d'un paletot jaune!

Nous entrons dans la salle du secrétariat et l'on cherche à l'R.

Ro... Ro... Royanny (Benoît), rue de Vaugirard, 4.

Le concierge s'empresse de fermer le registre et de le remettre en place.

Je le remercie.

« Ce n'est rien, rien. Mais filez vite! M. Reboul va peut-être venir et il est capable de crier au secours s'il voit encore votre paletot! »

# III

### HOTEL LISBONNE

4, rue de Vaugirard... Hôtel Lisbonne? C'est au coin de la rue Monsieur-le-Prince.

Je demande M. Royanny.

« Il n'y est pas. Qu'est-ce que vous lui voulez? Vous êtes de Nantes, peut-être?... »

La concierge qui est une gaillarde me questionne brusquement et d'affilée.

« Je ne suis pas de Nantes, mais j'ai été au collège avec lui.

— Ah! vous avez été à Nantes? Vous connaissez M. Matoussaint?

— M. Matoussaint? oui. »

Je lui conte mon histoire. C'est justement après M. Matoussaint que je cours depuis cinq heures du matin!...

« En voilà un qui est drôle, hein! Il demeure en haut, à côté de M. Royanny — qui *répond* pour lui, vous sentez bien — Matoussaint n'a pas le sou... c'est un pané... *ça écrit.* »

Les concierges m'ont l'air tous du même avis pour les écrivains.

« Et Matoussaint est chez lui?

— Non, mais il ne ratera pas l'heure du dîner, allez! vous le verrez rentrer avec sa canne de tambour-major et son chapeau de jardinier quand on sonnera la soupe. »

Je vois, en effet, au bout d'un instant, par la cage de l'escalier, monter un grand chapeau sous lequel on ne distingue personne — les ailes se balancent comme celles d'un grand oiseau qui emporte un mouton dans les airs.

« C'est toi?...
— Matoussaint!
— Vingtras! »

Nous nous sommes jetés dans les bras l'un de l'autre et nous nous tenons enlacés.

Nous sommes enlacés.

Je n'ose pas lâcher le premier, de peur de paraître trop peu ému, et j'attends qu'il commence. Nous sommes comme deux lutteurs qui se tâtent — lutte de sensibilité dans laquelle Matoussaint l'emporte sur Vingtras. Matoussaint connaît mieux que moi les traditions et sait combien de temps doivent durer les accolades; quand il faut se relever, quand il faut se reprendre. Il y a longtemps que je crois avoir été assez ému, et Matoussaint me tient encore très serré.

A la fin, il me rend ma liberté : nous nous repeignons, et il me demande en deux mots mon histoire.

Je lui conte mes courses après Torchonette.

« Il n'y a plus de Torchonette : celle que j'aime maintenant se nomme Angelina. Je vais t'introduire. Suis-moi. — Et il m'emmène devant mademoiselle Angelina.

— Je te présente un frère — un second frère, Vingtras, dont je t'ai parlé souvent, et qui vient rompre avec nous le pain de la gaieté, (se tournant vers moi) tu viens pour ça, n'est-ce pas?

> Notre avenir doit éclore
> Au soleil de nos vingt ans.
> Aimons et chantons encore,
> La jeunesse n'a qu'un temps !

Tous au refrain, hé, les autres !

> Aimons et chantons encore,
> La jeunesse n'a qu'un temps !

Angelina est une grande maigre, pâle, au nez pointu, mais aux lèvres fines.

« Ah ! tu sais, dit-elle, après être allée au refrain, le boulanger est venu, et il a dit qu'il ne monterait plus de *jocko* si on ne lui payait pas la dernière note.

— Et Royanny?

— Royanny ! il est sorti pour voir si on voudrait

lui prendre son pantalon au *clou* de la Contrescarpe, on n'en a pas voulu *au Condé.* »

Matoussaint, qui vient d'accrocher son chapeau immense à une patère dans le mur (comme un Grec accroche son bouclier), Matoussaint se gratte le front.

« Tu vois, *frère*, la misère nous poursuit.

*Frère?* — Ah! c'est moi! — Je n'y pensais plus. Je n'ai jamais eu de frère et je ne puis pas me faire à cette tendre appellation, du premier coup.

« Mais, dis-donc, fait-il en changeant de ton, tu débarques? Tu dois avoir de l'argent? Les arrivants ont toujours le sac. »

Je dépose mon bilan.

Angelina me regarde d'un air de mépris.

« Et *ça*, dit Matoussaint en se précipitant sur ce qui me suit et qu'on a pris tour à tour, depuis ce matin, pour un malade et pour un voleur; *ça*, ça peut se mettre au clou. »

Angelina hausse les épaules jusqu'au plafond.

« On peut le vendre, toujours! Veux-tu le vendre? Tiens-tu à cette jaunisse?

— Non... »

Un « non » hypocrite.

Pauvre vieux paletot! il est bien laid et il m'a valu aujourd'hui bien des humiliations, mais j'étais habitué à lui comme à un meuble de notre maison. Il m'a tenu trop chaud et il était trop lourd sur mon bras toute cette après-midi, mais la nuit il m'a empêché de grelotter. J'aurai encore des nuits froides dans la vie!

Les hivers qui viendront, il pourrait me servir de couverture si mon lit n'en a qu'une. Puis, il a été sur le dos de mon père, le professeur, avant de m'être abandonné! Les élèves en ont ri, mais c'était une gaieté d'enfants; ce n'était pas la brutalité d'une vente au rabais, ni la mise à l'encan d'une vieille chose qui, toute ridicule qu'elle fût, avait son odeur de relique...

Cela n'a duré qu'un instant. C'est bien mauvais signe, si j'ai de ces sensibilités-là, à l'entrée de la *carrière*!

— Pstt, pstt, ho! hé! marchand d'habits!

Le marchand d'habits est monté et nous a donné quarante sous de la relique.

Ces quarante sous, ajoutés aux huit sous qui me restent, apportent la gaieté dans la mansarde.

Du pain, un litre, et des côtelettes à la sauce : il y a tout cela dans nos quarante-huit sous!

C'est moi qui irai commander. — Je dirai : « Des côtelettes avec beaucoup de cornichons », et, quand le garçon viendra avec la boîte en fer-blanc, je lui donnerai deux sous de pourboire; je lui donnerai même trois sous au lieu de deux, j'ai le droit de faire des folies au péril de mon avenir.

Nous avons bien dîné, ma foi!

On a tiré au sort à qui aurait la dernière rondelle de cornichon, on a trouvé encore de quoi acheter un gros pain, de quoi prendre son café, et l'on a braillé, ri et chanté, jusqu'à ce qu'Angelina ait dit qu'il était temps de chercher où me *coller* pour la nuit.

La concierge à qui l'on a parlé de l'affaire Truchet me logerait bien s'il y avait de la place, et me ferait crédit d'une demi-semaine. Mais tout est pris.

Elle se rappelle heureusement que les Riffault lui ont parlé d'un cabinet qui est libre. Les Riffault tiennent un hôtel rue Dauphine, 6, près du café Conti.

Elle écrit avec son orthographe de portière un mot pour les Riffault qu'elle connaît, et qui ont été concierges, comme elle, avant de s'établir.

Avec ce mot, gras comme les doigts du charcutier qui a vendu les côtelettes, je vais en compagnie de Matoussaint, rue Dauphine, et quoiqu'il soit minuit, on m'ouvre et l'on me conduit au cabinet libre.

J'y arrive par une espèce d'échelle à marches pourries qui a pour rampe une corde moisie et graisseuse; au sommet, entre quatre cloisons, une chaise dépaillée, une table cagneuse, un lit tout bas, en bois rouge, recouvert d'une couverture de laine poudreuse — poudreuse comme quand la laine était sur le dos du mouton; — l'air ébranle la fenêtre disjointe et passe par un carreau brisé.

Matoussaint lui-même semblé effrayé; il a failli se casser les reins en descendant l'échelle.

« Tu es tombé?

— Non. »

Mais je sais que Matoussaint n'aime pas à avouer qu'il est tombé, et il riait toujours (bien jaune) quand il lui arrivait de prendre un billet de parterre au collège ; il disait que c'était *exprès*.

JE SUIS CHEZ MOI!

Ce cabinet est misérable, mais je n'ouvrirai cette porte qu'à qui il me plaira, je la fermerai au nez de qui je voudrai ; j'écraserais dans la charnière les doigts de ceux qui refuseraient de filer, je ferais rouler au bas de cette échelle le premier qui m'insulterait, dussé-je rouler avec lui, si je ne suis pas le plus fort, ce qui est possible, mais on dégringolerait tous les deux.

JE SUIS CHEZ MOI!

Je rôde là dedans comme un ours, en frottant les murs...

JE SUIS CHEZ MOI!

Je le crierais! Je suis forcé de mettre ma main sur ma bouche pour arrêter ce hurlement d'animal...

Il y a deux heures que je savoure cette émotion.

Je finis par m'étendre sur mon lit maigre, et par les carreaux fêlés je regarde le ciel, je l'emplis de mes rêves, j'y loge mes espoirs, je le raye de mes craintes ; il me semble que mon cœur — comme un oiseau — plane et bat dans l'espace.

Puis, c'est le sommeil qui vient... le songe qui flotte dans mon cerveau d'évadé...

A la fin mes yeux se ferment et je m'endors tout habillé, comme s'endort le soldat en campagne.

Le matin, au réveil, ma joie a été aussi grande que la veille.

Il venait justement un soleil tout clair d'un ciel tout bleu, et des bandes d'or rayaient ma couverture terne ; dans la maison une femme chantait, des oiseaux piaillaient à ma fenêtre.

On m'a fait cadeau d'une fleur. C'est la petite Riffault à qui l'on avait donné plein son tablier d'œillets rouges, et qui, voyant ma porte ouverte, m'a crié du bas de l'échelle :

« Veux-tu un œillet, monsieur? »

Je l'ai mis dans un gros verre qui traînait sur la table boiteuse.

C'eût été une fiole de mousseline, une coupe de cristal, que j'aurais été moins heureux : dans le fond de ce verre je relisais les pages de ma vie de campagne et j'entendais vibrer des refrains d'auberge.

On avait de ces gros verres-là dans les cabarets de la Haute-Loire...

Enfin j'ai touché mon argent! M. Truchet est revenu.

J'ai gardé six francs pour les Riffault. Mon *chez moi* me coûte six francs ; il faut ce qu'il faut !

J'ai donné le reste à Angelina pour la *pot-bouille*.

Dès le premier jour on a détourné de la caisse à *pot-bouille* six autres francs pour aller au théâtre. Après un bon dîner, on est descendu sur la Porte-Saint-Martin où se joue la pièce qu'on veut voir : *la Misère*, par M. Ferdinand Dugué.

On boit en route et Matoussaint est très *lancé*.

Le rideau se lève.

Le héros (c'est l'acteur Munié) arrive avec un pistolet sur la scène.

Il hésite « Faut-il vivre honnête ou assassiner? Sera-ce la vie bourgeoise ou l'échafaud? »

Matoussaint crie : l'échafaud! l'échafaud!

Les quarante francs y ont passé.

On s'est bien amusé pendant dix jours, et je n'ai pas songé une minute au moment ou l'on n'aurait plus le sou.

Ce moment est arrivé ; il ne reste pas cinquante centimes à partager entre l'hôtel Lisbonne et l'hôtel Riffault.

Je viens de remonter mon échelle, de fermer ma porte. Je n'ai mangé que du bout des dents à dîner, il y avait trop peu, mais j'ai acheté un chignon de pain bis pour le croquer dans mon taudis.

Il n'est que huit heures.

La soirée sera longue dans ce trou, mais j'ai besoin d'être seul; j'ai besoin d'entendre ce que je pense, au lieu de brailler et d'écouter brailler, comme je fais depuis huit jours. Je vis pour les autres depuis que je suis là; il ne me reste, le soir, qu'un murmure dans les oreilles, et la langue me fait mal à force d'avoir parlé ; elle me brûle et me pèle à force d'avoir fumé.

Ce verre d'eau, tiré de ma carafe trouble, me plaît plus que le café noir de l'hôtel Lisbonne ; mes idées sont fraîches, je vois clair devant moi, oh! très clair!

C'est la misère demain.

Matoussaint assure que ce n'est rien.

Est-ce que Schaunard, Rodolphe, Marcel, n'en ont pas de la misère, et est-ce qu'ils ne s'amusent pas comme des fous en ayant des maîtresses, en faisant des vers, en dînant sur l'herbe, en se moquant des bourgeois ?

Je n'ai pas encore dîné sur l'herbe ; je n'ai presque pas dîné même, pour bien dire.

Pauvre mère Vingtras, elle m'a prédit que je regretterais son pot-au-feu ! Peut-être bien...

Je lui ai écrit pour lui annoncer mon installation à l'hôtel Riffault, dans une chambre très propre. J'avais ajouté que j'avais fait connaissance de gens qui pourraient m'être très utiles (!).

Je veux parler de Matoussaint, d'Angelina, de Royanny. — Ils m'ont été utiles, en effet, pour le paletot jaune, et ils peuvent me donner l'adresse de tous les monts-de-piété du quartier.

Ma mère m'a répondu.

Il tombe de sa lettre un papier rouge. *Bon pour quarante francs*, écrit en travers. C'est un mandat de poste !

Un mot joint au mandat :

« Ton père t'enverra quarante francs tous les mois. »

Quarante francs tous les mois !

Je n'y comptais pas, je croyais que les quarante francs du père Truchet étaient quarante francs une fois pour toutes.

Quarante francs !...

On peut payer son loyer, acheter bien du pain et

des côtelettes à la sauce, et même aller voir *la Misère* à la Porte-Saint-Martin avec quarante francs par mois !...

J'ai eu de l'émotion, en présentant mon mandat rouge à la poste.

J'avais peur qu'on me prît pour un faussaire.

Non ! j'ai reçu huit belles pièces de cinq francs !...

Je les ai emportées dans mon grenier, et toute la journée, j'ai fait des comptes.

J'ai établi mon bilan.

|  | DÉPENSES INDISPENSABLES. | | CAPITAL MENSUEL. | |
|---|---:|---|---:|---|
|  | fr. | c. | fr. | c. |
| Tabac.......................... | 4 | 50 | 40 | 00 |
| Journal......................... | 1 | 50 | | |
| Cabinet de lecture............... | 3 | 00 | | |
| Chandelle....................... | 1 | 50 | | |
| Blanchissage.................... | 1 | 00 | | |
| Savon de Marseille.............. | 0 | 20 | | |
| Entretien, (fil, aiguilles)........ | 0 | 10 | | |
| Chambre....................... | 6 | 00 | | |
| Total............ | 17 | 80 | 17 | 80 |
| Reste...................... | | | 22 | 20 |
| NOURRITURE | | | | |
| A midi. | | | | |
| Demi-viande.................... | 0 | 20 | | |
| Deux pains..................... | 0 | 10 | | |
| Le soir. | | | | |
| Demi-viande.................... | 0 | 20 | | |
| Légumes....................... | 0 | 10 | | |
| Deux pains..................... | 0 | 10 | | |
| Total par jour.... | 0 | 70 | | |
| 30 × 70 cent. = 21 fr................. | | | 21 | 00 |
| Reste pour dépenses imprévues.......... | | | 1 | 20 |

Revoyons cela !

Tabac. — Trois sous à fumer par jour.

Journaux. — Le *Peuple*, de Proudhon, tous les matins.

Cabinet de lecture. — Si je rayais cet article, ce ne serait pas seulement 3 francs, ce serait 4 fr. 50 c. que j'économiserais, puisque je compte trente sous de chandelle pour pouvoir lire, en rentrant chez moi, les ouvrages de location. Mais non ! C'est là le plus clair de ma joie, le plus beau de ma liberté, sauter sur les volumes défendus au collège, romans d'amour, poésies du peuple, histoires de la Révolution ! Je préférerais ne boire que de l'eau et m'abonner chez Barbedor ou chez Blosse.

Blanchissage. — Mon blanchissage de gros ne me coûtera rien. Tous les dix jours, je confierai mon linge au conducteur de la diligence de Nantes, qui se charge de le remettre sale à ma mère et de le rapporter propre à son fils. Mais je consacre un franc à mes faux-cols; je voudrais qu'ils ne me fissent qu'une fois, mes parents voudraient deux. Vingt sous pour *le fin*, ce n'est pas trop.

Entretien. — Je puis me raccommoder avec un sou de fil et un sou d'aiguilles.

Chambre. — C'est six francs.

Nourriture. — 21 francs. C'est assez.

Il me reste 1 fr. 25 cent. pour dépenses imprévues. Il faut toujours laisser quelque chose pour les dépenses imprévues. On ne sait pas ce qui peut arriver.

J'étouffe de joie ! j'ai besoin de boire de l'air et de fixer Paris. Je tends le cou vers la croisée. Je la croyais ouverte : elle était fermée, et je casse un carreau. Comme j'ai bien fait d'ouvrir un compte pour le casuel !

Je suis allé changer mes pièces de cent sous pour faire des petits tas, sur lesquels je pose une étiquette : *Tabac, savon de Marseille, Entretien.*

Il faut de l'ordre, pas de virements.

J'ai filé chez Barbedor, passage du Pont-Neuf. C'est lui qui a le plus de pièces et de romans.

« Je veux un abonnement.

— C'est trois francs.

— Les voilà.

— Et cent sous pour le dépôt. »

Malheureux, je n'avais pas songé au dépôt !

J'ai dû balbutier, me retirer... Faut-il remonter chez moi et prendre sur les autres tas ?

J'entrerais là dans une voie trop périlleuse ! Mieux vaut attendre et tâcher d'amasser pour ce petit cautionnement.

Ces cent sous me firent bien faute ! Je dus vivre sur mon propre fonds, pendant que les autres, qui avaient cent sous de dépôt, avaient à leur disposition tous les bons livres. Il est vrai que j'eus trois francs de plus à consacrer à ma nourriture ou à mes plaisirs ; j'économisais aussi sur la chandelle ; mais je ne pénétrai dans la littérature contemporaine que tard, faute de ce premier capital.

# IV

## L'AVENIR

Et maintenant, Vingtras, que vas-tu faire?

Ce que je vais faire? Mais le journaliste, que j'ai connu avec Matoussaint, n'est-il pas là, pour me présenter comme apprenti dans l'imprimerie du journal où il écrivait?

Je cours chez lui.

Il me rit au nez.

« Vous ouvrier!

— Mais oui! et cela ne m'empêchera pas de faire de la révolution — au contraire! j'aurai mon pain cuit, et je pourrai parler, écrire, agir comme il me plaira.

— Votre pain cuit? Quand donc? Il vous faudra d'abord être le saute-ruisseau de tout l'atelier; à dix-sept ans, et en en paraissant vingt! Vous êtes fou et le patron de l'imprimerie vous le dira tout le premier! Mais c'est bien plus simple, tenez! Passez-moi mon paletot, mettez votre chapeau et allons-y! »

Nous y sommes allés.

Il avait raison! On n'a pas voulu croire que je parlais pour tout de bon.

L'imprimeur m'a répondu :

« Il fallait venir à douze ans.

— Mais à douze ans, j'étais au bagne du collège! Je tournais la roue du latin.

— Encore une raison pour que je ne vous prenne pas! Par ce temps de révolution, nous n'aimons pas les déclassés qui sautent du collège dans l'atelier. Ils gâtent les autres. Puis cela indique un caractère mal fait, ou qu'on a déjà commis des fautes... Je ne dis point cela pour vous qui m'êtes recommandé par monsieur et qui m'avez l'air d'un honnête garçon. Mais, croyez-moi, restez dans le milieu où vous avez vécu et faites comme tout le monde.

Là-dessus, il m'a salué et a disparu.

— Que vous disais-je? a crié le journaliste. Vous vous y prenez trop tard, mon cher! Des moustaches, un diplôme!... Vous pouvez devenir cocher avec cela et avec le temps, mais ouvrier, non! Je suis forcé de vous quitter. A bientôt. »

Je suis resté bête et honteux au milieu de la rue.

Eh bien non! je n'ai pas lâché prise encore! et dans ce quartier d'imprimerie j'ai rôdé, rôdé, comme le jour où je cherchais Torchonette.

J'ai attendu devant les portes, les pieds dans le ruisseau; dans les escaliers, le nez contre les murs; il a fallu que deux patrons imprimeurs m'entendissent!

Ils m'ont pris, l'un pour un mendiant qui visait

à se faire offrir cent sous; l'autre, pour un poète qui voulait être ouvrier pendant quatre jours afin de ressembler à Gilbert ou à Magut.

Il ne faut pas songer au bonnet de papier et au bourgeron bleu!

Quel autre métier? — Celui de l'oncle menuisier, celui de Fabre cordonnier? Je me suis gardé d'en rien dire au journaliste ni à Matoussaint, ni à sa bande, mais je suis allé dans les gargotes m'asseoir à côté de gens qui avaient la main vernissée de l'ébéniste ou le pouce retourné du savetier. J'ai lié connaissance, j'ai payé à boire, j'ai dérangé mon budget, crevé mon bilan, quitte à ne pas manger les derniers du mois!

Tous m'ont découragé.

L'un d'eux, un vieux à figure honnête, les joues pâles, les cheveux gris, m'a écouté jusqu'au bout, et puis, avec un sourire douloureux, m'a dit:

« Regardez-moi! Je suis vieux avant l'âge. Pourtant je n'ai jamais été un ivrogne ni un fainéant. J'ai toujours travaillé, et j'en suis arrivé à cinquante-deux ans, à gagner à peine de quoi vivre. C'est mon fils qui m'aide. C'est lui qui m'a acheté ces souliers-là. Il est marié, et je vole ses petits enfants.

Il parlait si tristement qu'il m'en est venu des larmes.

— Essuyez ces yeux, mon garçon! Il ne s'agit pas

de me plaindre, mais de réfléchir. Ne vous acharnez pas à vouloir être ouvrier !

Commençant si tard, vous ne serez jamais qu'une mazette, et à cause même de votre éducation, vous seriez malheureux. Si révolté que vous vous croyiez, vous sentez encore trop le collège pour vous plaire avec les ignorants de l'atelier ; vous ne leur plairiez pas non plus ! vous n'avez pas été gamin de Paris, et vous auriez des airs de monsieur. En tous cas, je vous le dis : au bout de la vie en blouse, c'est la vie en guenilles... Tous les ouvriers finissent à la charité, celle du gouvernement ou celle de leurs fils...

— A moins qu'ils ne meurent à la Croix-Rousse !

— Avez-vous donc besoin d'être ouvrier pour courir vous faire tuer à une barricade, si la vie vous pèse !... Allons ! prenez votre parti de la redingote pauvre, et faites ce que l'on fait, quand on a eu les bras passés par force dans les manches de cet habit-là. Vous pourrez tomber de fatigue et de misère comme les pions ou les professeurs dont vous parlez ! Si vous tombez, bonsoir ! Si vous résistez, vous resterez debout au milieu des redingotes comme un défenseur de la blouse. Jeune homme, il y a là une place à prendre ! Ne soyez pas trop sage pour votre âge ! Ne pensez pas seulement à vous, à vos cent sous par jour, à votre *pain cuit*, qui roulerait tous les samedis dans votre poche d'ouvrier... C'est un peu d'égoïsme cela, camarade !... On ne doit pas songer tant à son estomac quand on a ce que vous semblez avoir dans le cœur ! »

Il s'arrêta, m'étreignit la main et partit.

Il doit être depuis longtemps dans la tombe. Peut-être mourut-il le lendemain. Je ne l'ai pas revu.

C'est lui qui a décidé de ma vie !

C'est ce vieillard me montrant d'abord le pain de l'ouvrier sûr au début, mais ramassé dans la charité au bout du chemin, puis accusant ma jeunesse d'être égoïste et lâche vis-à-vis de la faim ; c'est lui qui me fit jeter au vent mon rêve d'un métier. Je rentrai parmi les bacheliers pauvres.

. . . . . . . . . . . . . . . . . . . . . . . . . . .

J'ai été triste huit grands jours, mais c'est l'automne ! Le Luxembourg est si beau avec ses arbres dorés sur bronze, et les camarades sont si insouciants et si joyeux ! Je laisse rire et rêver mes dix-sept ans !

Nous arrosons notre jeunesse de discussions à tous crins, de querelles à tout propos, de soupe à l'oignon et de vin à quatre sous !

> Le vin à quat'sous,
> Le vin à quat'sous.

« Comme il est bon ! » disait Matoussaint en faisant claquer sa langue.

Matoussaint le trouvait peut-être mauvais, mais dans son rôle de chef de bande il faisait entrer l'insouciance du jeûne, comme des punaises, et la foi dans les liquides bon marché.

Il n'était pas à jeter après tout, ce petit vin à quatre sous !

Comme j'ai passé de bonnes soirées sous ce hangar

4.

de la rue de la Pépinière, à Montrouge, où il y avait des barriques sur champ, et qui était devenu notre café Procope; où l'on entendait tomber le vin du goulot et partir les vers du cœur; où l'on ne songeait pas plus au lendemain que si l'on avait eu des millions; où l'on se faisait des chaînes de montre avec les perles du petit bleu roulant sur le gilet; où, pour quatre sous, on avait de la santé, de l'espoir et du bonheur à revendre. Oui, j'ai été bien heureux devant cette table de cabaret, assis sur les fûts vides!

Quand on revenait, la mélancolie du soir nous prenait, et nos masques de bohèmes se dénouaient; nous redevenions *nous*, sans chanter l'avenir, mais en ramenant silencieusement nos réflexions vers le passé.

A dix minutes du cabaret on criait encore, mais un quart d'heure après, la chanson elle-même agonisait, et l'on causait — on causait à demi-voix du pays! — On se mettait à deux ou trois pour se rappeler les heures de collège et d'école, en échangeant le souvenir de ses émotions. On était simples comme des enfants, presque graves comme des hommes, on n'était pas poète, artiste ou étudiant, on était *de son village*.

C'était bon, ces retours du petit cabaret où l'on vendait du vin à quatre sous.

Nous avons fait une folie une fois, nous avons pris du vin fin, un muscat qu'on vendait au verre, un muscat qui me sucre encore la langue et qu'on nous reprocha bien longtemps.

Nous tenions la caisse, cette semaine-là, Royanny et moi. Boire du muscat, c'était filouter, trahir!

Nous fûmes traîtres pour deux verres.

Si toutes les trahisons laissent si bon goût, il n'y a plus à avoir confiance en personne.

Voilà le seul *extra*, la seule folie, le seul luxe de ma vie de Paris, depuis que j'y suis.

Il y a aussi l'achat d'un géranium et d'un rosier, puis d'une motte de terre où étaient attachées des marguerites. Chaque fois que j'avais trois sous que je pouvais dérober à la colonie — sans voler (c'était assez du remords du muscat) — chaque fois, j'allais au Quai aux fleurs *cueillir du souvenir*. Pour mes trois sous j'emportais la plante ou la feuille qui avait le plus l'odeur du Puy ou de Farreyrolles; j'emportais cela en cachette, entre mon cœur et ma main, comme si je devais être puni d'être vu! tant j'avais envie — et besoin aussi — dans cette boue de Paris, de me réfugier quelquefois dans les coins heureux de ma première jeunesse!

Un malheur!

Mon petit cabinet de l'hôtel Riffault m'a été pris un mois après mon arrivée. Les propriétaires ont fait rafraîchir la maison, et l'on a renversé mon échelle, profané ma retraite; on a fait un grenier de ce qui avait été mon paradis d'arrivant... J'ai dû partir, chercher ailleurs un asile.

Je n'ai rien trouvé à moins de dix francs. Les loyers montent, montent!

J'ai fait toutes les maisons meublées de la rue Dauphine, chassé de chacune par l'odeur des plombs ou le bruit des querelles. Je voulais le calme dans le trou où j'allais me nicher. Je suis tombé partout sur des enfants criards ou des voisins ivrognes.

Je n'ai eu un peu de sérénité que dans une maison où ma chambre donnait sur le grand air! J'étais bien seul et je voyais tout le ciel; mais il y avait au rez-de-chaussée un café par où je devais passer pour rentrer: ce qui m'obligeait à revenir le soir avant que l'estaminet fermât, et me privait des chaudes discussions avec les camarades. Elles étaient bien en train et dans toute leur flamme au moment où il fallait partir. C'était une véritable souffrance, et deux ou trois fois je préférai ne pas regagner mon logis, sortir de l'hôtel Lisbonne à deux heures du matin, et m'éreinter à battre le pavé jusqu'à ce que le café ouvrît l'œil et laissât tomber ses volets.

J'étais bien las de ma rôderie nocturne, et j'avais la tristesse pesante et gelée de la fatigue. J'avais, en plus, à soutenir le regard de la patronne qui m'avait attendu un peu, malgré tout — qui attendait même ma *quinzaine* quelquefois!...

Elle avait l'air de me dire, quand je rentrais grelottant, fripé et traînant la jambe, que je trouvais bien de l'argent pour passer les nuits, que je ferais mieux d'en trouver pour payer ma chambre.

Elle avait l'habitude de me jeter mes bouquets dans

le plomb, si je me permettais d'avoir des bouquets lorsque je restais à devoir encore 4 ou 5 francs.

Son mari était malheureusement un brave homme.

Malheureusement! Oui, car je l'aurais battu s'il avait été comme elle et je lui aurais fait payer à coups de bottes mes bouquets jetés dans le plomb.

Notre avenir doit éclore! etc., etc.

Je ne voyais pas éclore mon avenir, et je voyais pourrir mes fleurs.

Si petite qu'elle fût, j'ai pourtant partagé une de mes chambres de dix francs.

Matoussaint avait fait connaissance, je ne sais où, d'un ancien cuirassier — qui *attendait de l'argent*. C'était sa profession; il devait nous faire des avances à tous avec cet *argent;* il avait promis à Matoussaint d'éditer son *Histoire de la Jeunesse* à laquelle il avait semblé prendre un intérêt puissant.

« C'est écrit avec des balles, avait-il dit. »

Il avait achevé de séduire Matoussaint en lui fournissant des détails militaires, des mots techniques, pour rendre émouvante une attaque de barricade en Juin trente-neuf.

Aussi était-il du bivouac et mangeait-il à notre cantine, au hasard de notre fourchette.

Il manqua de logement à un moment — il lui en fallait un cependant — pour *faire adresser l'argent*.

« Tu comprends, c'est à toi de le prendre, m'a dit Matoussaint. Royanny et les camarades ont tous des femmes... ils ne peuvent pas faire coucher le cuirassier avec eux. Moi, j'ai Angelina. Mets-toi à ma place... »

A sa place, non. — Angelina était trop maigre!

C'était donc moi, le célibataire, qui devais rendre ce service à la communauté : je n'ai pas osé refuser.

Oh! quel supplice! Toujours ce grand cuirassier avec moi! Il a dit au propriétaire qu'il était mon frère, pour expliquer notre concubinage.

Que dirait ma mère chargée d'un autre fils? — accusée d'avoir un enfant que mon père ne connaît pas!

Oui, c'est du concubinage! Ce cuirassier se mêle à mes pensées, entre dans ma vie, m'empêche de dormir, si j'en ai envie, de marcher si ça me prend; ses jambes tiennent toute la place! Il a une pipe qui sent mauvais et un crâne qui me fait horreur, dégarni du milieu comme une tête de prêtre ou un derrière de singe. Il me tourne le dos pour dormir, je vois cette place blanche... je me suis levé plusieurs fois pour prendre l'air ; j'avais envie de l'assassiner!

Mais, un beau matin, je n'ai plus senti son grand cadavre près de moi. Il était parti! parti en emportant mes bottines. J'ai dû attendre la nuit noire pour remonter, en chaussettes, à l'*hôtel Lisbonne*, j'avais l'air d'un pèlerin, — d'un jeune marin qui avait promis dans un naufrage de porter un cierge, pieds nus ou en bas de laine, à Sainte-Geneviève.

On m'a battu pendant toute mon enfance, cela m'a

durci la peau et les os, — point le cœur, je ne pense pas! mais je trouve je ne sais quelle joie féroce à m'aligner avec les fanfarons de vigueur.

A ceux qui ont eu la folie de me provoquer, je crie :
— Mais vous ne savez donc pas que j'ai dû me laisser rosser pendant dix ans... que les commandements de Dieu et de l'Église le voulaient... Je m'en serais bien moqué, mais si j'avais crié trop fort, on aurait destitué papa... Allons, rangez-vous, que je le corrige, ce fou qui me cherche querelle, à moi, l'échappé des mains paternelles!... J'ai dix ans de colère dans les nerfs, du sang de paysan dans les veines, l'instinct de révolte... Je ne voudrais pas être méchant, mais j'ai à faire sortir les coups que j'ai reçus... Ne me touchez pas! Prenez garde!... Laissez-moi, vous dis-je! j'ai trop d'avantage sur vous!

Autant je suis brutal avec qui effleure ma douleur ou ma fierté, avec qui veut prendre la succession du père Vingtras pour le coup de poing, autant je suis humble et routinier avec les camarades.

J'ai nommé Matoussaint le chef de notre clan — et, sans être enthousiaste de lui, tout en le blaguant à part moi, je le suis comme un séide. J'ai lu qu'il fallait *s'entendre*, être un *cénacle*. Je l'ai lu dans Mürger comme dans Dumas, et j'ai accepté le rôle de Porthos des *Mousquetaires*, presque le rôle de Baptiste dans la *Vie de Bohème :* parce que je suis nouveau, parce que mon enfance n'a rien vu, parce que je me sens gauche et ignorant, non pas comme un provincial, mais comme un prisonnier évadé, comme un martyrisé qui étire ses membres.

J'ai pris parti derrière Matoussaint et les autres, dans la grande guerre entre *calicots* et *étudiants*. Il paraît qu'il faut tomber sur les *calicots*, que les calicots sont des bourgeois et des *réacs*, — et je tombe dessus. Je dépense là mon énergie, et je mets ma gloire à passer pour l'hercule de la bande.

Je ne fais rien : paresse dont je rends mon éducation responsable ! Il faut que je batte l'air de mes bras quelque temps encore, avant de pouvoir enfiler mon vrai chemin et appliquer au travail ma tête trop calottée.

Je ne fais rien, — pardon ! je gagne dix sous cinq fois par semaine. Je donne une leçon à un fils de portier. J'ai ainsi, avec mes quarante francs mensuels, douze francs cinquante centimes par semaine. Je ne dépense pas un radis de plus !

## V

### L'HABIT VERT

Un camarade m'a conduit dans une crémerie où se trouve une fille dont tout un cénacle est amoureux.

Elle est, en effet, bien jolie, cette brune à tête de juive, et je n'ai jamais éprouvé, à côté de femme de professeur ou de grisette, une impression pareille à celle que m'a donnée le froissement de sa jupe. Puis elle me regarde d'un œil si gai, avec un sourire qui montre de si belles dents blanches !

Elle me regarde encore, toujours — avec une persistance qui commence à me flatter.

Ai-je le charme, décidément? Elle rit. — Voilà qu'elle éclate !

« Pardon, monsieur, oh! je vous demande bien pardon ; c'est que vous avez l'air si drôle avec votre habit vert et votre gilet jaune ! »

Et elle repart d'un rire fou qui lui fait venir les larmes aux yeux et serrer les genoux.

Moi, je ressemble à une poupée de coiffeur, à

une figure mécanique. Je me retourne sur ma chaise, du mouvement d'un empalé qui peut encore rouler les yeux, mais en est aux derniers frémissements... Je fais aller mes prunelles à droite, à gauche, une, deux, — sans oser les fixer sur rien ni sur personne... Il me passe dans le cerveau l'idée que je suis un jeu de foire, où l'on envoie des palets, une boule, et j'ai l'air de dire : Visez dans le *mille*.

Enfin, la gaieté de la demoiselle s'est calmée, et elle vient me retirer de ma chaise comme on désempale un mannequin qui garde, un moment encore, quelque chose de raide et de presque indécent.

« Vous ne m'en voulez pas trop, n'est-ce pas ? C'était plus fort que moi. »

Elle met un peu de honte joyeuse dans sa voix, et, me prenant les doigts dans les siens :

« Une poignée de main, une bonne poignée de main pour me prouver que vous n'êtes pas fâché... »

Je ne suis pas encore bien déraidi et je procède par signes, pour indiquer mes intentions de marionnette indulgente ; j'avance et retire ma main, je fais « oui » avec ma tête — comme l'infâme Golo, au théâtre des marionnettes, à la *Foire au pain d'épice*.

C'est mon habit et mon gilet qui m'ont valu cela !

Un habit et un gilet flambant neufs, qui me sont arrivés de Nantes ce matin, dans une malle expédiée par ma mère.

Moi qui croyais que j'avais l'air très comme il faut avec ce costume !

Le collet m'inquiétait bien un tantinet; il me semblait qu'il montait beaucoup pour l'époque; le gilet me paraissait de quelques doigts trop long; mais je me rappelais les théories du *cossu* si souvent exprimées par ma mère, et j'étais sorti, point faraud, point fat, point avec l'intention d'humilier les autres, mais avec la pointe d'orgueil qui est permise à un jeune homme bien élevé, qui étrenne une jolie toilette.

C'est la faute de ma glace, sans doute, une glace de quatre sous où l'on ne se voit pas.

Si j'avais pu me voir!... Je n'ai pas mauvais goût, allons! Je sais bien ce qui est coquet et ce qui ne l'est pas! En attendant, j'ai été ridicule jusqu'à la racine des cheveux.

J'ai envie d'aller me jeter à l'eau, de quitter la France!

Si c'était un homme qui s'était moqué de moi!... Je le souffletterais,... un duel!

Mais pas un de ceux qui étaient là ne m'a insulté. D'ailleurs, comme je roulais les yeux pour ne pas regarder, je n'ai pu rien voir.

Je vais donc me jeter à l'eau ou quitter la France!

Me jeter à l'eau?... Disons plutôt adieu à la patrie!... Et encore, non!

J'ai l'air de fuir la conscription, de me refuser à payer l'impôt du sang! C'est mal.

Je m'endors là-dessus.

Je suis réveillé par le facteur.

— Une lettre, monsieur Vingtras !..........
..........

*En croirai-je mes yeux !*

Avec Matoussaint, j'ai tellement pris l'habitude de la solennité qu'au lieu de dire : « Bah ! est-ce possible ! » je dis quelquefois : *En croirai-je mes yeux !*

Voyons cette lettre !

« Hôtel des Quatre-Nations.

« Cher monsieur,

« Je suis encore toute honteuse de moi, si honteuse !... J'ai peur de vous avoir blessé. Je ne serai tranquille que quand vous m'aurez dit (sans être gêné par votre bel habit) que vous avez vu là une gaieté de jeune fille, et voilà tout.

« Faites-moi donc l'amitié, pour me montrer que vous ne me gardez pas rancune, de venir nous revoir ce soir à cinq heures. Nous sommes seules avec maman. Il n'y a pas encore les pensionnaires, et il me sera plus facile de vous demander pardon. Vous dinerez ensuite avec nous, et c'est moi qui vous invite pour ma pénitence.

« ALEXANDRINE MOUTON. »

Elle a été charmante.

Je regretterais bien maintenant que ma mère ne m'ait pas envoyé cet habit vert et ce gilet jaune.

Je l'aime!

Comment cela est-il venu? Je ne sais plus!

Je sais seulement que le soir de ce qu'elle appelait *la pénitence*, où, pour se punir, elle voulait m'avoir à dîner, et pour se punir davantage encore, me tenir près d'elle ; je sais que ce soir-là je n'essayai pas de jouer au poète, ni au *bohème*, ni même au républicain (pardonnez, morts géants!); je n'essayai pas d'avoir l'air héroïque, ni fatal, ni excentrique, ni artiste, ni rien de ce qu'on essaye de paraître quand on est près d'une femme et qu'on a dix-sept ans.

Je parlai simplement de mon habit et de mon gilet, de mon air bête, et de mon envie de me jeter à l'eau, remplacée par ma résolution de quitter la France; je contai que ce n'était pas la première fois que ma mère me poussait dans la voie du suicide avec des gilets trop longs ou des collets trop hauts, et je *la* fis rire encore — mais pas si fort que l'autre fois — rire d'un rire doux et clair, qui, à un moment, se mouilla même d'une petite larme. Une de mes histoires d'enfance avait détaché cette perle de ses yeux attendris.

— Oh! je m'en veux bien plus de ce que j'ai fait, dit-elle, et elle prit ma main comme celle d'un enfant, et la serra.

Avant le dîner, on avait fait des tours de force, et cette main-là avait courbé quelques poignets et soulevé des poids dans les coins. Maintenant elle tremblait comme la feuille.

A un moment, nos yeux se dirent ce que ne voulaient pas se dire nos lèvres; nos doigts se quittèrent, mais nos cœurs se joignirent...

Je vins là tous les soirs; j'y vins prendre mon café, puis mes repas; un matin, j'apportai ma malle! C'est elle qui le voulut.


Je passe à l'hôtel du père Mouton une vie bien heureuse, entre l'amour et la politique, entre la tête brune d'Alexandrine et le buste de la Liberté.

La mère Mouton espère-t-elle que j'épouserai sa fille, le père Mouton croit-il à mon avenir?...

Ils me font crédit. Ils m'ont même proposé à un Russe, qui est leur locataire, comme professeur de français.

Ce Russe me donne trente francs par mois. — Je ne lui apprends pas beaucoup le français, mais je lui écris en style enflammé une lettre tous les deux jours pour une actrice des *Délassements* dont il est fou.

Quarante francs et trente francs font soixante-dix francs partout.

J'ai soixante-dix francs!... J'en donne cinquante au père Mouton, qui est content et paye encore la goutte. J'en garde vingt pour mon blanchissage, mon tabac et mes folies! Sur ces vingt-là, il faut dire aussi que je porte tous les dimanches quarante sous à mon ancien petit élève, le fils du portier. Son père est mort, et sans moi et son oncle, un vieux cartonnier pauvre, il serait *à la charité.*

Je gagne ma vie, je suis aimé, et j'attends la Révolution.

# VI

## LA POLITIQUE

J'aime ceux qui souffrent, cela est le fond de ma nature, je le sens — et malgré ma brutalité et ma paresse, je me souviens, je pense, et ma tête travaille. Je lis les livres de misère.

Ce qui a pris possession du grand coin de mon cœur, c'est la foi politique, le feu républicain.

Nous sommes un noyau d'*avancés*. Nous ne nous entendons pas sur tout, mais nous sommes tous pour la Révolution.

« 93, CE POINT CULMINANT DE L'HSTOIRE ; LA CONVENTION, CETTE ILIADE ; NOS PÈRES, CES GÉANTS ! »

Quand je dis que nous sommes d'accord, nous avons failli nous battre plus d'une fois : j'ai, un jour, appelé Robespierre un pion et Jean-Jacques un « pisse-froid ».

« Pisse-froid » a failli me brouiller avec toute la bande.

On me passait la pionnerie de Robespierre, quitte à

y revenir et à *discuter ça* plus tard, mais « pisse-froid » appliqué à Rousseau était trop fort.

Que voulais-je dire par là? Quand on lance des mots pareils, il faut les expliquer... Que signifiait « pisse-froid » ?

Eh! mon Dieu, je ne suis pas médecin, mais j'ai entendu toujours appeler pisse-froid, même par ma mère, les gens qui n'étaient pas francs du collier — qui avaient l'air sournois, *en-dessous!*

— Alors, Jean-Jacques était *en-dessous?*

J'ai eu bien du mal à m'en tirer et j'ai dû faire quelques excuses, j'ai dû retirer pisse-froid. Je l'ai fait à contre-cœur et pour avoir la paix.

Il ne rit jamais, ce Rousseau, il est pincé, pleurard; il fait des phrases qui n'ont pas l'air de venir de son cœur; il s'adresse aux Romains, comme au collège nous nous adressions à eux dans nos devoirs...

Il sent le collège à plein nez.

Pisse-froid, oui, c'est bien ça !

Je tiens pour Voltaire. Je préfère Voltaire à Rousseau.

— Voltaire? crie Matoussaint.

Il me lance à la tête les vers d'Hugo...

. . . . . Ce singe de génie!

Je laisse passer l'orage et maintiens mon dire, en aggravant encore mes torts; le Voltaire qui me va, n'est pas le Voltaire des grands livres, c'est le Voltaire des contes, c'est le Voltaire gai, qui donne des chiquenaudes à Dieu, fait des risettes au diable, et s'en va blaguant tout....

« ALORS TU ES UN SCEPTIQUE?? dit Matoussaint, s'écartant de deux pas et croisant les bras en me fixant dans les deux yeux.

J'ai retiré pisse-froid pour Rousseau, je maintiens *sceptique* pour moi.

— Et tu te prétends révolutionnaire!...

— Je ne prétends rien. Je prétends que Rousseau m'ennuie, Voltaire aussi, quand il prend ses grands airs, et je n'aime pas qu'on m'ennuie ; si pour être révolutionnaire il faut s'embêter d'abord, je donne ma démission. Je me suis déjà assez embêté chez mes parents.

— Tu fais donc de la révolution pour t'amuser? » reprend Matoussaint en jetant un regard circulaire sur toute la bande, pour montrer où j'en suis tombé.

Je suis collé et je balbutie mal quelques explications. Mon embarras même me sauve. Matoussaint, qui a peur que je ne trouve à la fin quelque chose à répondre, me déclare qu'il sait « que j'ai été plus loin que je ne voulais, que ce n'est pas moi qui traiterais la Révolution comme une rigolade et qui promènerais le drapeau de nos pères comme un jouet... »

« Seulement, vois-tu, tu as la manie de contredire, tu t'y trouves pris quelquefois, dame ! et il rit d'un air de vainqueur indulgent. »

On trouve généralement que je n'ai pas d'enthousiasme pour deux sous.

Pas d'enthousiasme! Que dites-vous là?

A l'heure où la *Voix du peuple* paraît, je vais frémissant la détacher de la ficelle où elle pend contre les vitres du marchand de vins ; je donne mon sou et je pars heureux comme si je venais d'acheter un fusil. Ce style de Proudhon jette des flammes, autant que le soleil dans les vitres, et il me semble que je vois à travers les lignes flamboyer une baïonnette.

Pas d'enthousiasme? Ah! qu'on soulève un pavé et vous verrez si je ne réponds pas *présent* à l'appel des barricadiers, si je ne vais pas me ranger, muet et pâle, sous la bannière où il y aurait écrit : *Mourir en combattant!*

Pas d'enthousiasme! Mais je me demande parfois si je ne suis pas au contraire, un religieux à rebours, si je ne suis pas un moinillon de la révolte, un petit esclave *perinde ac cadaver* de la Révolution.

Pourquoi ce frisson toujours aux premiers mots de rébellion? Pourquoi cette soif de bataille, et même cette soif de martyre? Je subirais le supplice et je mourrais comme un héros, je crois, au refrain de la *Marseillaise*...

Ils trouvent à l'hôtel Lisbonne que je n'ai pas la foi! Ils m'en veulent de ne pas croire aux gloires et aux livres. — J'ai peur d'y croire trop encore! Il me semble qu'il se mêle à mon enthousiasme le romantisme de lectures ardentes qui font voir l'insurrection pleine de poésie et de grandeur, et qui promettent aux cadavres républicains une oraison funèbre scandée à coups de canon.

Est-ce que je sais au juste pourquoi je voudrais la bataille et ce que donnera la victoire? Pas trop. Mais je sens bien que ma place est du côté où l'on criera : *Vive la République démocratique et sociale!* De ce côté-là, seront tous les fils que leur père a suppliciés injustement, tous les élèves que le maître a fait saigner sous les coups de l'humiliation, tous les professeurs que le proviseur a insultés, tous ceux que les injustices ont affamés !...

Nous, de ce côté.

De l'autre, ceux qui vivent du passé, de la tradition, de la routine, les Legnagnas, les Turfins, les patentés, les fainéants gras!

J'ai assez des cruautés que j'ai vues, des bêtises auxquelles j'ai assisté, des tristesses qui ont passé près de moi, pour savoir que le monde est mal fait, et je le lui dirai, au premier jour, à coups de fusil... Pas d'enthousiasme de commande, non! Mais la fièvre du bien et l'amour du combat!

L'hôtel Mouton a remplacé l'hôtel Lisbonne. L'hôtel Lisbonne est mort ; c'est un marchand de vins restaurateur qui a succédé au marchand de vins *mastroquet*, et qui a pris pour lui toute la maison.

Les chambres des bohèmes se sont converties en cabinets particuliers. Où nous épluchions nos haricots, on sert des poulets marengo et des filets aux truffes; les buissons d'écrevisses — emblème du recul — fleu-

rissent où hurlaient des hommes d'avant-garde!
Cette maison, où l'on cassait la coquille aux préjugés,
a pris pour enseigne : *A la renommée des escargots.*

L'hôtel Lisbonne est mort.

Chacun est allé de son côté; Royanny a pris pour
maîtresse la fille de la concierge et vit avec elle,
comme un bourgeois, dans le coin de la rue Madame.

Voilà ce qu'est devenu Royanny ! ainsi s'en vont les
tapageurs d'antan! Du reste Royanny voulait être
notaire ; il n'était échevelé que par complaisance, et
se promettait bien d'être chauve, au besoin, — ses
examens une fois passés, — si cela lui était utile pour
avoir une étude achalandée.

Matoussaint, lui, s'est attaché au tombeau d'un
philanthrope, d'un homme de bien, qui distribuait des
soupes dans la rue, et à qui sa famille veut élever une
statue; elle a pensé qu'un livre, où seraient les *anas* de
sa bonté, aiderait à consolider la gloire du défunt, que
sa renommée tiendrait là dedans comme une cuiller
dans une soupe d'auvergnat, et c'est Matoussaint qui
a été chargé de tremper le bol. Il s'en acquitte con-
sciencieusement, écumant les *bonnes actions,* les *traits
de charité* qui surnagent dans la vie du défunt, comme
des yeux sur un bouillon.

Il vit chez les héritiers, où il est très bien, sauf
qu'on est obligé de manger la soupe à tous les repas
— par respect pour la mémoire du philanthrope —
ce qui lui fait venir du bedon. Matoussaint le cache en
vain ; il a du bedon, ce qui ôte beaucoup d'étrangeté
à sa physionomie.

Du reste, il est entré carrément *dans le pot du bonhomme* ; il a le vêtement arrondi des sages — comme en portent aussi les baillis dans les pantomimes ; il a un chapeau bas et des souliers lacés.

Je crois qu'Angelina l'a quitté et trompé. Il prétend qu'elle est en villégiature chez une parente ; mais cette parente-là a des moustaches et un chapeau pointu, à ce qu'il paraît.

La coiffure nouvelle de Matoussaint *soupophore* a semblé à Angelina une bassesse et l'habit de bailli une trahison.

— Puis, a-t-elle confié à quelques-uns, il n'avait plus que des gestes d'homme qui écume le pot au feu.

Mais non ; Matoussaint n'a pas trahi, et quoiqu'il ait cette odeur de soupe et ces habits ronds, il n'en reste pas moins attaché aux idées avancées — de toute la longueur de ses cheveux, qu'il n'a pas sacrifiés, mais qu'il coiffe en rouleaux tombant sur un col blanc, large comme une assiette.

Tout le monde n'est pas de notre opinion dans l'hôtel ; et il faut la situation exceptionnelle que m'a créée mon amour pour que nous puissions faire le tapage que nous faisons, les jours d'enthousiasme. On monte sur les chaises, on attaque la *Marseillaise* — en basse d'abord — mais bientôt les voix grondent, le père Mouton aussi, et les locataires se fâchent.

Un soir, on s'est battu et l'on nous a menés au poste. En route, Matoussaint a été rencontré par les héritiers de l'homme à la soupe qui lui ont signifié son congé le lendemain.

Il se vengea, a-t-on dit.

Des bruits ont couru qu'il était descendu en cachette à la cuisine et avait déshonoré la soupe — déshonoré! comment? de quelle façon? — Il ne s'en ouvrit jamais à personne ; on sait seulement que ce jour-là on trouva un drôle de goût au bouillon, dans la famille du *Petit Gilet bleu*.

Collège de France.

Depuis que Matoussaint est libre, on n'entend que nous dans le quartier et nous sommes en vue dans tous les tapages.

Le cours de Michelet est notre grand champ de bataille. Tous les jeudis, on monte vers le Collège de France.

On a fait connaissance de quelques étudiants, ennemis des jésuites, qu'on ramasse en route, et nous arrivons en bande dans la rue Saint-Jacques.

Laid, bien laid, ce temple universitaire, enserré entre ces rues vilaines et pauvres où pullulent les hôtels garnis ; tout cerné de bouquinistes misérables qu'on voit au fond de leur boutique noire, éternellement occupés à recoller des dos de vieux livres.

Collège! c'est bien un collège, quoique les écoliers aient des moustaches. Cela ressemble beaucoup aux corridors et vestibules silencieux qui menaient aux études ou aux classes. On s'attend à voir passer le proviseur causant avec l'économe, puis croisé par l'aumônier qui rentre vite, comme si les péchés l'appelaient, et qui fait, avec un sourire mécanique et blanc, un grand salut.

C'est triste ! Matoussaint refuse d'en convenir :

« Tu trouves tout triste. Ne voudrais-tu pas qu'il y eût des haricots avec des fleurs rouges ?

— J'aimerais mieux ça, et aussi que Michelet fût plus clair quelquefois !

— Alors, riposte-t-il d'une voix sourde et avec un rire de pitié, *Zoïle* n'a pas encore été content de lui à sa dernière leçon ?... »

Content ? mais il ne comprend rien, ce Matoussaint, et s'il n'y avait pas l'esprit de corps, l'esprit de discipline, ce serait à lui flanquer des gifles ! Content ! — Eh si ! je suis content ! Je sais bien que Michelet est des nôtres et qu'il faut le défendre.

L'avant-dernier jeudi, est-ce que je n'ai pas à moitié assommé un réac qui disait juste comme moi — à cette différence près que, lui, il était enchanté que le cours eût été ennuyeux ; moi, j'en étais triste, parce que j'aurais préféré que ce fût moins élevé, plus *terre à terre*. — Oui, Matoussaint — plus terre à terre. Je me figure qu'il y en a beaucoup qui sont aussi terre à terre que moi dans cette foule...

Je parie que les trois quarts de ceux qui applaudissent ne comprennent pas.

On attend toujours pour applaudir.

Quand ce n'est pas tout indiqué par l'intonation ou

le geste du maître, deux grands garçons — un qui a de longs cheveux, un autre qui n'en a pas — donnent le signal; pas seulement pour l'applaudissement mais pour le rire aussi; pas seulement pour le rire mais pour le *ricanement*.

J'ai ricané à faux, deux ou trois fois, croyant bien faire, ce qui a produit un très mauvais effet : les voisins qui avaient ricané d'après moi, *de confiance*, croyant que j'obéissais au signal du *Chauve* ou des *Longs cheveux* m'en veulent beaucoup et me le montrent.

Aussi j'attends maintenant que le ricanement soit absolument adopté ; que le rire soit indiscutable ; que le bravo soit bien le bravo qu'il faut, avant de faire n'importe quoi qui indique l'enthousiasme, ou la joie, ou l'amertume. Je ne pars jamais avant les autres.

Je pars après quelquefois !

Je viens trop tard, et ma manifestation attardée, solitaire, me compromet encore. Toute la salle se tourne vers ce monsieur qui semble se moquer du monde.

J'y mets de l'orgueil ; je n'ose pas avoir l'air de n'être qu'un écho stupide, et je continue tout seul à faire des gestes ou à pousser de petits cris.

— Mais taisez-vous donc ! me crie-t-on de toutes parts. Est-il bête, cet animal-là !

Pourquoi Michelet a-t-il, de temps en temps, comme des absences?

J'ai lu ses Précis, ses Histoires. Ça vivait et ça lui-

6.

sait, c'était clair et c'était chaud. Je partais quelquefois dans ma chambre avec du Michelet, comme on va se chauffer près d'un feu de sarment.

Quelquefois aussi, quand il parlait, il avait des jets de flamme, qui me passaient comme une chaleur de brasier, sur le front. Il m'envoyait de la lumière comme un miroir vous envoie du soleil à la face. Mais souvent, bien souvent, il *tisonnait* trop et voulait faire trop d'étincelles : cela soulevait un nuage de cendres.

Cendres ou étincelles, les idolâtres saluaient tout.

A moi, il me semble que ce n'est pas honnête et que c'est hypocrite de mentir pour rien ; de s'aveugler et d'aveugler ainsi le maître. Ce n'est pas la peine de crier contre les Jésuites.

Quelle belle tête tout de même, et quel œil plein de feu ! Cette face osseuse et fine, solide comme un buste de marbre et mobile comme un visage de femme, ces cheveux à la soldat mais couleur d'argent, cette voix timbrée, la phrase si moderne, l'air si vivant !

Il a contre le passé des hardiesses à la Camille Desmoulins ; il a contre les prêtres des gestes qui arrachent le morceau ; il égratigne le ciel de sa main blanche.

Les journaux s'en sont mêlés, on a reproduit des passages de quelques leçons — passages à mine ridicule. Le professeur a protesté, il a *rebouté* les citations, refait le nez de ses phrases.

Pourquoi?

Au lieu de dépenser son éloquence et son ironie à se défendre, je voudrais qu'il me parlât de choses que je n'entrevois point, qu'il me jetât à la tête des idées que j'emporterais — même pour les trouver mauvaises, sans en rien dire à personne — mais auxquelles je penserais en me couchant. »


« Il y a des jésuites, a-t-il dit, qui viennent ici écouter mes leçons et les dénaturent. »

Tous ceux, dans la salle, qui n'ont pas de barbe, qui ont le teint un peu blême, le nez un peu gros, des redingotes un peu longues et des souliers noués ; ceux-là sont fouillés d'un œil menaçant et soupçonnés d'être des échappés du séminaire, qui viennent faire le jeu de l'ennemi. L'orage gronde au-dessus de leurs têtes, il est question de les aplatir. Ils entendent murmurer autour d'eux : « *Rat d'église, punaise de sacristie, mange bon Dieu! tête de cierge, on sait bien où sont les cafards, à bas les calotins!* »

Un garçon à lunettes, qui prend des notes, est désigné par une main inconnue comme un des suppôts du jésuitisme.

« Celui-là ?...

— Où, où donc?

— Au troisième banc.

— Ce grand?

— Oui... quelqu'un vient de dire qu'il était toujours avec les prêtres. »

C'est tombé dans l'oreille d'un *pur*, qui s'est levé,

a demandé ce que faisait l'homme là-bas, l'homme à lunettes...

« Il prend des notes. »

Il y en a bien d'autres qui en prennent — et des Micheletiers enragés — mais le vent est au soupçon.

« A bas le preneur de notes ! — Fouillez-le — Sa carte d'étudiant ! sa carte ! Qu'il montre sa carte !... »

Il n'a pas de carte, moi, non plus ! Sur les deux mille individus qui sont là, qui donc a sa carte ? Personne ! Mais tout le monde demande celle de la redingote longue, qui ne sait pas ce qu'on lui veut, qui croyait d'abord qu'on parlait d'un autre.

A la fin on lui explique. Il se lève et répond :

« Je m'appelle Émile Ollivier, le frère d'Aristide Ollivier, tué en duel, l'autre jour, à Montpellier, dans un duel républicain. »

Il avait bien l'air d'un jésuite, pourtant !

## VII

### LES ÉCOLES

Un matin, une rumeur court le quartier.

« Vous savez la nouvelle? On a interdit le cours Michelet. C'est au *Moniteur*. »

Nous l'apprenons à l'hôtel Mouton, où se produit tout de suite une agitation qui se communique aux petits cafés et crémeries environnantes.

On sait que l'hôtel est républicain, on connaît nos crinières; sur le pas de la porte, on nous a vus souvent discuter, crier; nous avons notre popularité sur une longueur de quinze maisons et de trois petites rues.

On vient nous trouver.

« Que faire? Que dit Matoussaint?

— Et vous, Vingtras?

— Que faire? mais *protester*, parbleu! Allons, Matoussaint, mets-toi à cette table et rédige-nous ça! On ira ensuite en bande au Collège de France, et on fera signer tous ceux qui viendront se casser le nez à l'heure du cours.

— A qui enverra-t-on la protestation?

— On ira la porter a la Chambre. »

L'idée m'est venue tout d'un coup. Elle fait sensation. (Oui ! oui !)

Matoussaint a déjà sauté sur un morceau de papier.

« Aide-moi ! dit-il.

— Eh bien ! est-ce fait ? demande-t-on au bout d'un moment. »

Non. — Il y a des adjectifs qui se disputent, et trois adverbes en *ment* qui font très vilain effet.

Je finis par déchirer nos longs brouillons et par écrire d'un trait quatre lignes, pas plus.

« Les soussignés protestent, au nom de la liberté de pensée et de la liberté de parole, contre la suspension du cours du citoyen Michelet, et chargent les représentants du peuple, auxquels ils transmettront cette protestation, de la défendre à la tribune. »

— Ajoute : *A la face de la nation.*

— Si tu veux.

— Citoyens ! la protestation est ainsi conçue ! »

Il lit.

— Bien ! bien !

Nouveaux cris de « Vivent les Écoles ! A la Chambre ! A la Chambre ! »

Ceux qui ont une belle main copient des exemplaires de la protestation. La première transcrite est offerte aux citoyens Matoussaint et Vingtras ; ils signent sur la même ligne, en tête et en gros ; et tout le monde de se presser pour mettre son nom après le leur.

Il y eut même une crémerie, sur laquelle on ne comptait pas, qui vint et demanda à avoir des feuilles : crémerie d'opinions pâles, où l'on en était encore à l'*adjonction des capacités !* Comment osait-elle se lancer dans le mouvement ? Il fallait qu'il fût irrésistible. Cependant elle garda dans cette occasion — tout en apportant son contingent — les traditions bien connues de prudence, qui l'avaient fait surnommer : *Au Chocolat pacifique.* Sachant bien que dans les poursuites, ce sont toujours les premiers signataires qui étrennent, ils signèrent en rond.

On se rend, muni de tout ce qu'il faut pour écrire, à la porte du Collège de France.

Matoussaint est l'homme en vue ; il se donne un mal de tous les diables, pérorant, protestant, emplissant la rue.

C'est vraiment lui le boute-en-train de cette foule d'étudiants, jeunes ou vieux, qui viennent se joindre au rassemblement.

Il pleut des adhésions.

C'est décidé — MERCREDI. Citoyens, voulez-vous MERCREDI? (Oui! oui!) A MERCREDI!

Mercredi.

Aujourd'hui la manifestation!

Nous sommes sur la place du Panthéon. L'hôtel Mouton est en avance d'une heure ; personne ne se montre encore.

Le ciel est gris, le soleil se voile.

On vient lentement, regardant de loin s'il y a du monde, les uns par modestie, les autres par timidité, tous par peur de ne pas être dans la tradition. Enfin, la place se garnit et l'on est déjà une cinquantaine devant l'École de droit.

On est prêt! En avant!

Nous descendons en silence — la consigne a été de ne pas jeter un cri et on l'observe comme des gens de caserne ou d'église.

C'est même un peu triste, cette promenade sans bruit et sans drapeaux.

Les drapeaux, comme les cris, ont été défendus; d'abord il n'y avait pas de drapeaux; on aurait été obligé de les faire faire. Il fallait commander l'étoffe et les ourler. Mais il n'y en avait pas de tout prêts, comme je le croyais d'après les livres, pas de drapeaux des écoles, pas un.

On dirait qu'il pleut!

« Il tombe de grosses gouttes, dis-je à Matoussaint en étendant la main.

— Ce ne sont pas des gouttes, c'est quelqu'un qui a craché, répond-il tout haut ; mais tout bas, à l'oreille, il me souffle ses craintes. »

Il n'est plus permis de nier les gouttes sans être taxé d'impudence ; d'ailleurs nous voyons de loin s'arrondir des parapluies. Le premier qui s'arrondit fit pâlir Matoussaint !

Nous nous regardons trois ou quatre, avec des yeux tristes, mais nous nous contentons de relever les collets de nos habits — comme des colonels qui, contre les balles, en tête des régiments, redressent seulement la tête de leur cheval, et vont crânes sous le feu.

Ça tombe, ça tombe !

Les sergents de ville ne se fâchent pas ; au lieu de barrer la révolte, ils s'écartent ; ils se mettent à l'abri sous les portes et font même signe qu'il y a encore de la place pour un.

Nous arrivons sur la place Bourgogne.

La sentinelle crie : *Qui vive ?* Le poste a couru aux armes.

« Ceignons nos reins, dit Matoussaint. Êtes-vous bien trempés ? ajoute-t-il d'une voix de héros en se retournant vers ceux qu'il croit les plus résolus.

*Trempés !...* Mais oui, pas mal comme ça ! »

Dans la Chambre on s'est ému de ce qui se passe sur

la place. La nouvelle a couru de bouche en bouche. D'ailleurs, nous avons fait demander des députés républicains.

Il n'en vient pas; il pleut trop! Ils veulent bien mourir fusillés, mais pas noyés.

Tout d'un coup, cependant, un cri s'élève :
« Crémieux ! Crémieux ! »
Ma foi oui, c'est Crémieux qui arrive — l'avocat Crémieux.

Il s'appuie sur le bras d'un homme jeune, modeste et frêle, qui est aussi, assure-t-on, représentant du peuple; on l'appelle Versigny.

Ils approchent, le pantalon retroussé.

Matoussaint va à eux, ouvre son paletot et retire la pétition qu'il avait mise sur sa poitrine; malheureusement la pluie a traversé son paletot et la pétition est toute verte; le vêtement de Matoussaint est couleur d'herbe et il a déteint sur le papier. On ne peut rien lire, mais Matoussaint sait la pétition par cœur, il la récite.

Le jeune représentant paraît vouloir répondre !
Non, il remue le nez, les lèvres et éternue. Il dit :
« Atchoum! » seulement.

— Citoyen, reprend Matoussaint en allant à Crémieux, je ne vous demande pas de m'embrasser.

Oh, non! Il est trop mouillé.

« Mais je vous demande une poignée de main que je transmettrai à toute la jeunesse des écoles. »

Le vieillard fin et indulgent donne la poignée de main — qui lui déraidit toutes ses manchettes.

« Vive la République !

— *Atchoum! Atchoum!* » fait le jeune représentant. Et tout le monde fait *atchoum !* comme on se mouche, même sans en avoir envie, quand le prédicateur se clarifie le nez avant le sermon.

Les feuilles réactionnaires se sont amusées de la promenade dans la boue, sous l'averse, et l'on a baptisé cette manifestation, déjà tant baptisée par le ciel : la *Manifestation des parapluies.*

Il faut une revanche. Matoussaint et moi, nous avons juré de l'organiser sous forme d'une protestation nouvelle.

Nous courons dans tous les coins, nous grattons tous les enthousiasmes, nous mettons les convictions à vif, nous chatouillons la plante des pieds à toutes les passions — petites ou généreuses — qui peuvent aider à rassembler de nouveau les écoles.

Je suis dépêché près des *anciens* du quartier qui ont été témoins et acteurs dans les protestations célèbres.

Un petit homme me frappe beaucoup par l'étendue de son dévouement et de son nez.

Il s'appelle Lepolge et jouit d'un certain prestige, parce qu'il passe pour être ou avoir été secrétaire de Cousin. On dit qu'il fait partie en même temps des sociétés secrètes.

Par un hasard singulier, il appartient à ma race,

il est né dans le même département, la même ville, presque la même rue.

« Dans mes bras ! » s'écrie-t-il, quand il l'apprend.

Son nez qui est colossal me gêne beaucoup pour cette embrassade. Il a une habitude bien gênante aussi : il fait *chut !* dès que vous voulez parler et vous met le doigt sur la bouche.

C'est qu'il est des sociétés secrètes ; voilà pourquoi !

« J'amènerai des hommes des *Saisons*. »

J'ouvre la bouche pour le remercier, il met son doigt.

« Et de l'*Aide-toi, le ciel t'aidera,* » répond-il.

Je fais un geste, il remet son doigt ; il le laisse même trop longtemps. J'ai envie de respirer, tiens !


Quand je dis au Comité directeur (le noyau a pris le nom de *Comité* depuis l'averse) que nous aurons des hommes des sociétés secrètes, l'effet est énorme.

— Alors ce n'est plus une manifestation, c'est une révolution !

Quelques mots graves sont prononcés : « J'aurais voulu embrasser ma mère avant ce jour-là ! — N'avoir encore rien connu de la vie ! — Nous irons souper chez Pluton ! »


Le grand jour est arrivé.

Je vais chez Lepolge en longeant les murailles, ce qui me salit beaucoup.

« *Les Saisons sont-elles averties ?* »

Il me remet le doigt sur la bouche comme la première fois.

« *Chut!...* »

« Que t'a-t-il répondu ? » me demande Matoussaint, le soir, quand je rentre.

*Chut!* — Mais je ne lui mets pas le doigt sur la bouche. Je le préviens seulement qu'on m'a défendu de parler à âme qui vive.

*Chut...* — Et comme si tout en ne voulant rien dire, je tenais pourtant à l'avertir que les hommes d'action sont prêts, je chante avec des couacs qui me désolent moi-même :

> Il y avait des hommes sur des pavés !
> Trois hommes noirs qui étaient masqués...

Matoussaint devine tout de suite que ce chant d'allure naïve est un mot d'ordre ! et à son tour comme un simple pâtre qui rentre à la ferme, il continue :

> Ces hommes-là furent *rejoignis*,
> Par des escholiers de Paris...

Matoussaint sait bien que rejoindre fait « rejoints » au participe passé : « rejoints » et non pas « rejoignis. » Mais « rejoignis » a l'air pâtre (ce qui déroute la police ; et en même temps m'indique qu'il a compris).

En rentrant dans sa chambre, on entend sa voix qui meurt. Il a interverti :

> Par des escholiers de Paris
> Ces hommes-là furent rejoignis !

Oh ! il est né conspirateur !

# VIII

**LA REVANCHE**

Place du Panthéon.

Noire de monde, la place, cette fois ! C'est plein de mouvement et de vie.

La première manifestation, malgré son malheur, a été un bon champ de manœuvre. On a déjà fait campagne. Il pleuvait alors ; aujourd'hui le soleil flambe, On était trois cents, on va être deux mille !

Nous verrons ce que c'est que les Écoles sans la pluie !

Est-on prêt ? Tous ceux qu'on attend sont-ils venus ?

Y a-t-il encore des pelotons de libres penseurs qui ne soient pas en place et qui fassent languir la Révolution ?

On y est !

Matoussaint monte les marches du Panthéon, met sa main en abat-jour sur ses yeux, embrasse la foule d'un regard et descend, grave comme un Gracque venant du Capitole : Il va donner le signal.

Mais voilà qu'un autre homme que Matoussaint monte comme lui les marches et observe la place ! Un grand garçon à moustaches et barbiche brunes, teint blême, œil louche...

« C'est DELAHODDE, le mouchard, murmure une voix près de moi.

— Plus bas, dis-je instinctivement, en écrasant la main de celui qui a parlé ; plus bas ; on va l'assassiner !... »

Notre émotion est grande dans le groupe où a éclaté la révélation et où je plaide le silence.

« Si l'on veut le châtier, il faut aller lui brûler la cervelle sur place, tirer au sort à qui s'en chargera ; mais si on le livre à la foule, chacun en prendra un morceau, et ce sera odieux et sale, vous verrez ! Il sera tué à coups de poing, à coups de pied, à coups d'ongle ! — Et l'on nous accusera de scélératesse et de lâcheté !... »

Il paraît que je parle comme il faut parler et que j'ai dans la voix une émotion qui porte, car on se range à mon avis ; seulement, par curiosité de paysan qui regarde se traîner un crapaud, on se presse sur le chemin du signalé.

— C'est lui, c'est bien lui ! répète le garçon qui ne l'avait vu que de loin.

Ce suspect a-t-il remarqué qu'on le dévisageait ? toujours est-il qu'il tourne sa face blême de notre côté et il écarte ses lèvres dans un rire muet, sinistre.

Je n'oublierai jamais ce rire-là, — J'ai vu un jour un chien enragé qui agonisait : il avait l'œil boueux, la lèvre retroussée et montrait ainsi sa mâchoire blanche...

Si ce n'est pas Delahodde, c'est un misérable sûrement ; ce rire le dit.

A-t-il eu peur, a-t-il eu honte? — Il s'écarte de la foule et disparaît dans la petite rue qui est derrière l'Ecole de Droit...

J'ai peut-être été lâche de ne pas le laisser écharper.

« Où va-t-on ?

— A la Sorbonne pour sommer le doyen de paraître et lui lire la protestation contre la fermeture du cours, » répondent les meneurs.

Nous sommes dans la grande cour de la Sorbonne — elle est pleine.

J'aperçois tout d'un coup Lepolge, vers lequel je vais, mais qui d'un geste me fait signe de ne pas le reconnaître.

Est-il avec les *Saisons?* Les hommes de *Aide-toi le ciel t'aidera* sont-ils là? Y a-t-il des armes sous les habits? Je ne le saurai pas de la journée ; au moment où nous nous croisons avec Lepolge, je le questionne à l'oreille.

« *Chut!* »

Et il avance son fameux doigt. Il m'agace, à la fin ! Je le mords, s'il y revient.

Je m'agite donc sans savoir si je coudoie des hommes chargés de cartouches, vieux chefs de barricades, qui vont tout d'un coup crier : « Vive Barbès! » et planter le drapeau rouge.

Le rouge, il s'étale en fromage sur la tête de quelques étudiants à cheveux longs.

Sont-ce des chefs, ces porte-bérets? Si ce sont des chefs, qu'ils le disent! Mais ils sont bien jeunes et ont diablement l'air de *première année!*

Cependant, dans le tas — comme dessus du panier — un de ces bouchons rouges couvre une bouteille, où il m'a l'air d'y avoir du vin généreux. Cette bouteille est un garçon blond, aux grands yeux gris, au front large, à la mine un peu pensive.

Il n'a pas le bouchon sur l'oreille; il l'a planté droit; comme s'il ne voulait pas crâner avec sa coiffure, mais arborer du rouge, simplement parce que c'est la couleur républicaine. Ce porte-béret *me va* et je le suis d'un œil ami dans la foule.

Il n'est pas seul, il a avec lui un autre béret et quelques camarades qui me *bottent* aussi. Ce groupe-là m'inspire de la confiance; si on se bûche, je suis sûr qu'ils en seront.

On se bûche!

Le feu a pris aux poudres par une provocation des *Saint-Vincent de Paul.*

Les Saint-Vincent se sont insolemment plantés sur les marches du grand escalier.

Ils n'ont encore rien dit, mais voilà qu'ils applaudissent !

Il y avait des mouchards dans la foule, qui, tout d'un coup, se sont jetés sur les bérets ; les têtes coiffées de rouge sont traquées par les policiers en bourgeois.

C'est alors que les Saint-Vincent ont crié « bravo ! » du haut des marches :

— Emballés, les coquelicots !

Où est donc mon béret aux yeux gris ?

Ah ! je l'aperçois avec son ami brun.

Ils gagnent les escaliers d'où la Saint-Vincenterie hue les coquelicots emballés.

Ils ne regardent pas si on les suit ; ils vont gifler les Saint-Vincent... J'en suis !

### SCRUPULES

Je ne me rappelle plus bien ce qui s'est passé, ce qu'on a donné de giffles ; je sais que je n'en ai pas reçu, mais il y a eu une bousculade et l'on s'est perdu tous dans la foule.

Moi, je tiens une oreille ! — Je la tiens entre le pouce et l'index. Cette oreille appartient à un de ceux qui ont applaudi.

« Tu vas demander pardon. »

Je tutoie ce jeune homme sans le connaître.

L'oreille fait la sourde ; j'abaisse encore un peu le museau.

Le *Saint-Vincent* crie, moi je parle et je dis :

« Tu crieras après... Tu vas demander pardon, d'abord, Ah! tu applaudis quand les sergents de ville nous arrêtent!

— Ce n'est pas moi.

— Ce n'est pas toi? Eh bien! jure par le *saint-père le pape* que ce n'est pas toi. »

Je l'ai surpris criant bravo. Nous allons voir s'il osera jurer.

« Vous me lâcherez si je jure que ce n'est pas moi?

— Oui.

— Je vous jure...

— *Par le saint.....* Allons, faut-il épeler

— *Par le saint...*

— *Père le pape.*

— *Perlepap.* »

Il marmotte, il va trop vite. Ce n'est pas de jeu. Il faut un *père le pape* plus sérieux : — PET-REU-LEU-PAPP!

Il le donne aussi sérieux que je le veux; je suis bien forcé de le lâcher.

Mais je me ravise au même moment!

Ai-je été parjure en cette occasion? Ai-je violé la foi des serments, manqué à la parole promise? je me le suis demandé souvent depuis. Je ne sais pas encore si j'eus tort de courir après le Saint-Vincent et de le ramener par l'oreille.

« Que me voulez-vous?

— Viens, que je te donne encore un coup de pied au cul. »

Le Dieu qu'il adore m'est témoin que je n'y mis point de brutalité. Ma voix ne s'enfla pas pour réclamer de lui cette faveur, et je le plaçai sans violence dans la position qui convient le mieux au but que je voulais atteindre. J'avais plutôt l'air de lui faire un cadeau qu'une menace ; et je visai avec la froideur et la précision d'un tireur qui a un beau coup de fusil.

Le trouble s'est mis dans la manifestation. Que va-t-elle devenir?

« Chez Michelet! » crie une voix.

Je m'étonne et je proteste.

« Chez Michelet ? Non! Restons ici ! »

On me demande de développer mon plan.

« Le voici : Nous ne laissons entrer ni sortir personne; c'est nous qui allons arrêter les suspects et chercher les mouchards.

— La police viendra.

— Eh bien?

— Ils tireront l'épée !

— Tant mieux !

— On enverra la troupe !

— Qu'on l'envoie ! qu'on puisse dire qu'il a été nécessaire de dégainer contre nous, de dépêcher une brigade, de faire venir des soldats ! »

Je rêve ce tumulte, les officiers arrivant au pas de course, les tambours battant, les sommations faites.

Reculera-t-on? les étudiants tiendront-ils? Je ne sais ; mais il y aura eu au moins une odeur de révolte et de révolution.

La foule continue à crier : chez Michelet ! chez Michelet !

« Allez-y si vous voulez, moi je reste ! »


Une débandade ! Des gens qui fuient !

Je reconnais toute ma crémerie qui a les talons près du derrière.

« On arrête, on arrête ! » crient les fuyards.

Je suis reconnu par l'un d'eux.

« Filez, filez, mon cher! les sergents de ville pincent tout le monde, ON CERNE, ON CERNE ! »

Je ne fuirai pas!

Et je m'engage dans la rue même qui, au dire des fuyards, est cernée.

Mais je ne vois personne.

On ne cerne pas! *Où cerne-t-on?*

Je cherche, je vais de droite, de gauche, je ne me sens pas cerné; je patauge, je prends cette rue-ci, celle-là, je demande à tous ceux que je rencontre si l'on a vu cerner.

« A-t-on seulement aperçu une manifestation ?

— Plaît-il?

— Avez-vous vu une manifestation ? »

Je fais un cornet avec mes mains pour qu'on entende mieux.

On n'a rien vu !...


Je reviens comme je peux vers le quartier, pour y retrouver des échappés, avoir des nouvelles; quitte à reprendre l'omnibus pour retourner du côté de la manifestation. Avec un bon plan de la banlieue, je la déterrerai peut-être !

J'apprends à l'hôtel que les fuyards avaient raison.

On a vraiment cerné et arrêté ; mais pas du côté où j'étais.

« Et tenez, les voici qui viennent !...

— Combien sont-ils ?

— Presque un bataillon. Ils descendent ! Regardez donc ! »

Je regarde.


Les prisonniers marchent entre deux haies de sergents de ville. Je reconnais les camarades.

Je m'élance ! on me retient.

« Qu'est-ce que vous voulez faire ?

— Aller délivrer mes frères !

— Tu es donc devenu fou ? me dit tout bas Alexandrine, qui vient de rentrer et me tire par les basques de ma redingote, — et tout haut elle ajoute :

— Tenez, monsieur Vingtras, voilà ce qu'on en fait, de ceux qui veulent délivrer leurs frères ! »

Elle me montre une chose qui a l'air d'un torchon et qui a voulu délivrer ses frères. Je reconnais la tête de Championnet, un des locataires, — ce qui reste du moins de la tête de Championnet, enveloppée dans des serviettes comme un pain qu'on veut garder frais.

Il ne peut pas parler ; on lui a recousu la langue au galop — un point en attendant ; — mais ceux qui l'ont amené ont conté son histoire.

C'était au parc aux Moutons, à l'endroit où la police s'est jetée sur la manifestation.

Championnet a vu là une atteinte au droit de parole sous les fenêtres, et s'élançant au-devant du brigadier qui commandait :

« Savez-vous bien ce que vous allez faire ?

— Parfaitement ! » et, se tournant vers les agents, le brigadier leur a dit : « Pilez-moi cet homme-là ! »

On a pilé Championnet.

Je lui demande si le récit est exact; les serviettes se remuent pour répondre. Il y en a malheureusement une qui se dégomme, Championnet demande par signe qu'on le recolle et paraît décidé à ne plus vouloir essayer de déposer.

Je voudrais savoir pourtant !

Championnet ne peut pas parler.

Veut-il écrire ?

Il écrit en allant de la cave au grenier, avec des airs de somnambule. Les caractères tracés par Championnet en bouillie, sont tellement confus à certains moments que je ne puis pas trop démêler les détails. Je me contente donc du gros et du demi-gros.

Il semblerait établi, par quelques balancements de tête de Championnet en réponse à des questions (que je pose d'ailleurs avec la prudence d'un médecin qui ne permet pas au juge d'instruction d'aller trop loin), il semblerait établi qu'on a crié sous la fenêtre d'un monsieur qui n'était pas Michelet, qu'on s'est trompé, et que quand on s'est aperçu de l'erreur il n'en restait plus pour Michelet ; Michelet a eu une petite ovation très enrouée où perçait beaucoup de mauvaise humeur.

Peu à peu cependant le jour se fait, — les renseignements arrivent. On accourt pour avoir de mes nouvelles, pour savoir si je suis arrêté.

« Ah! vous avez eu bon nez! Vous nous l'aviez bien dit! »

Je triomphe, — triomphe douloureux en face des torchons ensanglantés qui représentent Championnet, douloureux encore à cause de l'arrestation de Matoussaint.

« A-t-il été blessé?

— Non! Ils se sont mis cinq à le prendre! »

Ce n'est pas seulement Matoussaint qui est arrêté, ils sont une dizaine des nôtres.

« Frères, aux charcuteries! »

J'ai toujours vu que, quand quelqu'un était arrêté, on lui envoyait du saucisson.

Mais je trouve dans un étudiant à lunettes qui suit les cours de chimie un adversaire inattendu.

« Du saucisson! dit-il, toujours du saucisson!... N'est-il donc pas temps de songer aux rafraîchissants, citoyens?... »

Il convoque les amis et propose qu'un comité spécialement élu s'occupe, non pas seulement de recueillir les secours en nature, mais de leur donner une direction intelligente.

— Le saucisson, prolongé, enfièvre,... le laitage débiliterait. — Et même... Ah! que diraient nos ennemis! » (Vive émotion).

On constitue le comité, qui entre immédiatement en délibération et se distribue les rôles. L'un ramassera les cotisations en argent, l'autre les cochonailles, celui-ci les fromages.

Ce fut un de ceux de l'hôtel qui fut chargé des fromages, — pour le malheur de l'hôtel! car il empesta la maison avec des produits trop *faits*, et je lui trouvai toujours, à lui personnellement dans la suite, une petite odeur de Camembert.

Il paraît qu'ils sont soixante-dix arrêtés, on les a entassés au Dépôt.

Il y avait de la vermine, mais Matoussaint n'en était point triste, et il disait en se grattant :

« Ces insectes laisseront des germes républicains dans les jeunes têtes, et les punaises s'écraseront plus tard — en gouttes de sang — sur le front de Bonaparte! »

Sur les soixante-dix, soixante-neuf ont été mis en liberté; on garde Matoussaint tout seul. Le pouvoir a donc peur de Matoussaint?

On est bien forcé de le relâcher, pourtant. Mais on nous a laissé le temps de boucaner autour de son arrestation : il nous revient consacré par la souffrance.

« Comme Lazare, nous dit-il au punch' qu'on lui offrit le soir; comme Lazare, je viens de soulever, après dix jours, le couvercle de mon tombeau. Je rentre fortifié par le supplice! Ils ont cru m'abattre, ils m'ont bronzé. Ombre du divin Marat, je te jure que je n'ai pas faibli! »

Il est même un peu plus *boulot* qu'auparavant, il me semble. Je le lui fais remarquer avec plaisir.

« Graisse de prison, dit-il avec un sourire amer et en hochant la tête ; — c'est *soufflé*, tiens, tâte, c'est *soufflé!* Pourvu que ça ne me gêne pas pour la lutte! »

Un groupe particulier a pris place à nos côtés : celui qui avait pour guidon, dans la cour de la Sorbonne, le béret du blond au front large, aux beaux yeux gris.

Ils m'ont remarqué, paraît-il, quand, détaché des miens, j'ai, sans consigne, par fureur, sauté sur les Saint-Vincent qui applaudissaient. Nous nous sommes trouvés côte à côte dans cette bagarre.

Au Dépôt, ils ont fait connaissance avec Matoussaint, ils ont partagé le fromage et le saucisson, rompu le pain noir de l'amitié, et quand Matoussaint sort du tombeau, il les invite à dîner avec nous — à la fortune du pot!

— Disons, m'écriai-je en faisant allusion à la résurrection de Matoussaint et à son image biblique : *Au Lazare de la fourchette!*... Le calembour n'empêche pas les convictions! Qu'en dis-tu, Béret rouge ?... On se tutoie, n'est-ce pas ? Vive la Sociale!

## VII

### LA MAISON RENOUL

Nous voilà donc amis comme tout avec le Béret rouge et sa bande !

Le Béret rouge s'appelle Renoul. Son père est le fils d'un professeur de faculté de province qui connaît Béranger; gloire dont le fils a le reflet auprès de ses camarades, mais qui ne m'éblouit pas assez, paraît-il.

Quand on m'a parlé, je n'ai pas eu l'air bouleversé.

« Tu entends, me dit-on, son père connaît Béranger. Béranger l'a fait sauter sur ses genoux quand il était petit.

— Oui, j'entends bien. »

On attend toujours une marque de satisfaction sur ma figure, on regarde mon nez, mes yeux, on compte sur une petite grimace. On répète :

« Béranger l'a fait *sauter sur ses genoux!...*

— Et après ? »

Renoul n'aurait pas été bercé *sur les genoux de cette tête vénérée,* comme dit Matoussaint, que je n'en aimerais pas moins sa tournure de garçon franc, loyal et droit, — un peu grave quand il parle de ses idées, mais gai comme un moutard quand on est à la farce et qu'il lui part sous le nez quelque mot bizarre ou quelque blague joyeuse.

Il a pourtant contre lui deux choses qui, au premier abord, m'ont terrifié.

Quand j'étais sur le carré, à la première visite que je lui ai faite, j'ai vu sortir un homme avec une robe de chambre, et qui prisait. Il faisait noir, nous nous sommes heurtés, demandé pardon, heurtés encore. Chaque fois que nous nous heurtions, je trouvais qu'il sentait la fève. Après nous être très difficilement débarrassés l'un de l'autre, nous avons reconnu en nous redressant qui nous étions : lui Renoul, moi Vingtras.

Renoul avec une robe de chambre à glands et une tabatière de corne !

Eh bien ! moi, je vous dis que c'est la faute de Béranger !

Il y a une autre raison à l'air *propriétaire* de Renoul. Renoul n'est pas seul. Le cœur de Renoul a déjà battu — le mien aussi, mais *en garni*.

Celui de Renoul bat *dans ses meubles*, et ces meubles sont époussetés, cirés, vernis par la main d'une compagne, avec laquelle il vit depuis qu'il est à Paris. Ils sont dans leurs meubles ! Ils font leur cuisine chez eux !! Ils mettent le pot-au-feu le dimanche !!!

Ces révélations jettent d'abord une ombre et comme

un discrédit sur la réputation révolutionnaire de Renoul.

Un béret rouge dans la rue, — chez lui une douillette !

Que signifie ce double masque ?

Cependant la stupeur fait place à la réflexion ; et à l'inquiétude que donnait la douillette succède même — en y pensant — une sorte de respect pour ce jeune républicain qui, ayant des meubles et une robe de chambre, ne craint pas de se lancer dans la mêlée tout comme un autre.

Je n'ose pas dire qu'il ne me reste pas un peu de défiance ! Je n'ai vu dans aucun poëme les héros de dix-sept ans avoir une tabatière et priser. Mais je sens au fond de mon cœur d'homme une certaine envie de cette existence tranquille et claire, dans un appartement dont on est le maître, dont on a la clef, où l'on est roi !

Roi ! — Mon Dieu ! est-ce que déjà le spectacle de ce bonheur, l'égoïsme qui reste toujours tapi au fond du meilleur de nous, me ramèneraient aux idées monarchiques ?

Un mobilier de rien du tout, mais si propre, si frais, avec des reflets luisants et une odeur de cire ! Sur le lit, une courtepointe aux dents roses. Aux fenêtres, des rideaux qui tamisent le jour. Je n'ai jamais vu cela depuis que je suis libre ! Je ne l'ai vu qu'autrefois en province, et seulement sous les toits de bourgeois, comme chez nous. Mais chez ce jeune républicain, chez ce souffleteur de Saint-Vincent !...

Puis, la saison est belle, — le printemps est venu plus tôt cette année, — et il tombe du soleil par belles plaques dorées sur les meubles et sur nos têtes.

Je garderai longtemps le souvenir d'une de ces plaques d'or qui se teintait de rouge en traversant les grands rideaux ; c'était la poésie des églises où les vitraux jettent des reflets sanglants sur les dalles, et le charme intime et doux d'une chambre d'ami ; mes regards se noyaient et mon cœur se baignait dans ce calme et cette clarté.

Dans toutes les maisons que j'ai habitées jusqu'ici, — dans l'hôtel même du père Mouton, — les chambres n'ont qu'un lit pauvre, deux chaises vilaines, une table grasse, un lavabo ébréché. Les *réduits* de dix francs donnent sur la cour, on croirait voir une gueule de puits humide et noire ! Si le soleil vient, c'est tant pis ! il sert à chauffer le plomb ; si la brise entre, elle apporte de la cuisine et de la table d'hôte des odeurs de friture et de graisse.

Dans cette maison de Renoul, la croisée ne s'ouvre pas sur une rue boueuse, mais sur un espace planté d'arbres tout couverts de pousses fraîches comme des petits haricots verts, et où sautent des oiseaux en liberté.

Je n'ai rencontré jusqu'à présent que des oiseaux qui sentaient la vieille femme, la suie ou le cuir : — pies, perroquets, merles, avec des becs qu'on dirait faits à la *grosse*. Ici j'ai l'oreille chatouillée et le cœur effleuré par de grands frou-frou d'ailes !...

La maîtresse de ce petit appartement a deux pièces, dont l'une, meublée par un lit assez grand, l'autre par une bibliothèque toute petite.

Madame Renoul trouve bien que nous faisons un peu de bruit; que moi, en particulier, j'ai une voix qui casse les vitres et des souliers qui raient tout son parquet : elle trouve bien que Matoussaint, en levant les bras, *pour faire comme Danton*, s'expose à renverser l'étagère où il y a de petits bibelots de foire : — un chat en chocolat et un bonnet phrygien en sucre rouge — mais nous l'amusons quelquefois; on n'imite pas Danton tout le temps; on n'est pas tribun éternellement, on est un peu *farce* aussi; et après le tocsin de 93, c'est le carillon de nos dix-huit ans que nous sonnons à toute volée!

C'est le grésil du rire après les tempêtes d'éloquence.

Puis, on fait le café.

Renoul reçoit tous les mois, de sa mère, des provisions de moka en grain qu'on moud à tour de rôle, et le bruit de ce moulin-là, l'odeur de ce café, qui sent les îles, adoucissent nos colères plébéiennes et nous rendent, jusqu'au dernier grain, indulgents pour la société mal faite; ou tout au moins il y a trêve — on met du sucre.

Le pli est pris; tous les soirs on vient discuter, crier et moudre. On verse, on sirote, on fume, on rit — puis l'on se remet en colère et l'on remonte sur les chaises comme à la tribune.

« Pas sur celle-là ! » crie la maîtresse de la maison en s'arrachant les cheveux ; là-dessus si vous voulez !

Et elle indique un tabouret infirme d'où l'on est sûr de tomber chaque fois qu'on y grimpe.

On salit beaucoup le dessus des chaises.

Quelqu'un propose d'ôter ses souliers chaque fois qu'il y aura une discussion un peu chaude. On vote.

« Non, non ! »

C'est la femme qui a protesté le plus énergiquement, elle a levé les deux mains — je présidais, je l'ai bien vu.

Elle préfère encore qu'on garde ses souliers et que l'on abîme ses chaises !

Matoussaint a voté contre le déchaussage. Pourquoi ? lui qui n'est pas pour les préjugés. C'est une faiblesse, voyons ! mais il s'en explique.

« Si j'ôtais mes souliers, me dit-il tout bas, je ne pourrais plus les remettre, il ne tiennent qu'avec des ficelles par dessous ; ce n'est pas des semelles, c'est du crochet. »


Ah ! les bonnes heures, les belles soirées ! — avec le soleil, la brise, les colères jeunes, les rires fous ; avec le tabouret qui boite et le café qui embaume !

Ce printemps dans les arbres, ce printemps dans nos têtes !... Les oiseaux qui battent la vitre, nos cœurs qui battent la campagne !

Je garderai la mémoire de ces jours-là toute ma vie !

J'ai eu du bonheur de tomber sur ce béret rouge.

Je ne me figurais un intérieur qu'avec un père et une mère qui se disputaient et se raccommodaient sur le derrière ensanglanté de leurs enfants. Je croyais qu'on ne pouvait être dans ses meubles que si l'on avait l'air chagrin, *maître d'école*, que si l'on paraissait s'ennuyer à mort, et si l'on avait des domestiques pour leur faire manger les restes et boire du vin aigre.

Chez Renoul on ne s'ennuie pas, on ne fouette personne — du moins je n'ai rien surpris de pareil — on ne se dispute pas, on ne fait pas boire des choses aigres aux domestiques. Il n'y a pas de domestiques, d'abord.

Ah! le foyer paternel, *le toit de nos pères!*

Je ne connais qu'un toit, je ne connais qu'un père, mais je préfère n'être pas sous son toit et moudre le moka chez Renoul, entre une discussion sur 93 et une partie de colin-maillard!

*Il faut lancer un journal.*

Ce mot, un jour, a traversé l'espace.

« Allons, que faisons-nous donc? (Nous moulions du café.) Nous n'avons donc rien là! crie Matoussaint.

— Où ça?

— *Là!...* — Il frappe en même temps sur son cœur.

— Tu vas casser ta pipe!... Il faudrait peut-être aussi quelque chose *ici.* — Je tape sur mon gousset.

— Bourgeois, va! »

On m'accuse de semer la division. — J'ai voué un culte aux intérêts matériels.

Je suis un adorateur du veau d'or!

Je me défends comme je peux.

« Je ne parle pas pour moi ; ma plume, on le sait, est au service de la Révolution ; mais l'imprimeur! est-ce qu'on trouvera un imprimeur? »

J'emprunte une comparaison à Shakespeare pour *imager* mon idée :

« L'imprimeur de nos jours! savez-vous comment il s'appelle? Il s'appelle *Shylock*. Shylock, l'intéressé, l'avare, le juif, le rogneur de chair!

— Non, dit Matoussaint, sautant comme un ressort sur le tabouret; il s'appelle « Va de l'avant! » Oui, oui! *Va de l'avant*, ou encore *Fais ce que dois*. Il s'appelle Le Courage, il s'appelle La Foi. »

Je redescends de ma chaise au milieu de l'émotion générale, après m'être couvert d'impopularité.

Je suis mis à l'index pour toute la soirée, et quand on verse le café, je n'en ai qu'une toute petite goutte!

Je demande s'il n'en reste pas.

« Non, » dit Renoul qui verse.

Un *non* sec, qui m'attriste venant d'un compagnon d'armes, et puis j'avais bien envie de café ce soir-là!

J'en ai trop envie! Tant pis! Je fais amende honorable.

« Eh bien, oui, j'ai eu tort! L'imprimeur s'appelle *Fessequedoit* ou *Vâdelavant!* J'ai eu tort... il faut d'abord *agir*, et ne pas jeter des bâtons dans les roues du char qui porte la Révolution. »

On revient à moi, on me serre la main.

« Donne ta tasse ! Il en reste encore un peu au fond de la bouilloire. »

On a retrouvé du café sur ma déclaration, mon aveu m'a raccommodé.

Je regagnai toute leur estime et j'eus à peu près — pas tout à fait — la valeur d'une demi-tasse.

Donc, il n'est plus question de l'imprimeur; ce n'est pas moi qui en parlerai ! Il n'est question ni de l'imprimeur, ni du papier, ni du cautionnement. Il est décidé qu'on fera un journal, qu'on *aura un organe*, voilà tout.

La grosse question est de prendre chacun sa partie, celle qui rentre dans nos tempéraments, qui est le mieux dans nos cordes.

« Moi, dit une voix qui a l'air de sortir de dessous terre, je ferai la PHILOSOPHIE DE L'HISTOIRE. »

On cherche, on regarde.

C'est Championnet qui a parlé.

Championnet, *penseur!* — Avant la scène de la manifestation il n'était guère connu de nous que parce qu'il tournait ses souliers en marchant, mais il les tournait, c'est effrayant! Il les tourne encore. Une paire de bottines neuves lui fait trois jours; les bottines de ce jeune homme ont toujours l'air de vouloir s'en aller de droite, de gauche, comme si elles étaient dégoûtées de ses pieds...

Il veut faire la Philosophie de l'histoire.

Comment l'entend-il ? A-t-il une vue d'ensemble sur le déluge, sur les kalifes, sur Omar, sur les croisades, sur Louis-Philippe ?

« Citoyens, fait Renoul qui préside, personne ne dit rien ? Matoussaint, tu n'as pas d'observation à faire ?... Vingtras ?... Rock ?... On ne demande pas la parole ? »

Non, on se tortille sur ses chaises seulement ; on a l'air de chercher au fond de sa poche et de ne pas pouvoir atteindre son diable de tabac qu'on a dans le creux de la main... On se tortille beaucoup ; il y a de petites toux et un grand silence, troué de rires qui pétillent...

Championnet a perdu la tête ; il fait comme beaucoup de gens embarrassés qui regardent le bout de leurs souliers. Il ne peut pas voir le bout des siens, c'est impossible ! il attraperait un torticolis. Il a justement *tourné* énormément, ces jours-ci.

« Citoyen Championnet, reprend Renoul d'un air doctoral, c'est bien la philosophie de l'histoire que vous avez voulu dire, ce n'est pas l'histoire de la philosophie ? »

— Non, non, c'est bien la philosophie de l'histoire, c'est assez clair !

— Sans doute, mais pourriez-vous indiquer au comité de rédaction (murmures flatteurs dans l'assemblée) comment vous prendrez la chose ! Montez sur ce tabouret. »

On a justement ciré le plancher. Championnet a l'air de patiner.

« Otez vos souliers !

— Oui, oui.

— Vous savez bien qu'il a été voté que non ! On ne peut pas aller contre un vote. »

Championnet se dirige de nouveau vers le tabouret. C'est difficile avec ses chaussures tournées !

« Qu'il parle assis !

— Non, non. A genoux !

— Assis, assis ! »

Mais il n'y a plus de chaises — on a caché sa chaise.

Championnet fut simple et grand.

Il s'accroupit à l'orientale et commença à nous expliquer, les jambes croisées, ce qu'il appelait la philosophie de l'histoire.

Il fut long, très long. Nous écoutâmes avec beaucoup de soin, mais personne n'y comprit goutte — et encore aujourd'hui, je ne suis pas bien sûr, pour mon compte, de savoir exactement ce que c'est que la philosophie de l'histoire. Je me la représente toujours sous la forme d'un homme assis en tailleur avec des bottines tournées.

# IX

## MES COLÈRES

« Et toi, Vingtras, que feras-tu?

— Je ferai les *Tombes révolutionnaires.* »

L'idée m'est venue de visiter les cimetières où sont enterrés ceux qui sont morts pour le peuple.

Je suis parti de bonne heure souvent, pour aller réfléchir devant ces tombes de tribuns et de poètes.

J'ai rôdé autour des grilles, j'ai dérangé les veuves qui apportaient des bouquets.

Je ferai l'histoire de ces morts, je citerai les phrases gravées au couteau sur la pierre — en essayant de jeter un éclair dans le noir de ces cimetières. Il y a des fleurs qui piquent de rouge l'herbe terne : je mettrai des phrases rouges aussi.

« Ce Vingtras qui blague toujours, il choisit ce sujet-là !... »

Je blague toujours — mais quand nous sommes entre nous, il ne servirait à rien d'avoir l'air de croque-morts. Il faut être grave quand on parle au peuple.

On ne fait pas le journal, bien entendu.

On aurait un imprimeur qu'on ne le ferait pas davantage. Tout le monde veut écrire le *Premier Paris*, avoir les plus grosses lettres, et un titre très noir dans une masse de blanc. Il n'y aurait que des grosses lettres et des titres énormes. Pas de place pour les articles !

Puis on se battrait deux jours après.

Je serais accusé sûrement de *baver* sur les tombeaux; car il y a des morts que je jugerais à *l'égyptienne* et dont je souffletterais le crâne.

Quelques phrases de Matoussaint m'ont fait personnellement bondir; je n'oublie pas que c'est lui qui a dit, à propos de Renoul caressé par Béranger : « *Bercé sur les genoux de cette tête vénérée.* »

Mais est-ce que nous saurions faire un article tout du long ? — Des vers, oui, — un article, je ne crois pas !

J'ai bien vu, quand j'ai commencé mes *Tombes révolutionnaires.* — Je répétais toujours la même chose, et toujours en appelant les morts : « *Sortez, venez, rentrez, entendez-vous ! O toi, ô vous !* » Et j'avais mis du latin et cherché en cachette dans les discours de 93...

Sparte, Rome, Athènes... J'en plaisantais au collège et je trouvais que c'était inutile, bête, les républiques anciennes, grecques, romaines !... Lycurgue, Solon, Fabricius, et tous les sages, et tous les consuls !... Je vois à quoi cela sert maintenant. On ne peut pas écrire pour les journaux républicains sans connaître à fond son Plutarque. Est-ce qu'il y a une seule page des nôtres, de nos écrivains jacobins, où il ne soit pas question d'Annibal, de Fabricius, d'Aristogiton, de Coriolan, de Cléon, des Gracques? On ne peut pas s'en passer. Ce serait une impolitesse à faire aux hommes de 93 que de ne pas leur dire qu'ils ressemblent aux grands hommes de nos livres de classe.

Ceux qui se sont retirés dans un village ou ont donné leur démission sont des *Cincinnatus*. Ceux qui n'ont pas de femme de ménage et fendent leur bois, des *Philopœmens*.

Je sens bien au fond de moi-même que je ne suis pas né pour écrire. J'ai surpris cela, un matin, en relisant des pages que j'avais brouillonnées la veille au courant de la plume.

Je disais que j'avais remarqué la fille du concierge du cimetière penchée à sa fenêtre, arrosant des fleurs, en camisole blanche; que j'avais failli pleurer en voyant une enfant, à petite robe courte, qui enterrait sa poupée là où sa maman *dormait*. Failli pleurer, oui — alors que j'étais devant la tombe d'un martyr qui réclamait, au nom de la tradition, toute l'eau de mes yeux.

J'avais oublié mon drapeau pour regarder cette enfant auprès de son père en deuil.

J'avais écouté un chien hurler sur la tombe de son maître.

Je mettrais ces bêtises dans nos articles, si je ne me retenais pas!

Il vaut mieux qu'on n'ait pas fait le journal. Je

n'aurais pas pu m'en tirer, je ne sais pas causer de ce que je n'ai pas vu. Ah! je ne suis pas fort, vraiment!

Je ne m'en suis ouvert à personne. — J'emporterai ce secret avec moi dans la tombe. — Mais, je le sens bien, je n'ai rien dans la tête, rien que MES idées! voilà tout! et je suis un fainéant qui n'aime pas à aller chercher les idées des autres. Je n'ai pas le courage de feuilleter les livres. Je devrais mettre de la salive à mon pouce, et tourner, tourner les pages, pour lire quelque chose qui m'inspire. Je ne trouve pas de salive sur ma langue, et mon pouce me fait mal tout de suite.

Rien que MES idées A MOI, c'est terrible! Des idées comme en auraient un paysan, une bonne femme, un marchand de vin, un garçon de café! — Je ne vois pas au delà de mes yeux, pas au delà, ma foi non! Je n'entends qu'avec MES oreilles — des oreilles qu'on a tant tirées!

J'ai envie de parler de ceux qui se promènent dans les cimetières pendant que j'y suis, plutôt que de parler de ceux qui *reposent sous terre.*

*Requiescant in pace!*

Le Béret rouge et les autres croient que je suis intelligent — il paraît qu'ils le croient... Ils n'ont pas vu mes brouillons! Ils ne se doutent pas du chien, de la poupée, de la fille du cimetière!

Nous sommes pourtant simples quelquefois. Les Grecs étaient simples à leurs heures, les conventionnels aussi.

Nous jouons à colin-maillard.

On laisserait passer la Chambre des représentants sous les fenêtres, sans se pencher pour la regarder, lorsqu'on est en plein jeu.

Il n'y a que Matoussaint qui ne veut pas convenir qu'il s'amuse. Il prétend qu'il joue parce que colin-maillard apprend à se cacher, à dépister les mouchards, à tromper l'ennemi.

— C'est un bon exercice pour les conspirateurs, l'apprentissage des Sociétés secrètes.

Quand il a le bandeau — quand c'est lui qui *l'est* — il se figure être le Comité de Salut public qui cherche les *ci-devants* dans l'ombre ; quand on le poursuit, il croit échapper comme les Girondins ; il a envie de demander une omelette comme Condorcet, ou bien il marmotte tout bas le nom du gendarme qui arrêta Robespierre.

Il rigole autant que les autres, quoi qu'il en dise, quand il se cache les pieds sous le lit et la tête dans la table de nuit.

Il y en a un qui *l'est* bien souvent ; c'est Championnet, à cause de ses souliers. On le devine tout de suite. Il n'y a pas une heure qu'il joue, que ses talons sont tournés, et l'on n'a qu'à tâter ses chaussures. On me devine aussi très vite, car je sens toujours la poudre de riz ; j'ai toujours un peu embrassé Alexandrine.

Nous avons dix-huit ans, nous sommes un siècle à nous cinq ; rous voulons sauver le monde, mourir pour la patrie. En attendant, nous nous amusons comme une école de gamins. Robespierre, s'il apparaissait *soudain* — ainsi qu'on le voit dans les bons articles — Robespierre trouverait que nous n'avons rien des Spartiates et nous ferait sans doute guillotiner.

Nous passons nos soirées à cela; quelquefois nous allons au café — rarement, bien rarement.

Renoul reste dans sa robe de chambre, je demeure auprès d'Alexandrine ; Championnet pioche dans son coin la philosophie de l'histoire.

Il n'y a que Rock et Matoussaint qui, n'ayant ni Alexandrines, ni robes de chambre, ni la manie de la philosophie de l'histoire, aiment à jouer aux cartes en prenant leur gloria.

Ils ont, paraît-il, découvert un petit café intime où vont des étudiants en médecine, avec des femmes dont ils ont des enfants.

C'est prodigieux ! Cela me paraît presque contre nature ! Avoir des enfants dans le quartier latin ! L'odeur de lait et de couches m'en éloigne comme d'une crèche. Je n'y suis entré qu'une ou deux fois pour prendre Rock, et j'ai failli chaque fois m'asseoir sur un moutard qu'on avait mis une seconde sur une chaise, pour pouvoir *marquer dix de blanches.*

On se rend cependant en bande, de temps en temps, à un grand estaminet, qui tous les soirs, s'emplit d'une foule bruyante et républicaine.

C'est au haut de notre rue justement, au coin de la place Saint-Michel, contre la fontaine. On l'appelle le café du *Vote universel*.

Il y va des célébrités.

Nous sommes un peu dépaysés dans cette atmosphère de démocratie autorisée, où les têtes sont déjà mûres ; où il y a des gens qu'on dit avoir été chefs de barricades à Saint-Merry, prisonniers à Doullens, insurgés de Juin ; qui ont le prestige de l'enrégimentation révolutionnaire, du combat et de la prison.

Ont-ils tous cette auréole? On ne peut pas bien voir les auréoles dans cette fumée.

Mais il y a vraiment des figures sympathiques et vigoureuses. Ce qui me frappe le plus, c'est l'air *bon enfant* de ceux qui ont un nom, dont on dit : « Un tel, c'est lui qui en février tirait sur les municipaux, au Château-d'Eau. » — Cet autre, là-bas, a fait six mois de ponton après Juin. »

Je passe et repasse devant ces tables pour voir comment on est fait quand on a reçu ces baptêmes de feu. Oui, ce sont ceux-là qui crient le moins et qui rient le plus.

Un jour Rock m'a tiré la manche.

« Tu vois bien ce grand?

— Là à gauche?

— Oui, ne fais pas semblant de le regarder.

— Qui est-ce ?

— Un représentant de la Montagne, X...

— Il ne parle jamais à la Chambre?

— Non, il *se réserve.* »

C'est bien de Rock ce mot là !

« Il se réserve ! pour quand?

— Pour la Convention... »

Rock a l'air convaincu qu'il y aura une Convention ; on dirait qu'il en a reçu la nouvelle ce matin ; il aurait dû nous en prévenir cette après-midi ! Il répète en parlant du représentant X...

« Oui, il se réserve comme Robespierre, qui attendait muet, à la Constituante,... qui attendait son heure.

Muet? Non ! Il se leva une fois pour demander l'abolition de la peine de mort. Sais-tu ça?

Il y a un indiscipliné, dans un coin, qui hausse les épaules et crie :

« Toute votre Révolution, vos longs cheveux, Robespierre, Saint-Just, tout ça c'est de la blague ! Vous êtes les calotins de la démocratie ! Qu'est-ce que ça me fout que ce soit Ledru ou Falloux qui vous tonsure?... A la vôtre tout de même, les séminaristes rouges ! »

Comme ces mots m'entrent dans le cœur! C'est qu'il m'arrive souvent, le soir quand je suis seul, de me demander aussi si je n'ai pas quitté une cuistrerie pour une autre, et si après les classiques de l'Université, il n'y a pas les classiques de la Révolution — avec des proviseurs rouges, et un bachot jacobin !

Par moments, j'ai peur de n'être qu'un égoïste,

comme le vieil ouvrier m'appela quand je lui parlai d'être apprenti. Je voudrais dans les discours des républicains trouver des phrases qui correspondissent à mes colères.

Ils ne parlent pas des collèges noirs et cruels, ils ne parlent pas de la loi qui fait du père le bourreau de l'enfant, ils ne parlent pas de ceux que la misère rend voleurs! J'en ai tant vu dans la prison de chez nous qui allaient partir pour le bagne et qui me paraissaient plus honnêtes gens que le préfet, le maire et les autorités.

Egoïste! Oh! non! Je serais prêt — je le jure bien! — à souffrir et à mourir pour empêcher que d'autres ne souffrent et meurent des supplices qui m'ont fait mal, que je n'ai plus à craindre, mais que je voudrais voir crever devant moi...

Matoussaint ne parle que de commissaires à écharpe tricolore ou de tribuns à cocarde rouge, qui prendront la place des rois et des traîtres... Je m'en moque, de ça!

Quand donc brûlera-t-on le Code et les collèges!

Ils ne m'écoutent pas, me blaguent et m'accusent d'insulter les saints de la République!

Ce sont des scènes! — Il y en a eu de terribles à propos de Béranger!


Béranger!

Oui, c'est lui qui est cause que Renoul prise et a une robe de chambre, on ne me l'ôtera pas de l'idée.

C'est lui qui est cause aussi que Renoul est en ménage.

Avec ses vers, il a mis dans la tête de celui qu'il faisait sauter sur ses genoux, d'avoir une Lisette comme il en avait une.

Je lui en veux moins pour cela.

Cette Lisette est bonne fille. Grâce à elle, nous avons notre salon, avec la gaieté des robes claires qui emplissent la chambre de grâce aux jours d'été et tranchent en bleu ou en rose sur notre rouge sombre.

Nous jouissons de tous les riens qu'une femme éparpille de droite et de gauche de sa main blanche.

Nous avons un moulin à café, des tasses à fleurs, et l'on nous fait même un point à notre habit, quand il y a une déchirure.

Lisette coud aussi de petits drapeaux républicains et nous promet d'être ambulancière s'il y a des blessés.

Encore du Béranger!... les *Deux Anges de charité!*

N'importe, il me semble que Renoul, aux grands beaux yeux honnêtes, au cœur droit, plein de courage, aurait le langage plus jeune et plus vivant encore, s'il n'avait pas, à dix-sept ans, Lisette, la tabatière et la douillette. Tout cela ramassé dans la houppelande et les poésies de Béranger!

Béranger!
Mon père avait un portefeuille qui en était plein.

A côté de vers bachiques imitant un verre, une gourde, il y avait les *Gueux :*

>Les gueux, les gueux
>Sont des gens heureux,
>Qui s'aiment entre eux ;
>Vivent les gueux !

« Les gueux sont des gens heureux, qui s'aiment entre eux » — mais on se cogne et l'on s'assassine entre affamés !

« Les gueux sont des gens heureux ! » Mais il ne faut pas dire cela aux gueux ! s'ils le croient, ils ne se révolteront pas, ils prendront le bâton, la besace, et non le fusil !

Et puis, et puis — oh ! cela m'a paru infâme dès le premier jour ! — ce Béranger, il a chanté Napoléon !

Il a léché le bronze de la colonne, il a porté des fleurs sur le tombeau du César, il s'est agenouillé devant le chapeau de ce bandit, qui menait le peuple à coups de pieds, et tirait l'oreille aux grenadiers que Hoche avait conduits sur le Rhin et dans la Vendée : Hoche qu'il fit peut-être empoisonner, comme on dit qu'il fit poignarder Kléber !...

Ce poète en redingote longue baise les pans de la redingote grise !

Deux redingotes sur lesquelles je crache !

Tiens, imbécile ! tiens lèche-éperons !

Béranger a presque creusé un abîme entre nous !

Tant pis! Je ne croirais pas être honnête si je ne parlais pas comme je le fais.

Je serai peut-être forcé de ne plus revenir; je perdrai ce coin de camaraderie et de bonheur; mais je ne puis cacher mon étonnement, ma douleur, ma colère, de voir saluer cet homme par des révolutionnaires de dix-sept ans.

— C'est à faire rire vraiment!

Avec son allure de vicaire de campagne, prenant l'air bon enfant et patriote, il va en mission chez les simples, dans les mansardes, dans les cabanes, pour mettre de la pâte sur les colères, les empêcher de fermenter et d'éclater en coups de feu!

Et il se moque de nous!

*Dans un grenier qu'on est bien à vingt ans!*

On y est bien, comme un évadé qui, contre un coin de mur, a une minute pour se reposer, mesurer l'espace et bander sa blessure. On y est bien comme moi chez Alexandrine — quand on est l'amoureux de la fille d'en bas, et qu'on ne reste jamais en haut, où il fait trop triste, trop chaud ou trop froid, pour y vivre autrement qu'enfoncé sous les draps, l'hiver, et étendu sur le lit, l'été : où l'on ne travaille pas, parce que l'odeur est horrible, parce qu'on n'a pas de livres, parce qu'on a des puces! — Blagueur de bonhomme!

Eh! misérable, si l'on était bien dans un grenier à vingt ans, pourquoi es-tu allé demander une place à Lucien Bonaparte!...

Personne ne pense comme moi. Je parais un brutal et un fou.

« Montre-nous quelqu'un parmi les *avancés*, qui dise, qui ose dire ce que tu dis ! »

En effet les plus écarlates même saluent Béranger ! « Ah ! celui-là par exemple ! » — et ils se découvrent.

Les plus indulgents, quand ils m'entendent, sourient et me donnent des tapes sur l'épaule d'un air qui signifie : « tu ne sais pas ce que tu dis — allons, mon garçon !... »

« C'est pour se faire remarquer, se singulariser, » insinuent en ricanant les autres !

Éternelle bêtise que j'entends sortir de la bouche des jeunes comme de la bouche des vieux ! Mais *se singulariser*, c'est très bête ! On se brouille avec tout le monde. J'aimerais bien mieux être de l'avis de la majorité ; on a toujours du café, et avec ça des politesses ; les gens disent : « Il est intelligent » parce que vous êtes de leur avis.

Me faire remarquer, me singulariser ! Quand cela m'empêche d'avoir mon gloria et ma goutte de *consolation !*

Seul, seul de mon opinion !

Pas un homme, connu ou obscur, pas un livre, gros ou mince, à tranches fades ou violentes, n'a laissé échapper un mot — comme un souffle d'écrasé — contre cette popularité qui met son pied mou, chaussé de pantoufles, sur le cœur du peuple, et qui lui enfonce du coton tricolore dans les oreilles !

Au secours, donc, les fils des pauvres ! ceux dont les pères ont été fauchés par la Réquisition ! Au secours, les descendants des sans-culottes! Au secours, tous ceux dont les mères ont maudi l'ogre de Corse! ceux qui étouffent dans les greniers, ceux dont es Lisettes ont faim! Au secours!...

J'en suis pour mon ridicule et ma rage, et l'on est arrivé à traiter mon indignation de manie.

La compagne de Renoul m'en veut avec fureur! c'est à elle que je touche en fripant le bonnet de la *Lisette* du chansonnier.

« Personne ne paye vos toilettes pourtant, lui ai-je dit un soir.

— Insolent! »

Elle a pris contre moi de la haine, et si je n'étais pas un boute-en-train, à mes heures, un *rigolo* qui sait la faire rire, elle m'aurait déjà chassé.

Renoul, pourtant, l'empêche de me faire trop ouvertement la mine, et c'est lui qui verse le café quand mon tour arrive.

Elle se rattrape surMe *gésippe*.

J'oppose Moreau à Béranger, la *Fermière* à Lisette, la pièce sur les Conventionnels aux tirades sur Napoléon.

Lisette Renoul hausse les épaules :

« Ah! tenez! vous me faites rire *avec votre Hégésippe!* »

Je ne suis pas fou d'Hégésippe — j'en conviendrais s'il ne fallait me défendre à outrance. — Il y a de la pleurarderie, il me semble, par ci, par là; mais quelle différence tout de même!

Le soir, quelquefois, quand j'étais seul, je relisais ses vers; et il me semblait que je trempais mes mains qui sentaient le tabac, dans une eau vive comme celle qui coulait à travers les prés de Farreyrolles, en faisant trembler l'herbe et les clochettes jaunes !...

## X

### LE COMITÉ DES JEUNES

On n'a pas de journal. Du moins, faudrait-il un *Comité!*

Quelqu'un prend l'initiative, et au moment du café, chez Renoul, nous trouvons un soir, devant nous, des petits bouts de papier attachés avec des épingles.

« Pour minuit ! (sans femmes). »

Lisette arrive juste à ce moment. Nous mangeons tous notre bout de papier ; Championnet a failli avaler l'épingle avec et s'est à moitié étranglé.

Qui nous a convoqués? Les masques sont impénétrables.

Mais à l'heure de minuit, Renoul, ayant envoyé sa femme se coucher, nous conduit à pas lents dans le cabinet du fond, ferme la porte, pose la lampe sur la table et attend.

Nous avons l'air très bête à nous regarder comme ça.

« C'est moi, citoyens, qui ai pris sur ma tête de vous

réunir! » dit Matoussaint se levant tout d'un coup.

Il est malheureusement à côté de Championnet, qui tient la bouche ouverte depuis l'après-midi à cause du mal que lui a fait l'épingle ; Matoussaint le heurte avec son coude. Championnet referme la bouche précipitamment et se mord la langue. Il ne pourra que voter — mais pas parler. — Il lui est défendu de parler!

« C'est moi qui ai pris l'initiative d'une convocation, citoyens, reprend Matoussaint : convocation nécessaire, je crois, au salut de la Révolution...

— Oui, oui, » disent tous ceux qui peuvent parler (pas Championnet).

« Je vous propose, au nom de l'UNE ET INDIVISIBLE, de nous constituer en Comité secret, et je demande qu'on lui donne, dès à présent, un nom ! »

Personne ne dit mot pendant un moment, enfin quelqu'un crie :

« Le *Comité des Jeunes*...

— Oui, oui! le Comité des Jeunes!...

— Silence! fait Matoussaint avec un geste et une voix de *vieux de la montagne;* sachons bien que nous nous appelons le Comité des Jeunes, mais sachons-le seuls! Que nul sur terre ne nous connaisse! Ne nous révélons que le jour où nous déploierons notre bannière dans la bataille, où nous écrirons ce nom, tout du long, avec du sang, sur une guenille de drap noir.

— Pourquoi une guenille? »

On me fait taire et Matoussaint reprend, avec une modestie digne des temps antiques :

« Mon rôle est fini. Vous vous êtes constitués — le *Comité des Jeunes* vit. A vous maintenant de nommer votre président ; celui qui, en cas de danger, doit mourir et marcher à votre tête.

— A demain, à demain pour l'élection, crient plusieurs voix. A demain ! »

Samedi, minuit un quart.

On vient de dépouiller les votes ; on a voté sur de vieilles cartes prises dans un jeu de bézigue qui restera dépareillé ; on ne fera plus le *cinq cents*. J'avais le valet de carreau, et j'ai allumé ma pipe avec.

Vingtras, Vingtras, Vingtras. Trois Vingtras. C'est la majorité.

Nous sommes cinq.

(Frémissement.)

Je suis appelé à prendre place au fauteuil. Je passe derrière la table, très pâle...

« Citoyens ! Je sais à quoi m'engage l'honneur que vous m'imposez. Le président du Comité des Jeunes doit mourir et marcher à votre tête — ensuite être digne de vous, digne, digne... »

J'ai l'air de sonner les cloches.

« Digne, digne... En attendant, je vous crie : Sentinelles, prenez garde à vous ! »

*Hou, hou !...*

Chacun se retourne ! C'est le coucou de Renoul que sa mère lui a envoyé. On voit un petit oiseau qui ouvre une porte avec son bec et qui fait : Hou, hou !

*Hou! hou!* Je m'empare de ce hou, hou-là !

« *Hou! hou!* L'oiseau de nuit dit « *hou, hou!* » mais nous verrons bien ce que dira l'alouette gauloise, celle de nos pères (toujours nos pères !) quand elle partira vers le ciel en effleurant de son aile, la tête, *peut-être fracassée déjà*, du Comité des Jeunes! »

J'ai lancé ces mots en relevant fièrement mon front, comme s'il venait d'être effleuré par la queue de l'alouette, et en menaçant du doigt le coucou.


Nous nous assemblons en séance ordinaire quelquefois, en séance extraordinaire presque toujours.

On se réunit maintenant chez Rock qui a une grande chambre au fond d'un jardin.

C'est commode, on peut y entrer sans être vu. On prend un corridor où il y a des araignées, on trouve la porte des lieux à droite; à gauche, on avance à travers des gravats; on y est.


Je me fatigue vite de tout. Je suis un drôle de garçon !

Au bout de deux mois, ça finit par m'ennuyer de passer par ce corridor où il y a des araignées, de pousser la porte des lieux (on dérange toujours quelqu'un), de marcher sur ces gravats qui usent les souliers.

Je me relâche comme conjuré.

Quelquefois, je ris comme si l'Histoire ne me regardait pas! Matoussaint nous a assuré maintes fois que l'Histoire nous regardait.

Fin novembre 51.

Mauvaises nouvelles, privées et publiques !

J'ai perdu la leçon de mon Russe.... L'actrice des Délassements est partie au diable, il l'a suivie.

Je reste avec mes quarante francs par mois et des habits râpés. C'est dur !

En politique, le ciel est noir.

La République sera assassinée un de ces matins au saut du lit. Les symptômes sont menaçants, la patrie est en danger. Nous n'avons peut-être pas été si fous et tellement gamins de nous constituer en Comité, quoique j'en aie rougi de temps en temps tout seul, et mes camarades aussi, je crois bien.

Mais cependant, cependant! ne vaut-il pas mieux que nous ayons joué au soldat, même au tribun, et que nous soyons là, ne fût-ce que nous cinq, pour sauter dans la rue et appeler aux armes, si Napoléon fait le coup!

Nous pouvons entraîner, réunir dix, vingt, trente étudiants.

Auprès des jeunes gens, ces mots de « Comité » font bien ; ils croient être dans un cadre d'armée, suivre un mot d'ordre venant de chefs élus. Je sens bien que je marcherais, moi, plus confiant, devant un groupe d'hommes qui se seraient triés, qui auraient la gloriole du danger, l'émulation du courage, l'air crâne et un bout de drapeau !

Nous aurons cela — et nous nous surveillerons l'un l'autre. — Nous pensons bien que nous ne sommes pas des lâches, mais nous ne savons pas ce que c'est qu'un coup de fusil, un coup de canon. Seul devant les balles, sous les boulets, on aurait peut-être peur — il ne faut pas se vanter d'avance — mais je sais bien que devant mes amis je ne voudrais pas reculer; et mon courage me viendra beaucoup de ce que j'ai juré d'être brave dans ces séances à la chandelle.

Ces discours, ces phrases, ce latin, ces images, tout cela a eu du bon si nous nous sentons engagés vis-à-vis de nous, sinon vis-à-vis du drapeau !

Ne rions pas trop du Comité des Jeunes !

Rire ? — C'est fini de rire !

Tous les matins le journal apporte une menace de plus, et tous les matins nous trouvent plus simples et plus graves.

Tout ce qui était fantasmagorie, parodie de 93, s'est évanoui; la mise en scène des séances de nuit a disparu, nous faisons moins de phrases. On ne se moque plus de Championnet.

Nous sentons venir le froid du danger et nous en avons le frisson. Ce n'est pas la crainte du combat, ni des blessures, ni de la mort, je ne crois pas ; mais il y a dans l'air la fièvre de l'orage...

Que fait donc la Montagne ?

Elle est, en grand, un Comité des Jeunes.

On dirait qu'ils n'ont que l'envie d'être éloquents et que cela suffit pour écarter le péril. — Révolutionnaires de 4 sous !

Le *fla fla* des phrases, que signifie-t-il à côté du *clic clac* des sabres ?

Dimanche, 25 novembre.

Quelle journée celle d'aujourd'hui !

Nous étions tous réunis chez Renoul.

Lisette était là ; on n'avait plus à se cacher d'elle, à voiler ses paroles. Elles étaient rares, les paroles, et de celles que tout le monde peut entendre : rares et tristes.

Pendant que nous étions au coin du feu, on votait dans Paris — pour nommer un député dans je ne sais quel arrondissement, en remplacement d'un autre.

Lugubre farce ! Le vote, par ce temps de menace et de haine, avec ce bruit d'éperons dans les couloirs de la Chambre !

La neige assourdissait les pas dans la rue.

Sans savoir pourquoi, nous avions tous le front chagrin, la poitrine serrée.

On ne s'est point disputé ce dimanche-là ; au contraire, il me semble qu'il y avait un rapprochement de cœur entre nous et qu'on se demandait pardon tout bas, l'un à l'autre, de ce qu'on avait pu se dire de blessant et d'injuste depuis qu'on se connaissait, comme si l'on allait être tout d'un coup appelé à se joindre contre le malheur!

## XI

### 2 DÉCEMBRE

« Vingtras ! »

On casse ma porte !

« Vingtras, Vingtras ! »

C'est comme un cri de terreur !

Je saute du lit et je vais ouvrir, étourdi...

Rock ! pâle et bouleversé !

« Le coup d'Etat !... »

Il me passe un frisson dans les cheveux.

« Les affiches sont mises ; l'Assemblée est dissoute ; la Montagne est arrêtée...

— Rendez-vous chez Renoul, tous, tous ! »

Je grimpe au sommet de l'hôtel et je tire de dessous une planche un pistolet et un sac de poudre. J'ai ce pistolet et cette poudre depuis longtemps, je les tenais en réserve pour le combat !

Alexandrine s'accroche à moi, — je l'avais oubliée. Elle ne compte plus, elle ne comptera pas un moment, tant que la bataille durera; elle ne pèse pas une cartouche dans la balance.

Je ne lui dis que ces mots :

« Si je suis blessé, me soignerez-vous ?

— Vous ne serez pas blessé, — *on ne se battra pas!* »


On ne se battra pas ? — Je la soufflèterais. Elle m'en fait venir la terreur dans l'âme !

C'est qu'au fond — tout au fond de moi, — il y a, caché et se tordant comme dans de la boue, le pressentiment de l'indifférence publique !...

L'hôtel n'est pas sans dessus dessous ! Les autres locataires ne paraissent pas indignés, on n'a pas la honte, la fièvre. Je croyais que tous allaient sauter dans la salle, demandant comment on allait se partager la besogne, où l'on trouverait des armes, qui commanderait : « *Allons! en avant! Vive la République! En marche sur l'Élysée! Mort au dictateur!* »


On ne se battra pas ?


La rue est-elle déjà debout et en feu ? Y a-t-il des chefs de barricades, les hommes des sociétés secrètes, les vieux, les jeunes, ceux de 39, ceux de Juin, et derrière eux la foule frémissante des républicains ?

A peine de maigres rassemblements ! des gouttes de pluie sur la tête, de la boue sous les pieds, — les affiches blanches sont claires dans le sombre du temps, et crèvent, comme d'une lueur, la brume grise. Elles paraissent seules vivantes en face de ces visages morts !

Les déchire-t-on ? hurle-t-on ?

Non. Les gens lisent les proclamations de Napoléon, les mains dans leurs poches, sans fureur !

Oh ! si le pain était augmenté d'un sou, il y aurait plus de bruit !... Les pauvres ont-ils tort ou raison ?

On ne se battra pas !

Nous somme perdus ! Je le sens, mon cœur me le crie ! mes yeux me le disent !... La République est morte, morte !

*Dix heures.*

On est assemblé chez Renoul.

— Y sommes-nous tous ?

Oui, tous, et encore quelques amis. Il doit en venir d'autres à midi...

A midi ? Mais d'ici là, il faut commencer le branle-bas !

Il faut qu'à midi la rue soit en feu, que la bataille soit engagée, qu'on sache le mot d'ordre, et qu'on crie de barricade en barricade, et pour tout de bon, cette fois : *Sentinelles ! prenez garde à vous !*

On ne se battra pas !

Voilà qu'il vient d'arriver un grand garçon brun, long et gras, frère d'un célèbre de 1848.

Plus vieux que nous, couvert de son nom, il a la parole, on l'écoute.

Que dit-il ?

« Citoyens, je vous apporte le mot d'ordre de la résistance. — « Ne pas se lever ; attendre ; *laisser se fatiguer la troupe !* »

Et on l'écoute ! et on ne le prend pas par les épaules, et on ne le jette pas dans la rue pour faire le premier morceau de la barricade ?

Je m'indigne !

« Proclamons plutôt que c'est fini, perdu ! Rentrez chez vous, faisons-en notre deuil ! Est-ce cela que vous voulez ?... »

On se récrie.

— Non ? — eh bien ! faites voir, comme un éclair, que tous les bras, toutes les âmes protestent et se révoltent... A l'œuvre tout de suite ! Je vous le demande au nom de la Révolution !

— Que veux-tu donc faire ?

— Faire ce que nous pourrons, descendre l'escalier, entamer le pavé, crier aux armes ! aux armes !... Camarades, croyez-moi !... »

On m'arrête. L'homme brun, long et gras, se tourne vers les amis et demande si l'on veut suivre le mot d'ordre qu'ont donné les députés qu'on a vus ; ou bien si l'on veut m'écouter, moi : descendre l'escalier, entamer le pavé, crier aux armes !...

— Il faut obéir aux Comités, dit la bande.

Un autre arrive encore.

Est-il aussi pour *fatiguer la troupe ?*

Oui... et il apporte quelque chose de plus

« On fera passer, dit-il, un mot d'ordre pour ce soir. Ce soir, rendez-vous place des Vosges... »

Mes camarades me regardent; suis-je convaincu, cette fois?

« Convaincu? Je suis convaincu que nous sommes perdus... convaincu que nous sommes des enfants, convaincu que si nous étions des hommes d'action, nous aurions déjà une barricade commencée...

— Nous serions tout seuls... hasarde Renoul, le plus prêt à se ranger de mon avis, et, la voix frémissante.

— Tout seuls ! Mais si tout le monde en dit autant, c'est la lâcheté sur toute la ligne ! Que ceux qui parlent de *fatiguer la troupe* aillent derrière les soldats, les mains dans leurs poches, avec des chaussettes de rechange !...

Allez chercher des chaussettes, monsieur, moi je dis qu'il faut aller chercher des combattants et en faire venir en commençant le combat

— Où le commencer?

— Où nous voudrons, encore une fois ! Sous ces fenêtre,... n'importe où ! Et je m'offre à arracher le premier pavé.

Ce n'est pas pour montrer que j'ai du courage, c'est pour indiquer que je sens venir la défaite à pas de loup ! Je ne crois pas que nous pouvons, à nous dix, sauver la République, mais nous monterons sur un tas de pierres, sur le plus haut tas, et nous crierons : « A nous ! à nous ! Voyez, nous sommes dix; dix hommes de dix-huit ans, en redingote... dix des Écoles ! Que les Blouses viennent nous commander ! »

Je m'accroche aux habits, aux regards de mes camarades... Il paraît que je dis une folie. On me blâme, on me parle même avec colère.

« Tu commences par insulter ceux qui viennent avec nous.

— Je n'insulte pas. Je dis que c'est insensé de croire que la troupe sera fatiguée avant nous; je dis que nos souliers seront usés, nos bas percés, nos talons mangés, nos voix cassées avant que les soldats aient une ampoule... — Fatiguer la troupe !... »

Le dégoût et la douleur m'étranglent.

On ne se battra pas !

Je reviens à Renoul et aux autres :

« Pour la dernière fois, je vous en supplie. Pas besoin de mot d'ordre ! Partons ensemble, prenons un bout d'étoffe rouge, arrachons ces rideaux, déchirons ce tapis et allons planter ça au premier carrefour ! Mais tout de suite ! Le peuple perd confiance, la troupe devient notre ennemie, Napoléon gagne du terrain à chaque minute qui s'envole, à chaque phrase que nous faisons, à chaque bêtise que dit cet homme, à chaque cri que je jette en vain !... »

On ne m'écoute plus ; on fait même autour de moi un cercle de fureur. J'ai trouvé le moyen d'exaspérer mes amis...

Il y en a un qui m'a dit déjà :

« Si nous survivons, tu te battras avec moi. »

Si nous survivons? mais nous en prenons le chemin.

Il faut se rendre pourtant à l'avis de tous ! — Je serais seul, tout seul, et désavoué par les miens. Les étudiants qui me connaissent me demanderont où sont les autres, où est ma bande?

J'ai pensé à aller quand même me planter, comme je l'ai dit, devant la porte, avec une barre de fer pour soulever les pierres. Où la prendrai-je, cette barre? il faut que je l'arrache à la boutique et aux mains de quelqu'un ; on se mettra vingt pour m'assommer et on me la cassera sur le dos. — Puis, avant tout, le tort d'être isolé! Je n'aurai pas qualité d'envoyé de barricade, ni de délégué de résistance...

« Il va faire remarquer la maison, et l'on viendra nous assassiner! voilà ce qui arrivera, » a dit Lisette, pendant que je criais si fort.

Il faut se rendre !...

Se rendre à la merci de ce frère d'adjoint !
Je lance encore un suprême appel.

« Vous croyez qu'il faut de la discipline... la discipline, toujours la discipline... mais c'est l'indiscipline qui est l'âme des combats du peuple !... Ah! bourgeois !... »

On me met la main sur la bouche ; un peu plus, ils m'étrangleraient. Ils ont leur énergie de leur côté, c'est leur conviction qui parle ; mais pourquoi a-t-elle ce caractère d'obéissance, ce respect des mots d'ordre à attendre et du signal à recevoir? Ils veulent des chefs ! et pourquoi. C'est le plus brave qui commande.

3 décembre.

Depuis hier, onze heures, nous courons, cherchant le danger et sentant la déroute.

Nous nous sommes réconciliés, pour appeler aux armes, publiquement. On s'est battu, de ci, de là, avec une écharpe rouge au bout d'une canne — point comme il fallait pour vaincre. Alexandrine avait raison.

Les *redingotes* ont pris le fusil ; les blouses, non !

Un mot, un mot sinistre m'a été dit par un ouvrier à qui je montrais une barricade que nous avions ébauchée.

« Venez avec nous, lui criais-je ! »

Il m'a répondu, en toisant mon paletot, qui est bien usé cependant :

« Jeune bourgeois ! Est-ce votre père ou votre oncle qui nous a fusillés et déportés en Juin ? »

Ils ont gardé le souvenir terrible de Juin et ils ont ri en voyant emmener prisonnière l'assemblée des déporteurs et des fusillards.

Quelques hommes de cœur ont fait le coup de feu — les ouvriers n'ont pas bougé.

Cinq cents gantés qui tirent et meurent, ce n'est pas une bataille !...

Le frère de l'adjoint se promène toujours et dit :
« *Allons fatiguer la troupe.* »

4 décembre, au soir.

Nous n'avons pas fatigué la troupe, et je ne puis plus me tenir, je n'ai plus de voix dans la gorge; à peine s'il peut sortir de ma poitrine des sons brisés, tant j'ai crié : « Vive la République ! à bas le dictateur ! » tant j'ai dépensé de rage et de désespoir, depuis que Rock a frappé à ma porte...

Il est je ne sais quelle heure. J'ai regagné l'hôtel j'ignore comment — en m'attachant aux murs, en traînant les pieds, en soutenant de mes mains ma tête pesante, pesante comme s'il y était entré du plomb, et je suis tombé sur mon lit.

Je n'ai pas reçu une blessure, je ne saigne pas ; je râle...

Le sommeil me prend, mais il me semble qu'une main m'enfonce la bouche dans l'oreiller ; je me réveille suffoquant et demandant grâce, j'ouvre ma fenêtre.

J'entends un roulement de coups de fusil !

On se bat donc encore? On m'avait dit que c'était fini, que tous ceux qui avaient du cœur étaient épuisés ou morts.

C'est sans doute des prisonniers qu'on achève ; on dit qu'on tue à la Préfecture...

Si la lutte avait recommencé !

Je dois y être !... Ma place n'est pas dans ce lit d'hôtel. Je vais essayer de repartir, d'aller voir...

Mais le sommeil m'accable, mais mes jambes refusent le service, mais j'ai le bras droit qui est lourd comme si j'avais un boulet au bout.

Encore des coups de fusil !

Oh ! je descendrai tout de même !

Tout le monde dort dans la maison, excepté deux ou trois personnes qui jouent aux cartes.

Il y en a un qui dit : *Quatre-vingts de rois !* et l'autre qui répond : « Dis plutôt *quatre-vingts d'empereurs !* »

Et je croyais qu'on se battrait, que les jeunes gens se feraient hacher jusqu'au dernier !... — *Cinq cents de bésigue, quatre-vingts d'empereurs...*

J'ai pu me traîner jusque dans la rue. Comme elle est noire !... Je descends jusqu'au pont. Des factionnaires montent la garde.

« Où allez-vous ! »

Si j'avais du courage, si j'étais un homme, je leur dirais où je vais... où je crois de mon devoir d'aller. Je crierais: *A bas Napoléon !*

Je regretterai plus d'une fois peut-être dans l'avenir, de ne pas avoir poussé ce cri et laissé là ma vie...

J'ai balbutié, tourné à gauche...

La Seine coule muette et sombre. On dit qu'on y a jeté un blessé vivant et qu'il a pu regagner l'autre rive en laissant derrière lui un sillon d'eau sanglante. Il est peut-être blotti mourant dans un coin. N'y a-t-il pas quelque part une flaque rouge ?

Je n'entends plus la fusillade, mais les factionnaires reparaissent, victorieux et insolents.

C'est fini... fini... Il ne s'élèvera plus un cri de révolte vers le ciel!

Je suis rentré, le cerveau éteint, le cœur troué, chancelant comme un bœuf qui tombe et s'abat sous le maillet, dans le sang fumant de l'abattoir!

## XII

#### APRÈS LA DÉFAITE

8 décembre.

Il y a trois jours que c'est fini...

Il me semble que j'ai vieilli de vingt ans!...

La terreur règne à Paris.

Renoul, Rock, Matoussaint, tous les camarades sont comme moi écrasés de douleur et de honte. On se revoit — mais en osant à peine se parler et lever les les yeux. On dirait que nous avons commis une mauvaise action en nous laissant vaincre.

Qu'allons-nous devenir?

Moi, je vais partir. Mon père m'a écrit qu'il fallait revenir — revenir sur-le-champ!

On prétend à Nantes que j'étais parmi les insurgés et que j'ai été blessé à une barricade. — Il est destitué si je n'arrive pas pour démentir ce bruit par ma présence.

Devant cette peur de destitution, je dois obéir, quoique cependant je sois malade.

Dans le froid de ces trois nuits de décembre, mon bras droit s'est glacé. Je n'ai pas une plaie glorieuse, j'ai un rhumatisme bête qui me supplicie l'épaule gauche.

N'importe, je retournerai. Mais il y a une question qui me rend bien malheureux.

Je dois à l'hôtel ; c'est grâce à Alexandrine que j'ai eu crédit.

Je pensais payer à la première éclaircie de journalisme ou de professorat libres. Je ne dois pas beaucoup, je dois un peu plus de cent francs. Voilà tout.

Depuis le départ du russe je mangeais à trente-deux francs par mois — le café au lait le matin ; le bœuf, le soir.

J'écris la situation à Nantes, en suppliant qu'on m'envoie de quoi m'acquitter avant que je parte. J'aurais honte de rester le débiteur du père après avoir été l'amoureux de la fille.

On me répond qu'on *verra* quand je serai revenu.

J'ai pleuré de tristesse et de colère ; j'oublie la bataille perdue pour ne voir que ma situation pénible et fausse.

J'écris et supplie encore.

On envoie cinquante francs, en répétant que tout sera réglé dès que j'aurai remis le pied au foyer paternel.

Il faut s'humilier — demander à Alexandrine d'intercéder auprès de son père et de faire accepter la convention.

« Ce n'est rien, dit-elle, et elle me console et m'engage à partir vite pour revenir plus tôt — vous me retrouverez comme autrefois, ajoute-t-elle doucement. »

Je l'ai remerciée, mais je donnerais mon bras malade pour ces cents francs !

Enfin, c'est fait.

Elle m'a dit adieu dans un coin. Je tenais la tête baissée et j'avais comme de la boue dans le cœur.

J'ai pris le train, les troisièmes. Mon épaule se gèle dans ces wagons ouverts au vent. Je ne puis plus lever mon bras ; il est comme mort quand j'arrive.

« Mais avec ce bras mort, tu as l'air d'avoir été blessé comme on le dit, me crie mon père d'un air furieux. Tu peux bien le lever un peu, voyons !

— Non, je ne puis pas, mais j'essaierai, je te le promets ; seulement j'ai un poids sur la conscience. Qu'on m'en débarrasse pour me donner du courage ! Envoie dès ce soir à Paris l'argent de l'hôtel. »

Je montre la lettre où est sa promesse de payer dès que je serai revenu ; il me répond à peine et cela dure un jour, deux jours.

Mon père n'est pas un méchant homme. Je me rappelle ses sanglots, le matin où après que je m'étais battu pour lui j'allais être arrêté, saignant encore, sur une demande qu'il avait faite huit jours avant.

Mais, la frayeur de perdre sa place, — que serait-il devenu ? — la colère de me voir lui répondre, comme un écolier rebelle — il se vantait de les mâter tous — la fièvre d'ignominie qui était alors dans l'air! et aussi —je l'ai su depuis — une aventure de femme à la suite de laquelle il avait été ridicule et malheureux ; tout cela avait affolé cet homme qui avait déjà, de par son métier, l'âme malade et appauvrie.

Ma mère, depuis le jour où je lui avais crié combien ma vie d'enfant avait été douloureuse près d'elle, ma mère avait ménagé mon cœur avec des tendresses de sainte. Seulement elle était si loin de comprendre les révoltes, les barricades, les coups de fusil sur l'armée !

Elle ne me reprochait rien, mais au fond, je crois, me trouvait criminel. Malgré elle, ses pensées de bourgeoise honnête donnaient raison à son mari et m'accusaient. Sa main prenait la mienne dans les coins quelquefois, mais ses yeux se tournaient en même temps vers le ciel, comme pour demander pitié ou pardon pour moi! Pauvre femme!

Elle promène sa douleur muette entre nos deux colères.

« Je vais chercher le médecin, dit-elle un jour.

— Je suis mieux.

— Laisse moi faire, mon enfant. C'est pour qu'il voie bien que ce n'est pas une blessure. Il le fera savoir dans la ville.

Le docteur arrive, me demande çi, ça... — Je ne vais pas lui conter ce que j'ai dans le cœur. A lu_ de voir ce que j'ai à l'épaule.

Il prononce je ne sais quels mots, ordonne je ne sais quoi, et s'en va.

Ma mère de faire l'ordonnance et de me veiller comme un agonisant.

« Mais ce n'est pas de cela qu'il s'agit ! Ma maladie, la belle affaire ! un rhumatisme, et après ! C'est de ma dette de Paris qu'il faut parler — dette sacrée !

— Pourquoi sacrée ? fait ma mère. »

Pourquoi ? — Je ne peux pas, je ne veux pas leur conter que, Alexandrine et moi, nous nous sommes aimés !... ils seraient capables d'avertir le père Mouton. Je ne puis que rappeler à mon père sa promesse, et, comme il me répond presque avec ironie, je me dresse devant lui et je lui jette — le bras pendant, la tête haute — ces mots d'indignation :

« Tu m'as menti alors, en m'écrivant ! »

J'ai répété le mot sous son poing levé ! Il ne l'a pas laissé retomber sur mon épaule endolorie, mais il a lâché ces paroles :

« Tu sais que tu n'as pas vingt et un ans et que j'ai le droit de te faire arrêter. »

Encore cette menace !...

Me faire arrêter, ce n'est pas ce qui guérirait mon bras...

Il y a songé sérieusement. On me laisserait quelque temps en prison, le temps de laisser tomber les bruits qui ont pu courir sur mes folies barricadières de Paris.

L'exemple de ces expédients paternels a été donné,

et plus crânement encore, par un collègue du lycée. Son fils aussi a crié publiquement : A bas le dictateur! dans une ville de province, au Mans, je crois.

Qu'a fait le père? Il a dit qu'il fallait pour cela que son fils eût perdu la tête, et il l'a fait empoigner et diriger sur l'hospice où l'on met les fous.

Au bout de deux mois on l'a délivré, mais sa sœur a été tellement émue d'entendre dire que son frère était fou qu'elle est tombée malade et va, dit-on, en mourir.

La peur courbe toutes les têtes, la peur des fonctionnaires nouveaux et des bonapartistes terrorisants! Ils promènent la faux dans les collèges, et jettent sur le pavé quiconque a couleur républicaine.

Au dernier moment mon père a hésité cependant... mais mon bras est déjà guéri, mon rhumatisme envolé depuis longtemps; qu'on n'a pas encore payé ma dette de Paris.

J'en reparle. Je ne puis vivre avec cette idée, il me semble que je n'ai plus d'honneur.

Mon père, à la fin, me jette la nouvelle qu'il va payer ; mais il accompagne cette nouvelle d'observations amères, sanglantes, qui font de nous deux ennemis, et la vie va s'écouler sournoise et horrible dans la maison Vingtras. C'est comme avant mon premier départ pour Paris.

Je demande à m'éloigner... je vivrai au loin comme je pourrai... Ou bien veut-on me laisser entrer en apprentissage ici pour être ouvrier?

« Toujours *démoc-soc*, n'est-ce pas? Va-t'en dire au

proviseur que tu veux te faire savetier, te remêler à la canaille! Arrive en blouse au collège, devant ma classe! C'est ce que tu veux, peut-être!

Je passe mes journées dans ma chambre. Mon père exige de moi que j'abatte un *devoir* grec ou latin, tous les jours.

Voilà à quoi j'occupe mon temps, moi, l'échappé de barricades.

Est-ce pour me châtier? Est-ce une farce de bourreau?

Quand j'ai latinassé, je suis libre — libre de regarder le quai.

Quai Richebourg.

Oh! ce quai Richebourg, si long, si vide, si triste!

Ce n'est plus l'odeur de la ville, c'est l'odeur du canal. Il étale ses eaux grasses sous les fenêtres et porte comme sur de l'huile les bateaux de mariniers, d'où sort, par un tuyau, la fumée de la soupe qui cuit. La batelière montre de temps en temps sa coiffe et grimpe sur le pont pour jeter ses épluchures par dessus bord.

C'est plein d'épluchures, ce canal sans courant!

C'est le sommeil de l'eau. C'est le sommeil de tout.

Pas de bruit. Trois ou quatre taches humaines sur le ruban jaunâtre du quai.

En face, au loin, des chantiers dépeuplés, où quelques hommes rôdent avec un outil à la main, donnant de temps en temps un coup de marteau qu'on entend à une demi-lieue dans l'air, lugubre comme un coup de cloche d'église.

A gauche, la prairie de Mauves brûlée par le givre.

A droite, la longueur de la rivière, qui est trop étroite encore à cet endroit pour recevoir les grands navires. On y voit les cheminées des *vapeurs de transport*, rangées comme des tuyaux de poêle contre un mur; et les mâts avec les voiles ressemblent à des perches où l'on a accroché des chemises — espèce de hangar abandonné, longue cour de blanchisseur, corridor de vieille usine, ce morceau de la Loire !

Le ciel, là-dessus, est pâle et pur; pureté et pâleur qui m'irritent comme un sourire de niais, comme une moquerie que je ne puis corriger ni atteindre... C'est affreux, ce clair du ciel ! tandis que mon cœur saigne noir dans ma poitrine...

Oh ! ce silence ! — troublé seulement par le bruit d'une conversation entre les mariniers ! ou le *ho, ho !* lent de ceux qui tirent sur la corde, dans le chemin de halage, pour remonter un bateau...

Pourquoi le train qui me ramenait n'a-t-il pas sauté ! Pourquoi n'ai-je pas eu le courage de me jeter, la tête la première, sous la locomotive, au lieu de m'installer dans le wagon comme un condamné à mort dans la charrette qui le prend et le mène, à travers champs, à l'endroit de l'exécution ! Il y en a qui vont ainsi trois heures en voiture, côte à côte, avec le bourreau ! Mais, quand ils arrivent, ils n'en ont plus que pour un moment, ils sont près de la délivrance;

moi, je suis arrivé et je ne sais pas quand mon agonie finira!

J'avais à mes côtés, dans le train, un homme qui ne devait descendre de wagon que pour s'embarquer sur un paquebot ; il allait dans le pays des aventures et du soleil, où l'on se poignarde dans les tavernes, où l'on se tue à coups de pistolet dans les rues !

Il fallait lui dire :

« Emmenez-moi ! je me jetterai à côté de vous dans les mêlées — payez mon passage, et je vous vends ma peau pour le temps qui servira à m'acquitter ! Je ne serai pas *chien*, j'ai du sang de reste à vomir. »

Pourquoi ne le lui ai-je pas dit?
C'est affreux ! il me semble que mon cœur s'en va et je pousse comme des aboiements de douleur.

Donc, par devant, c'est le quai vide, la rivière lente, le canal sale ; à gauche, la prairie pleine de mélancolie...

Par derrière s'étend la rue mal pavée, bordée de maisons de pauvres, pleine — comme toutes les rues misérables — d'enfants déguenillés, de femmes débraillées, de vieillards qui se traînent !

Il y a un nègre qui a cinq enfants dans ce tas, et qui va sans souliers et tête nue demander de l'ouvrage et du pain...

Il y a un estropié qui criait l'autre jour sous une fenêtre : « Ma femme a faim, ma femme a faim ! »

Et cela ne fait pas plus dans cette rue, que le hennissement d'une bête dans un pré ou le cri d'un geai dans un arbre !

# XIII

### DÉSESPOIR

Mon passé se colle à moi comme l'emplâtre d'une plaie. Je tourne et retourne dans le cercle bête où s'est écoulée une partie de ma jeunesse.

Le vieux collège me menace encore de sa silhouette lugubre, de son silence monacal.

Je ne puis entrer dans la ruelle qui longe ses murailles, sans me rappeler les années affreuses, où, quatre fois par jour, je montais ou descendais ce chemin, pavé de pierres pointues qui avaient la barbe verte. Au milieu, quand il pleuvait, courait un flot vaseux qui entraînait des pourritures.

En été, il y faisait bon, quelquefois; mais mon père me disait : « Repasse ta leçon, » et je n'avais pas même la joie de renifler l'air pur, de regarder se balancer les arbres de la grande cour, troués par le soleil et fourmillant d'oiseaux.

Au coude, à l'endroit où la ruelle tournait, se trouvait une maison garnie de fleurs aux croisées et qui montrait, à dix heures, une de ses chambres ouverte au frais, toute gaie et bien vivante.

Mais il était défendu de s'arrêter pour voir, parce que, paraît-il, cette maison était le nid d'un ménage immoral, où l'homme et la femme se couraient après pour s'embrasser. J'avais risqué un œil deux ou trois fois ; ma mère m'avait surpris et retiré brusquement en arrière comme si j'allais tomber dans un trou.

Une vieille dame qu'elle connaissait et qui demeurait en face avait été chargée de l'avertir.

« Si Jacques regarde, vous me le direz. »

Et cette femme, à l'heure du collège, m'espionnait, le nez aplati contre la vitre, la bouche méchante, l'air ignoble — bien plus ignoble que les deux amoureux qui s'embrassaient en face.

Elle y est encore, cette moucharde ! — elle a des mèches grises maintenant, qui passent sous son bonnet crasseux du matin ; elle me dévisage d'un regard vitreux, et il me semble qu'elle me vieillit en arrêtant sa prunelle ronde sur moi !

A travers la grille du collège j'aperçois la cour des classes...

C'est donc là que je suis venu, depuis ma troisième jusqu'à ma rhétorique, avec des livres sous le bras, des devoirs dans mon cahier ? Il fallait pousser une de ces portes, entrer et rester deux heures — deux heures le matin, deux heures le soir !

On me punissait si je parlais, on me punissait si j'avais fait un *gallicisme* dans un thème, on me punissait si je ne pouvais pas réciter par cœur dix vers d'Eschyle, un morceau de Cicéron ou une tranche de quelque autre mort; on me punissait pour tout.

La rage me dévore à voir la place où j'ai si bêtement souffert.

En face, est la cage où j'ai passé ma dernière année. J'ai bien envie de me précipiter là dedans et de crier au professeur :

« Descendez donc de cette chaire et jouons tous à saute-mouton ! Ça vaudra mieux que de leur chanter ces bêtises, normalien idiot ! »


Je me rappelle surtout les samedis d'alors !

Les samedis, le proviseur, le censeur et le surveillant général venaient proclamer les places, écouter les notes.

Est-ce qu'ils ne se permettaient pas, les niais, de branler la tête en signe de louange, quand j'étais premier encore une fois !

Niais, niais, niais ! Blagueurs plutôt, je le sais maintenant. Vous n'ignoriez pas que c'était comme un cautère sur une tête de bois, cette latinasserie qu'on m'appliquait sur le crâne !

Plutôt que de repasser sous ces voûtes, de rentrer dans ces classes, plutôt que de revoir ce trio et de recevoir ces caresses de cuistres, je préférerais, dans cette cour qui ressemble à un cirque, me battre avec un ours, marcher contre un taureau en fureur, même

commettre un crime qui me mènerait au bagne!
oh! ma foi, oui!

Allons plus loin!

Voici un endroit que je hais bien!

On me promena sur cette place, de maison en maison, chez des gens de notre connaissance, un jour de distribution de prix, pour montrer mes livres.

J'avais l'air de vendre des tablettes de chocolat.

Une femme charmante, en robe gris d'argent — je la vois encore — n'avait pu cacher un sourire; il lui était échappé un mot de bonté :

« Pauvre garçon ! »

En ai-je gardé un souvenir de ces distributions!

Il fallait bien avoir des prix cependant, puisque c'était utile à mon père.

Dans toutes ces rues de collège et de professeurs, je retrouve une douleur comique. Il me semble que j'ai un *palmarès* accroché dans le dos, et que ma mère me suit avec de la musique! Je marche, malgré moi, comme un petit éléphant que promène une troupe de cirque.

Je me croise à chaque instant avec d'anciens *cancres* qui ne s'en portent pas plus mal. Ils n'ont pas du tout l'air de se souvenir qu'ils étaient les derniers dans la classe. Ils sont entrés dans l'industrie, quelques-uns ont voyagé; ils ont la mine dégagée et ouverte. Ils se rappellent que je passais pour l'espoir du collège.

« Eh bien, que deviens-tu ? Vas-tu un de ces jours faire parler de toi ?

— Dis donc, est-ce vrai que tu *t'en es mêlé* et que tu as failli être tué en décembre ? »

Il est interrompu par le rire et le coup de coude d'un autre qui dit :

« Allons donc, c'est pas Vingtras qui irait où l'on joue sa peau ! »

*Que fais-tu ? Va-t-on un de ces jours entendre parler de toi ?*

Que répondre ?

Un matin, je disparaîtrai pour n'avoir à rougir devant personne de n'être rien, de ne rien gagner; sans aucun espoir d'être quelqu'un ni de jamais gagner quelque chose.

Je suis le seul, peut être à Nantes, qui vive cette vie de malheureux.

Je ne sors plus le jour, je me cache.

Je ne puis pas expliquer à tout le monde mes relations tendues avec mon père; je ne le veux ni pour lui ni pour moi. On me donne les torts — Qu'on me les donne !

On m'accuse de le réduire au désespoir — Je me défendrais, que j'aurais encore plus l'air d'un fils indigne.

Je vis comme les bêtes de nuit, je fuis les rues éclairées, je me croise avec les mendiants et les maniaques. C'est épouvantable !

Chercher le bruit? Me perdre dans la foule?... Quelle émotion y trouverais-je?

Il n'y a, dans cette grande ville de province, comme bruit et comme foule, que les marchés où l'on fait tapage, sur le bord de l'Erdre; mais je n'aime pas les paysans à la ville, — avec leurs têtes de renards méchants. — Ils ne me plaisent que dans la campagne, derrière les bœufs, ou battant le blé dans la grange!

Sur la place fashionable, à certaines heures, on voit du monde, mais un monde qui ressemble à celui des dimanches de Paris, un monde sans passion sur la face, et qui parle de tout ce que je hais, qui méprise tout ce que j'aime.

Je leur sens l'insolence dédaigneuse et le bonheur impitoyable...

On entend des plaisanteries sur Bonaparte :

« Il les a tout de même foutus dedans, les républicains ! »

Et de rire !...

Je préfère encore le silence écrasant du quai et le spectacle désolé de la rue...

Où est donc la vie? La vie!

A Paris, les pauvres mes voisins seraient des irrités et il y aurait la consolation des souvenirs de République, la gloire des cicatrices! Sur le quai, il y aurait des bouquinistes, il passerait des blouses!

Le peuple ! où est donc le peuple ici ?

Ces meneurs de bateaux, ces porteurs de cottes, ces Bas-Bretons en veste de toile crottée, ces paysans du voisinage en habit de drap vert, tout cela n'est pas le peuple !

Trouverai-je quelque part, dans un coin, parmi les redingotes, sinon parmi les vestes ou les blouses, quelqu'un à qui je puisse conter mon supplice, qui soit capable de comprendre ce que je souffre, qui ait dans le cœur un peu de ma foi républicaine, de mon angoisse de vaincu !

Si M. Andrez, le directeur des Messageries était encore ici ! Mais il est parti.

N'avait-il pas un ami jadis, qui est venu s'installer à Nantes?

J'apprends qu'il y est encore.

Il est chef de bureau je ne sais où. Il a habité Paris. Si je me souviens même, il y avait publié un livre où il mettait en scène une maison de filles et où la justice humaine commettait un crime à la face du ciel. Il faisait mourir sur l'échafaud un innocent, pendant que le vrai coupable regardait l'exécution, son bras passé dans le bras du président des assises, et qu'une catin faisait des *moumours* au valet du bourreau.

C'était hardi.

Avec celui-là peut-être je pourrai parler société injuste, peuple à défendre.

Je monte chez lui.

Il a maintenant des lunettes, une redingote un peu longue.

Il m'accueille singulièrement; il me fait sentir qu'il n'est pas libre de recevoir qui il veut : il parle bas et *marche mou.*

« Vous a-t-on vu monter? me demande-t-il.

— Comment, vous qui avez écrit ce livre, vous avez aussi peur que cela?... »

Quoiqu'il ait vingt ans de plus que moi, je lui parle comme s'il avait mon âge, et je lui reproche d'avoir *trahi*, ou tout au moins, dis-je en corrigeant ma colère, d'avoir *abdiqué.*

« Abdiqué, mais oui, j'ai abdiqué, du jour où j'ai eu la lâcheté de venir ici après vingt ans de Paris ! »

Et il s'est levé au bout de trois minutes :

« Allons, jeune homme, quittons-nous ! Je ne veux pas avoir été si longtemps servil pour être compromis en un quart d'heure par vos éclats de voix. Vous n'avez pas de femme à nourrir, vous, ni de famille à élever. »

Il y a peut-être de l'héroïsme à faire ce qu'il fait ! Il a écrasé son orgueil et étouffé ses idées pour donner du pain aux siens !

Comme il coûte cher, ce pain !...

Celui que mon père me donne est cher aussi.

On me tient comme un prisonnier et on me traite comme un mendiant !

Je ne puis pas même me lever de table quand j'ai fini la part qu'on m'a donnée. Un jour mon père m'a dit :

« C'est impoli de partir ainsi, on ne va pas digérer si vite ! »

Il faut à tout prix que je trouve une besogne à faire.

J'y mets du courage. Je m'adresse à d'anciens camarades, en leur demandant s'ils n'ont pas des parents, des amis, grands ou petits, à qui je pourrais donner des leçons.

Ils rient ! — Il y a trop peu de temps que j'ai été élève, que je faisais des farces avec eux et que je blaguais le latin ! L'un d'eux, cependant, me présente, à la fin, à son père, qui me déniche une répétition. Ils ont été séduits par le bon marché.

« Vous me donnerez ce que vous voudrez, » ai-je dit.

J'ai même ajouté que c'était pour m'occuper, plutôt que pour gagner de l'argent, et il est entendu que moyennant vingt francs par mois j'enseignerai, une heure par jour, un petit mulâtre dont le père de mon camarade est le correspondant. Il me paiera vingt francs et en comptera peut-être cinquante à la famille ; c'est ce qui m'a fait avoir la répétition, probablement.

Je repasse mon Burnouf, je prends un *Conciones* dans la bibliothèque de mon père, et je vais donner ma leçon au mulâtre.

Je reviens — c'est l'heure du dîner. — Ma mère

est seule à table. Elle est fort pâle et m'annonce que mon père a une explication à me demander avant de consentir à s'asseoir près de moi.

« Laquelle donc?

— Il paraît que tu donnes tes répétitions au rabais, maintenant... »

Mon père entre sur ces entrefaites; il essaie d'être calme, mais il ne peut y parvenir. Il est forcé de se lever et sort pâle comme un linge.

J'interroge ma mère.

« Mais, malheureux, si tu fais payer tes répétitions vingt francs, comment veux-tu que ton père les fasse payer quarante!... Ton père en est malade...

— Dis-lui qu'il peut ôter son bonnet de nuit; je ne donnerai pas de répétition à vingt francs, je ne ferai pas baisser les prix! »

Le soir de ce jour-là, dans la maison où je devais aller, l'homme disait à sa femme :

« Comprends-tu ce fils Vingtras?... Nous convenons hier qu'il viendra donner des leçons à Virgile (c'était le nom du petit mulâtre), il m'écrit ce matin qu'il ne faut pas compter sur lui.

— Quel *braque!*

— Dis plutôt quel *feignant!* J'ai vu ça tout de suite, que c'était un *feignant!*... Ah! son pauvre père n'a pas de chance! »

Si j'allais trouver des fils d'armateurs maintenant?

Non plus pour avoir des répétitions, mais pour obtenir de partir sur un navire qui m'emmènera loin de mon père qui a si peu de chance, loin de ma mère qui est si désolée, loin de ce quai qui est si vide, loin de ce coin de France qui ressemble si peu au grand Paris : ce Paris où j'ai souffert, mais où toute douleur a son remède et toute passion son écho !

J'irai n'importe où : là où il y a la fièvre jaune, la peste noire, la loi de Lynch, mais ou je pourrai défendre ma liberté à coups de fusil, où à coups de couteau. Je me ferai chercheur d'or ou chasseur de buffles ; j'irai peut-être avec des aventuriers envahir un pays, tuer un roi, relever une République — ce qu'on voudra ! Ou bien je vivrai sur un corsaire, quitte à être pendu et à mourir en tirant la langue au bout d'une vergue...

C'est entendu. J'essaierai de m'évader sur l'Océan.
Je vis avec les marins. Quelques-uns de mes anciens condisciples ont été pilotins ou mousses. Le frère aîné de l'un deux est lieutenant sur un vaisseau marchand ; dans quelque temps il doit repartir pour un voyage au long cours. Il me prendra ; j'aiderai à bord pour payer ma place. En attendant, il noce comme un matelot qui a touché sa paye et il m'entraine dans ses orgies.

Quelles soirées, devant les bouteilles dont on fait des massues, dans ces bouges où l'on se soûle et où l'on s'assomme !

Mais pendant qu'on hurle et qu'on se bat, la fièvre me tient, je vois mon but à travers la fumée des pipes et le sang des blessures.

Le lendemain, j'ai les côtes brisées, j'ai aussi l'âme malade; mais le silence de la maison, le froid glacial des visages me font plus peur encore; et le soir je retourne avec joie piquer ma tête et noyer mon cœur dans cette fange.

## XIV

### LEGRAND

Je suis tombé sur Legrand !

Au collège, Legrand était d'une classe au-dessous de la mienne et nous ne nous rencontrions que dans la cour; mais il m'avait remarqué à cause de mon air embêté, éternellement embêté.

J'avais remarqué, moi, qu'il était grand comme un officier : qu'il avait tout autant — sinon plus que moi — le mépris le plus parfait et le plus convaincu pour les versions, les thèmes, les vers latins, le grec, la philosophie.

Oh mais ! un mépris !...

Il n'apprenait jamais une leçon, ne faisait jamais un devoir, il opposait à toute question sur ce sujet, point l'injure, point le mensonge; il opposait le sommeil et l'ahurissement...

Pendant sept ans, quand on lui demandait ses leçons ou qu'on s'étonnait qu'il ne fît jamais un devoir, Legrand répondit en se frottant les yeux et en ayant l'air d'être pris au saut du lit.

Lorsqu'on insistait, quand les pensums venaient, et que le professeur voulait absolument avoir une explication... alors on assistait à un spectacle vraiment lamentable... celui de Legrand se levant et regardant du côté de la chaire, d'un œil terne, la bouche ouverte, comme s'il se passait là quelque chose de curieux et qu'il aurait bien voulu comprendre, mais il ne jetait que des sons inarticulés : pas moyen d'en tirer autre chose !

Il n'avait pas l'air de se moquer, ni d'être méchant ! — Non ! Il voulait bien rendre service, s'il le pouvait, mais il indiquait par des gestes sans suite qu'il n'était pas à la conversation et qu'il vaudrait mieux qu'il fût dans un hospice de sourds ou d'*innocents*, plutôt que de faire ses études.

Il était parvenu à les faire tout de même de cette façon ; mis à la porte de la classe, mais point du collège.

On avait pitié de lui.

« Sortez ! allez-vous-en ! »

Il ne bougeait pas ; ou bien si on le mettait dehors par les épaules, il allait s'asseoir tranquillement dans la cour entre les colonnes : souvent en hiver, il entrait où il y avait du feu, — chez le concierge, qui ne pouvait pas le renvoyer ; car Legrand *faisait paquet*, et devenait trop lourd.

Il allait aussi dans la classe de *spéciales* ou d'*élémentaires*, où il n'y avait jamais que sept ou huit élèves qui travaillaient en famille avec le professeur ; on laissait Legrand se mettre comme un vieux près du poêle.

J'avais conçu une grande admiration pour lui.

Cette patience, tant de simplicité ! — Se frotter les yeux ou faire *heuh! heuh!* et de cette façon, éviter le grec et le latin ! Que n'avais-je eu cette idée-là ! J'aurais passé pour un idiot ; mais je ne trouvais pas grand avantage à passer pour avoir beaucoup de *moyens*.

On ne me saluait pas dans la rue pour *mes moyens*, et je recevais mes raclées tout pareil quand j'étais petit.

« Mais comment ça t'est-il venu? lui demandai-je un jour, avec le respect qu'on a pour l'inventeur et la curiosité qui se mêle à l'étude d'une découverte nouvelle.

— Je m'en vais te le conter. Je connais Janet qui joue les ganaches au théâtre. J'ai voulu être acteur et faire les ganaches aussi... Voilà comment l'idée m'est venue. Je n'ai même pas fait exprès au commencement, je t'assure.

— Ah ! tu voulais être acteur ! »

J'aurais dû m'en douter. Il avait toujours des gilets à revers, des vestes en velours, des pantalons à carreaux; il marchait, dès qu'il n'était plus forcé d'avoir l'air ahuri — il marchait comme j'ai vu marcher au théâtre ; il secouait ses cheveux en arrière.

IL AVAIT UNE CANNE.

C'était le seul probablement dans tous les collèges de France ! Il avait une canne pour laquelle il payait deux sous de location par semaine : pour deux sous on la lui gardait chez le savetier en face pendant les classes.

Nous nous entendons bien avec Legrand. Il est tant soit peu catholique, mais il n'en est pas moins une belle plante d'homme, libre et forte, qui ne repousse pas la chicorée sceptique qui pousse près de lui, dans ma personne.

Nous nous disputons, c'est clair — il y a des malentendus, c'est sûr — mais nous sentons bien, tous deux, que nous avons du ridicule à venger et que nous avons besoin de nous détendre plus que d'autres, tant nous avons été étouffés : lui, entre les feuillets d'un paroissien ; moi, entre le dictionnaire latin-français de mon père et l'éducation paysanne de ma mère !

Aussi, comme nous nous en donnons ! Ma foi, ma douleur pesante et laide, ma douleur qui sentait le canal aux épluchures et la rue aux pauvres ; qui sentait aussi la pommade des femmes à matelots et l'eau-de-vie des bouges ; ma douleur d'hier s'est changée en une fièvre qui n'a plus la sueur si sale et si noire !

Nous cherchons querelle dans les cafés. C'est notre occupation, à mon *élève* et à moi — car Legrand est mon élève. C'est en qualité de camarade que je suis entré dans l'entresol de la famille, et que j'ai pris la première demi-tasse; c'est en qualité de préparateur au baccalauréat que je suis resté.

Je suis censé préparer Legrand au baccalauréat!

Je fais bien ce que je peux — lui aussi! Il voudrait se débarrasser de cela, ramasser ce diplôme! Et j'essaie de lui faire entrer cette *bachellerie* dans la tête, puisque je me connais mieux en *bachellerie* que lui, — moi nourri dans le sérail, fils de professeur, âne chargé des reliques des distributions!...

Je paye donc ainsi mon café, ma part de melon. Mon père et ma mère n'ont rien dit, parce que je ne fais pas baisser les prix des répétitions en buvant du café et en mangeant du melon.

Café Molière.

Nous allons au *Café Molière.*

Un café célèbre, le café de la jeunesse dorée. Là se trouvent toutes les têtes brûlées de la ville. Des garçons qui mangent leur fortune.

Je ne savais pas qu'il y eût cette race de gens dans ce pays.

Je n'aurais pas eu des évanouissements de courage et d'espoir si profonds, si j'avais connu ce monde inquiet et fiévreux — bourreaux d'argent, crèveurs de chevaux, entreteneurs de filles, crânement batailleurs et duellistes.

Je ne puis pas vivre toujours dans ce milieu — je

n'ai pas de fortune à manger — mais ce voisinage me va!

Il y a ici la comédie de la misère frottée de blanc d'argent, avec des impures dans le fond, et les émotions du tapis vert, la nuit.

Il en est, parmi ces rieurs, quelques-uns dont le père s'est fait sauter la cervelle le lendemain de sa ruine ou à la veille de son déshonneur! Il en est qui vont être ruinés ou déshonorés pour leur compte, avant d'avoir eu — comme leur père — la vertu de la lutte : déshonorés avec des cheveux blonds et une rose à la boutonnière...

Mais je me suis senti à l'aise tout de suite dans ce café, avec ces gens. Ils n'auraient pas l'idée de se moquer d'un paletot mal fait — ils ne s'amuseraient pas de si peu.

Ces viveurs méprisent la pauvreté, point les pauvres : je le sens. Ils sont tous les soirs trop près de l'abîme... ils savent trop combien la ruine arrive vite... combien les créanciers deviennent facilement insolents!... Aussi mon habit ne me gène pas. C'est la première fois peut-être.

On ne laisse pas traîner un soufflet sur la joue au café Molière.

J'ai vu des cimes d'herbes se gommer de rouge, l'autre matin.

C'était le frère d'un de nos anciens condisciples qui se battait; nous avions été prévenus du combat. Nous pouvions tout voir, abrités derrière un bouquet d'arbres.

Il m'est venu des idées folles par la tête. J'aurais voulu être le témoin du blessé, prendre l'épée tombée de ses mains.

J'ai honte de vivre comme un crapaud dans une mare ; je voudrais sortir de mon silence et de mon obscurité — par besoin d'action ou par orgueil, je ne sais pas !...

Legrand est comme moi — pis encore...

C'est un homme de théâtre.

Je crois sur ma parole qu'il préférerait être blessé, pour avoir un plus beau rôle, une plus belle scène, pour tâter la place qu'a fouillé l'épée, et tourner sa tête sur son cou comme cela se fait dans les beaux moments des mélodrames.

Il le voudrait, il en crève d'envie, j'en suis sûr !

Je suis plus lâche...

Je ne comprends pas pourtant qu'on ait peur d'un duel. Est-ce parce que je trouverais là l'occasion d'être l'égal d'un riche, et même de faire saigner ce riche, de le faire saigner dur, si le fer entrait bien ?...

Est-ce parce que je me figure qu'on ne peut pas me tuer ? Je me sens trop de force ! Mourir, allons donc ! J'ai encore à faire avant de mourir !

En me tâtant, j'ai vu que j'avais autant que ces viveurs ce qu'ils appellent le *courage du gentilhomme*. Je ne manquerais pas de toupet sur le terrain.

Ah ! je crois bien ! Il y a eu deux ou trois occasions

de se montrer. Nous nous sommes jetés dessus, Legrand et moi.

Nous sommes arrivés, gourmands de la querelle, avides d'empoigner l'occasion. Il me semble que cela me grandirait de tenir cette belle lame d'acier, que cela m'apaiserait aussi de tuer un homme, un de ceux qui trouvent niais les gens qui ont un drapeau.

Nous serions certainement arrivés à un duel avec n'importe qui, si un jour le père Legrand n'avait dit à son fils :

« Tu tiens à aller à Paris? — Eh bien, vas-y! Je t'y ferai cent francs par mois. »

Legrand voulait m'emmener.

J'en ai parlé à mon père, qui a repris son masque de glace, son geste menaçant — les gendarmes sont au bout. Je ne suis pas majeur encore!

J'ai souhaité bonne chance à Legrand, en lui donnant des lettres pour les camarades, et de la fenêtre de notre maison triste j'ai suivi le panache de fumée qui flottait au-dessus du paquebot; j'ai regardé du côté de Paris, pâle, irrité. — Pourquoi me retient-on ici?

Loi infâme : qui met le fils sous le talon du père jusqu'à vingt-un ans!

## UNE OUBLIÉE.

Mais la physionomie de la maison change tout à coup...

Mon père me parle presque avec bonté depuis quelque temps.

La barrière de glace qui séparait Vingtras *senior* et Vingtras *junior* est trouée, et désormais la vie est moins pénible ; toujours aussi bête, mais point si gênée et si cruelle.

Qu'est-ce que cela veut dire?

J'ai oublié qu'il y avait au pays jadis une créature qui m'aimait, qui fut la protectrice de ma vie d'enfance... qui depuis notre départ ne nous a donné de ses nouvelles que deux fois — deux fois seulement — mais qui n'a pas cessé de penser à moi. Bonne mademoiselle Balandreau !

On a appris, je ne sais comment, à la maison, qu'elle est depuis longtemps souffrante et paralysée, ne pouvant écrire, mais qu'elle parle de Jacques et qu'elle a fait venir le notaire pour lui annoncer qu'elle voulait — quand elle mourrait — laisser au petit Vingtras ce qu'elle avait.

Mon oncle m'avait parlé aussi autrefois de me faire son héritier. Est-ce que les douleurs des enfants les font aimer des vieillards?

Toujours est-il qu'on connaît à la maison — sans m'en rien dire — la maladie et le vœu de mademoiselle Balandreau, et voilà pourquoi on me ménage maintenant.

Un jour ma mère m'appelle.

« Jacques, ton père a à causer avec toi. »

Elle dit cela d'une voix grave et me conduit jusqu'au salon dont les volets sont baissés. Une lettre encadrée de noir est sur la table, mon père me la montre et dit :

« Tu te rappelles mademoiselle Balandreau? »

Oh! j'ai compris... et les larmes me sortent des yeux.

« Morte... Elle est morte?...

— Oui : mais elle te fait son héritier. »

Mes larmes coulent aussi fort. — Je regarde à travers ces larmes dans mon passé d'enfant.

« Elle te laisse 13,000 francs et son mobilier. »

Son grand fauteuil? La table où elle mettait la nappe pour moi tout seul? Sa commode avec des crochets dorés? La chaise où je m'asseyais — meurtri quelquefois!... Brave vieille fille!

Ma mère reprend :

« Mais tu es mineur. »

Ah! je m'en aperçois bien! Si j'avais vingt-un ans, je ne serais pas ici. Pourquoi n'ai-je pas vingt-un ans!... Avec ces 13,000 francs-là je retournerais à Paris — on aurait de quoi acheter des armes pour un complot, de quoi payer un gardien pour faire évader Barbès...

Il m'en passe des rêves par la tête! Des rêves qui brûlent mes pleurs et me font déjà oublier celle qui a songé à moi en mourant. Ma mère me ramène à la lettre encadrée de noir... mais je l'arrête.

Je me suis enfermé seul avec ma douleur.

J'ai pleuré toute la journée comme un enfant!

7 juin.

Dix heures cinq minutes, sept juin !

*J'ai ma liberté!* J'ai le droit de quitter le quai Richebourg, de lâcher Nantes, de filer sur Paris.

Je l'ai payé, ce droit; il est à moi; on me l'a vendu. Me l'a-t-on vendu cher, bon marché? Je n'y ai pas regardé.

On m'a dit : « Tu es mineur, il te faudra attendre des années avant d'être maître de ton argent; si tu veux t'arranger avec ton père, il te laissera libre dès aujourd'hui, tu pourras partir. »

— Mais, mineur, est-ce que j'ai le droit de signer?

— Pourvu que tu écrives une lettre. Nous avons confiance en toi. Tu ne manqueras pas à ta parole, nous le savons. »

Vous le savez? — Je sais, moi, que vous avez souvent manqué à la vôtre! Je me rappelle la dette du père Mouton... Oh! le sang m'en bout dans les veines, à y penser?

Allons, faisons l'acte, écrivons la lettre que vous voudrez, demandez-moi la promesse qu'il vous plaira — et que je tiendrai. Ouvrez-moi la porte. Que je sorte pour ne jamais revenir! Les gendarmes ne m'arrêteront pas maintenant que j'ai hérité. Je ne suis plus un gredin et un vagabond.

On a terminé, je ne sais comment. Je me rappelle seulement que j'ai transcrit une lettre dont le brouillon a été mis sous ma main. Mon père gardera l'argent de la succession, mais me servira quarante francs par mois — plus cinq cents francs d'un coup pour m'habiller et m'installer à Paris.

J'oubliais ; on m'assurera pour un billet de mille ou quinze cents contre la conscription.

« Quand aurai-je ces cinq cents francs ?

— Dans huit jours. »

C'est long !...

Je commande des habits chez le tailleur en vogue. Qu'ils soient prêts samedi, surtout !

Ils arrivent à l'heure, les cinq cents francs aussi.

Je les prends et je regarde mon père. Il tremble un peu.

« Tu vas donc me quitter en me haïssant ?

— Non, non... Vous voyez bien qu'il me vient des sanglots... mais nous ne pouvons vivre ensemble, vous m'avez rendu trop malheureux !... »

Adieu ! adieu !


Je ne suis pourtant pas parti encore ! Ma foi, de le voir pleurer, j'en ai eu le cœur attendri et j'ai tout pardonné !

J'ai passé avec eux la dernière soirée.

« Je vous paie le spectacle : voulez-vous ? »

Nous sommes allés au théâtre. Je les y ai menés en leur donnant le bras à tous deux.

Il me semblait que c'était moi le père, et que je conduisais deux grands enfants qui m'avaient sans doute fait souffrir, mais qui m'aimaient bien tout de même !

# XV

## PARIS

Nous voici dans la cour Laffitte et Gaillard.

Je reconnais l'homme qui brusqua ma malle lors de ma première arrivée à Paris; il me parla alors d'un hôtel rue des Deux-Écus, où je ne pus aller parce que je n'avais que 24 sous. Allons à cet hôtel-là maintenant que je suis riche !

« Cocher, connaissez-vous un hôtel, rue des Deux-Écus ?

— Oui, hôtel de la Monnaie. »

Mais je suis très mal à l'auberge de la Monnaie. Je n'y resterai que le temps de chercher un logement définitif.

J'ai écrit de Nantes, à Alexandrine : elle ne m'a pas donné signe de vie. J'ai prié Legrand d'y passer; il m'a répondu qu'elle avait eu l'air de ne pas se rappeler M. Vingtras.

J'en ai souffert d'abord! Mais peu à peu son souvenir s'est noyé tout entier dans mes colères de province.

En remettant le pied sur le sol de Paris, j'ai de nouveau pourtant un petit battement de cœur.

Je vais rue de La Harpe.

*Elle* est là — le père, la mère aussi. La mère me dit *qu'il reste encore* 25 *francs de dûs*; elle les avait oubliés dans le compte.

— Les voici.

La fille est gênée, et me reçoit froidement. Elle a un autre amoureux, elle va se marier, paraît-il.

Qu'elle se marie! Elle fait bien. Je sens que je suis guéri. Mon compte est réglé. Son caprice est mort. N'en parlons plus!

J'ai été bien heureux avec elle tout de même, jadis, et elle était bonne fille.

Hôtel Jean-Jacques Rousseau.

J'ai lu mon Balzac, et je me rappelle que Lucien de Rubempré demeurait rue des Cordiers, hôtel Jean-Jacques Rousseau.

M'y voici.

Une vieille femme — à tête de paysanne corrigée par un bonnet à rubans verts — est assise et tricote dans le fond du bureau.

Ce bureau est une pièce noire, humide, bien triste. Cette vieille n'a pas l'air gai non plus; rien de la femme de roman.

Je la fais causer tout en demandant si elle a quelque chose de libre.

Causer? — Elle cause peu; on dirait même qu'elle redoute de montrer sa maison aux voyageurs, et qu'elle craint qu'on n'y découvre un mystère comme dans une pièce que Legrand m'a racontée : on versait du plomb fondu dans l'oreille des gens quand ils étaient couchés, puis on les coupait en morceaux, et on les donnait à manger aux cochons! Je crois même que le voile se déchirait sur une exclamation d'un voyageur qui s'écriait : « Comme vos cochons sont gras! » L'aubergiste se troublait, le voyageur le remarquait, et l'on remontait ainsi à la source du crime.

La vieille me montre une chambre qui est toute chaude encore du dernier locataire. Le lit est défait, la table de nuit trop ouverte. Il y a un faux-col éraillé sur le carreau.

« Combien?
— Dix-huit francs. »
Elle reprend :
« Vous avez une malle? Qu'est-ce que vous faites? Vous êtes étudiant?

Va pour étudiant! — J'écris « étudiant » sur le livre de garni.

Ah! ce livre! où il y a de toutes les écritures, où les

doigts ont fait des marques de toute crasse et de toute fièvre !...

Balzac, sans doute, a choisi l'hôtel qui lui paraissait répondre le mieux à l'ambition et au caractère de son héros... — C'est à donner la chair de poule !

Je suis gelé par l'aspect misérable de cette maison. Ma fenêtre donne sur un mur. Je ne puis pas regarder Paris et le menacer du poing comme Rastignac ! Je ne vois pas Paris. Il y a ce mur en face, avec des crottes d'oiseaux dessus. Dans un coin — sur une tuile rongée — un chat qui me regarde avec des yeux verts.

Je suis installé.

On a refait le lit, mis des draps blancs, fermé la table de nuit, effacé la tache d'encre. On a même apporté sur la cheminée un vase en albâtre avec lequel j'ai envie de me frotter : il ressemble à du camphre. On a ajouté à mes gravures un *Napoléon au siège de Toulon*, qui a vraiment l'air d'avoir la gale. Je voulais le renvoyer d'abord, à cause de mes opinions ; mais je le garde, tout bien réfléchi — je cracherai dessus de temps en temps.

Je meurs d'ennui chez moi !

J'avais été si heureux, jadis, à ma première arrivée, hôtel Riffault? Il me restait dans un morceau de journal, un bout de côtelette que m'avait laissé Angelina, dans le cas où j'aurais faim la nuit... J'étais heureux parce que je me sentais libre !

Je me sens à peine libre aujourd'hui dans cette chambre trois fois plus grande, où je puis faire les cent pas.

C'est que je suis plus vieux, c'est que j'ai déjà été mon maître dans Paris !

Hôtel Riffault, je sortais du collège : voilà tout, aujourd'hui j'entre dans la vie.

Maintenant, c'est *pour de bon*, mon garçon !

J'ai de l'argent, heureusement ! — Courons après les camarades !

Nous irons à Ramponneau prendre des portions à dix sous, boire du vin à *douze*... je demanderai le cabinet qui donnait sur le jardin et où l'on met des nappes sur la table. Tant pis si les *purs* se fâchent !

Nous appellerons par la fenêtre la marchande de noix et la marchande de moules. Nous mangerons des moules tant que nous voudrons.

Je m'étais toujours dit : — « Dès que tu auras de l'argent, il faudra que tu te paies des moules jusqu'à ce que tu gonfles ! »

Nous allons tous gonfler, si ça nous fait plaisir.

Ohé ! la marchande de moules !

Je demanderai du veau braisé — je n'ai jamais mangé mon comptant de veau braisé.

Nous filerons vers Montrouge sous le hangar où l'on buvait le vin à quatre sous. Nous en boirons pour cinq francs ! On invitera les carriers du voisinage !...

Je tombe dans la rue sur un de nos anciens condisciples qui venait quelquefois fumer une pipe avec nous. Il est tout étonné de me revoir.

« On disait que tu étais parti pour les Indes !

— Où sont les amis ? Quel est le café où l'on va ?

— On ne va pas au café, mais il y a le restaurant de la mère Petray, rue Taranne, où l'on dîne en bande le soir.

Je cours rue Taranne au restaurant Petray.

Ce n'est pas le *chand de vin* du quartier. Ce n'est pas la crémerie non plus. Il n'y a ni la fumée des pipes d'étudiants, ni l'odeur de plâtre des maçons ; ils n'y viennent pas à midi faire tremper la soupe.

Au comptoir se tient madame Petray ; elle a les cheveux blonds, le teint fade, elle ressemble à un pain qui a gardé de la farine sur sa croûte.

Je n'ai jamais été à pareille fête, dans une salle à manger si claire.

Il y a un bouquet sur une table du milieu, qui domine l'odeur des sauces. Cela sent bon, si bon !...

Il me semble que je suis à Nantes, aux jours calmes, quand on avait un grand dîner, lorsque ma mère rendait d'un seul coup ses invitations de trois ans.

C'était presque toujours aux vacances de Pâques quand renaissaient le printemps, les lilas, et j'étais chargé d'aller chercher des fleurs en plein champ.

On en décorait la grande chambre qui reluisait de fraîcheur et avait un grand parfum de campagne.

Par le soleil d'aujourd'hui, avec ce linge blanc et ce bouquet, le petit restaurant, où je viens d'entrer, a l'air de gaieté honnête qu'avait par exception tous les trois ou quatre ans la maison Vingtras!

Les joies du foyer, mais les voilà! Je n'ai pas besoin de ma famille pour les savourer; madame Petray peut me servir un bon dîner sans m'avoir donné le jour; le père Petray a l'air plus aimable que mon père : il a une toque aussi et un uniforme, mais c'est beaucoup plus joli que le costume de professeur, son costume de cuisinier.

« Garçon, l'addition !
— Vingt-quatre sous !
J'ai eu une julienne, une côtelette Soubise, un artichaut barigoule, un pot de crème, mon café.

Les puissants ne dînent pas mieux, voyons!

Quelle demi-heure exquise je viens de passer!

Je m'essuie la bouche en lisant un journal, le dos contre le mur, un pied sur une chaise; je fais claquer entre mes dents de marbre le bout de mon cure-dent.

L'égoïsme m'empoigne!

Si je gardais pour moi, si je caressais, encore une heure, cette sensation du premier repas fait sans autre convive que ma liberté?

Je retrouverai les camarades demain, rien que demain..

Le ciel est si clair et il fera si bon marcher dans les rues! Oui, sortons!

« Garçon, *payez-vous!* »

*Payez-vous:* avec de l'argent qui n'est ni à la famille, ni à la communauté, ni à la maison Vingtras, ni à l'hôtel Lisbonne, avec cette belle pièce de cinq francs qui a de grosses sœurs blanches et de petites sœurs jaunes.

Il y a encore des *roues de derrière* par ici et dans cet autre coin quelques louis. Je suis sûr qu'ils y sont, car je tâte à chaque instant la place où dort ma fortune.

« Payez-vous, et gardez ces trois sous pour vous! »

J'en ai une petite larme d'orgueil au bout des cils.

Un salut à madame Petray; un dernier coup d'œil — jeté par pose — sur le journal, de l'air d'un homme qui regarde le cours de la rente; un signe de tête au garçon; et je m'esquive de peur d'incidents qui couperaient ma sensation dans sa fleur.

Tous les bonheurs!

J'achète un trois sous : blond, bien roulé, et qui donne une fumée bleue...

— La bouquetière! Vite un bouquet!

Mes bottes reluisent et sonnent comme des bottes d'officier; mon habit me va bien, on dirait.

Je vois dans une glace un garçon brun, large d'épaules, mince de taille, qui a l'air heureux et fort.

Je connais cette tête, ce teint de cuivre et ces yeux noirs. Ils appartiennent à un évadé qui s'appelle Vingtras.

Je me dandine sur mes jambes comme sur des tiges d'acier.

Il me semble que j'essaie un tremplin : j'ai de l'élasticité plein les muscles, et je bondirais comme une panthère.

Je donne à tous les aveugles; la monnaie qu'on m'a rendue chez madame Petray y passe.

Je préférerais un autre genre d'infirmes, soit des sourds ou des amputés qui pourraient voir au moins la mine que j'ai quand je suis habillé à ma manière, et que je marche sans peur de faire craquer ma culotte.

Les Tuileries ! — Ah ! voilà le SANGLIER ! — C'est là qu'on faisait les parties de barres, au temps du collège.

Je déteste ce sanglier de marbre, truffé de taches noires faites par la pluie. Legnagna, mon maître de pension, avec son nez rouge, ses joues bleues, ses jambes cagneuses, son air de sacristain, me revient à la mémoire et va me gâter ma journée !...

J'aime mieux passer de côté où le pion défendait d'aller et où étaient les femmes.

Oh ! ces remous de jupe, ces ondulations de hanches, ces mains gantées de long, ces éclairs de chair blanche, que laisse voir le corsage échancré !... Il n'y a ni ces hanches, ni ces remous en province... Au quartier latin non plus!

Et dire que je ne suis jamais venu m'asseoir sur un de ces bancs pendant tout le temps que j'ai habité autour du Panthéon! Je regardais sauter, au Prado, des filles de vingt ans; les promeneuses d'ici en ont trente. Je préfère leurs trente ans, et leurs reins souples, leur corsage plein et leur peau dorée.

Je m'étends sur une chaise verte et je reste à les boire des yeux...

Elles s'en vont une à une. Il y en a qui s'attardent un moment avec des hommes à tête de capitaines, après avoir dit à leur enfant : — « Va, va, fais aller ton cerceau. »

Les femmes de chambre aussi disent à leurs ouailles : *Faites à celui* qui sera le plus tôt à la grille! — et tandis que les gamins courent, elles se retournent pour embrasser des moustachus.

Tout ce monde a l'air heureux et amoureux! Oh! je reviendrai et je tâcherai de retenir en arrière, moi aussi, une de ces robes de soie ou d'indienne...

J'ai dîné au café!

Un bifteck avec des pommes soufflées roulées autour, comme des boucles de cheveux blonds autour d'une tête brune.

Ici encore je retrouve des femmes qui parlent plus haut, qui rient plus fort que celles des Tuileries, qui ressemblent davantage aux filles du quartier latin, mais, dans cet éclat de lumières dorées, dans ce poudroiement du gaz et dans ce scintillement de vaisselle d'argent, le criard de la voix ou de la robe ne fait point trop vilain effet.

Elles ont de la poudre de riz sur les joues, comme il y a du sucre sur les fraises.

Mon dîner m'a coûté trente-cinq sous — sans vin. Je n'ai pas bu de vin ce matin non plus; je veux prendre l'habitude de n'en pas boire. J'aime mieux pour le prix acheter des bouquets, et m'étendre sur une chaise verte prés du *Philopœmen*.

Je n'ai pas besoin — comme jadis, quand je cherchais Torchonnette — de me donner du courage.

Je pris un canon sur le comptoir, ce jour-là... J'ai de quoi me payer une bouteille aujourd'hui. — Mais pourquoi?

J'ai eu mon ivresse, je me suis grisé à respirer cet air, à voir ces femmes, à lécher les fourchettes d'argent!... Cela vaut mieux que dix *canons de la bouteille*.

Je vois passer tout Paris! Il ne me fait plus peur comme jadis!

Peur?...

J'ai appelé aux armes sur ce boulevard même. C'est sur ce banc, en face, devant le passage des Panoramas, que je montai et criai, le 3 décembre : « Mort à Napoléon! »

Encore ce souvenir! — Faiblesse !... Regret d'enfant!...

« Garçon! le *Journal pour rire!*... »

Où irai-je finir ma journée ?

On donne *Paillasse* à l'*Ambigu.* Va pour *Paillasse!*

Sacrebleu, c'est beau, la scène où Paillasse dit, en s'évanouissant : j'ai faim ! — C'est beau, l'acte de la maison vide, la femme partie, les enfants qu'il faut faire souper, le coup de couteau dans le cœur, le coup de couteau dans le gros pain !

En sortant, je suis allé m'asseoir à l'*Estaminet des Mousquetaires*, plein d'hommes de lettres, plein de comédiens, plein de femmes encore !

J'emporte avec moi, rue des Cordiers, un monde de sensations douces et fortes.

Est-ce le vent de la nuit qui secoue mes cheveux sur mon cou ? Est-ce l'émotion de ces heures si saines ?

Je ne sais ! — mais j'ai un frisson qui me va jusqu'au cœur : frisson de froid ou frisson d'orgueil.

Le ciel est clair et dur comme une plaque d'acier...

Quelques jupons éclairent de blanc les trottoirs ; on voit à cent pas devant soi... mon ombre s'allonge aux rayons de la lune et emplit toute la chaussée...

Il s'agit de me faire une place aussi large au soleil !

## XVI

LES CAMARADES

J'arrive chez Pétray.

Personne encore. Le garçon me demande si je veux un journal, en attendant.

Je prends le journal, comme s'il devait y être question de moi, de mon bonheur d'hier, d'un monsieur qu'on a vu se promener, cigare aux dents, fleur à la boutonnière, poitrine en avant : qui est allé aux Tuileries, puis au spectacle le soir, un De Marsay chevelu, trapu, et qui va compter dans Paris.

Parole d'honneur, je cherche entre les lignes s'il n'y a pas trace de ma promenade si inondée de soleil, de joie intime, d'insouciance robuste et de confiance en moi !

C'est Legrand qui paraît le premier, mais Legrand méconnaissable. — L'air d'un homme épié par le Conseil des Dix, regardant de droite et de gauche comme s'il avait peur de la *Bouche de fer*, vêtu d'un paletot sombre et coiffé d'un chapeau triste.

Il me reconnaît, comme dans une conspiration, avec des gestes de conjuré. Je lui serre la main et lui lâche mon impression sur sa mine et son costume.

« Je t'aime encore mieux dans les rôles de cape et d'épée, tu sais ! Tu ressembles à un ermite, tu as l'air d'un capucin de baromètre.

— Rôles de cape et d'épée ! fait-il avec un sourire de Tour de Nesle : *cinq manants contre un gentilhomme* — ce temps-là est passé — c'est maintenant dix sergents de ville contre un républicain, un officier de paix par rue, un mouchard par maison ! On voit bien que tu arrives de Nantes ! *Vingtrasssello*, il n'y a plus qu'à se cacher dans un coin et à rêvasser comme un toqué ou à faire de l'alchimie sociale comme un sorcier... J'ai le costume de la pièce ! »

Il a dit juste, le *théâtral !*

Le souvenir de la défaite m'est revenu deux ou trois fois hier, pendant que je me promenais, — mais j'ai chassé ce souvenir, je lui ai crié : « Ote-toi de mon soleil ! »

N'ai-je pas dit une bêtise ? Ne viendra-t-il pas toujours, ce souvenir, jeter son ombre noire et sanglante sur mon chemin ? Il enténèbre déjà ce restaurant !

Nous, qui parlions toujours si haut, voilà que nous parlons tout bas !...

Je n'y pensais plus, je n'en savais rien. Je suis parti le lendemain de la bataille, n'ayant vu que les soldats, la tragédie, le sang ! Je n'ai pas respiré la fange, je n'ai pas senti derrière moi l'œil des espions.

La police avait une épée et tuait en plein jour au coup d'État; maintenant c'est autre chose.

On ne peut pas parler, on ne peut pas se taire... Les mots sont saisis au vol... les gestes et le silence sont mouchardés... Oh je sens la honte me monter, comme un pou, sur le crâne ! Mes impressions d'hier, mes espoirs de demain, tout cela est fané, rayé de sale tout d'un coup...


Quelle pitié !

Les bouches se ferment machinalement, nos yeux se baissent, nos faces s'essaient à mentir — parce qu'un homme à mine douteuse vient d'entrer et s'est mis dans ce coin...

Legrand m'a fait signe, et nous avons dû jouer la comédie comme au collège on criait : *Vesse!* quand on croyait que le surveillant arrivait.

Je me sens plus malheureux que quand j'avais mes habits grotesques, que quand ma mère faisait rire de moi, que quand mon père me battait devant le collège assemblé ! Je pouvais faire le fanfaron alors, ici il faut que je fasse le lâche !

« Tu as raison, Legrand. Trouve-moi, comme à toi, un chapeau qui me tombe sur les yeux, une souquenille d'ermite, un trou de sorcier !

— Plus bas, plus bas donc ! »

Justement, le garçon a cligné de l'œil du côté de

la mine douteuse, pour nous faire signe qu'on écoutait, et tout le monde a dit : « Plus bas, plus bas! »

Voici d'autres camarades !

Mais ils n'ont plus les mêmes têtes, le même regard, les mêmes gestes que la dernière fois où je les vis!...

Les mains dans les manches, eux aussi : le pied traînant, la lèvre molle...

Ils trouvent que je fais trop de bruit, ils le trouvent pour tout de bon. Leur poignée de main a été chaude, mais leur conversation est gelée.

Ils m'envoient des coups de genou sous la table.

Est-ce la rancune du passé, de nos querelles de Décembre, qui revient malgré tout, et qui a creusé entre nous un abîme ? Il y a peut-être des mots irréparables, même ceux prononcés sous le canon !...

Non! c'est bien Décembre qui pèse sur nous ; mais point le souvenir de ce que j'ai dit en ces heures de désespoir : c'est la peur de ce que je puis dire dans le milieu d'espionnage et de terreur que Décembre a créé.

L'homme à mine douteuse regarde toujours de notre côté.

Nous avons dîné ainsi, sur le qui-vive !
Je tire ma bourse.
« C'est moi qui paie, voulez-vous ?

— Allons, si tu es riche !

— J'offre des petits verres, un punch. Ça va-t-il?

— Non, non, » disent-ils d'une voix fatiguée, d'un air indifférent, et nous sortons.

J'étais entré dans ce restaurant joyeux et rayonnant. J'en sors désespéré.

Cette séance d'une heure m'a montré dans quel ruisseau j'avais à chercher ma joie, mon pain, un métier, la gloire !...

— Eh bien ! tenez, je crois qu'il aurait mieux valu nous faire tuer au coup d'État...


Je n'ai pas eu le temps de parler en particulier à personne, avec tout cela, et je n'ai pas vu les intimes.


Pourquoi Renoul et Rock n'étaient-ils pas là?

— Où est Renoul? Que fait-il?

— Entré au ministère de l'instruction publique comme surnuméraire.

— Où demeure-t-il?

— Encore rue de l'École de Médecine, mais non plus au 39; plus haut, près de chez Charrière.

J'y vais:

La concierge me reçoit mal — on dirait qu'elle croit *que j'en suis*.

« C'est au cinquième. »

Je suis venu le soir, pensant que Renoul serait de retour de son bureau.

En effet, il est là, en redingote, il ne porte plus de robe de chambre.

Mais c'est la peste du chagrin, la gale du désespoir !... Il a l'air si las et si triste ! Sa robe de chambre le vieillissait moins. Où donc a-t-il pris ce teint gris, ce regard creux?

« Tu as été malade?

— Non... »

Lisette arrive.

Oh ! non, vous n'êtes plus Lisette !

« Quel vent a donc passé, qui vous a changés ainsi tous deux?... Vous ne m'en voulez pas?... Ce n'est pas parce que ma visite vous déplaît?

— Mais non, non ! »

Un « non » qui jaillit du cœur.

« Nous sommes si heureux de te revoir, au contraire ! Nous te croyions perdu, enlevé, mort.

— J'ai eu ma part de supplice, en effet... »

Je leur racontai ma vie de Nantes.

Je file chez Rock, qu'on ne voit que par hasard chez Pétray, parce qu'il reste trop loin.

Il ne demeure plus où il demeurait, lui non plus.

Tout le monde a délogé. On était connu comme républicain par le concierge et les voisins ; ils savent qu'on a été absent pendant les événements de Décembre. Il y a à craindre les dénonciations et les poursuites, et l'on a porté ailleurs ses hardes, sa malle et sa douleur.

J'aborde Rock plus difficilement encore que je n'avais abordé Renoul. C'est lui-même, qui à la fin, après avoir regardé par le trou de la serrure, vient m'ouvrir en chemise.

Il me paraît bien changé.

Il est un peu moins abattu que les autres, cependant. Il trouve à la défaite une consolation.

Il a le goût du complot, l'amour du comité dans l'ombre. Est-ce croyance ou manie ? Il est vraiment maniaque et il tourne la tête de tous les côtés avant de parler. Même il regarde sous le lit et fait *toc toc* à tous les placards. Il sait que, s'il y avait quelqu'un dedans, le son serait plus sourd.

Rock s'ouvre à moi — autant qu'il peut — il ne peut pas énormément. — Plus tard, il me dira tout, dès qu'il aura reçu du « centurion » le droit de me communiquer le mot d'ordre.

Comme il répondra de moi, ça ne sera pas long.

« Tu feras bien de ne pas rester longtemps, par exemple. On doit savoir ton retour, à la préfecture de police ! »

Il regarde de nouveau, par surcroît de précaution, entre le mur et la ruelle, et ouvre carrément un placard dont il n'était pas sûr.

Il n'y a personne.

N'importe ! il me reconduit sur les orteils et je rentre chez moi découragé.

Je m'accoude à ma fenêtre dans le silence du soir, et je réfléchis à ce que j'ai vu et entendu depuis deux jours !

Oh! ma jeunesse, ma jeunesse! Je t'avais délivrée du joug paternel, et je t'amenais fière et résolue dans la mêlée!

Il n'y a plus de mêlée; il y a l'odeur de la vie servile, et ceux qui ont des voix de stentor doivent se mettre une pratique de polichinelle dans la bouche. C'est à se faire sauter le caisson, si l'on ne se sent pas le courage d'être un lâche!

Quand j'ai lâché en fermant ma porte, le cri que j'avais gardé au fond de ma gorge, dans les cafés, chez mes amis, le long du chemin plein d'agents et de soldats; à ce bruit, on a dû se demander dans la chambre à côté, s'il y avait par là un sanglier mangé par des chiens!

Ah! ils disaient au collège que les gamins de Sparte se laissaient dévorer le ventre par le renard! Je me sens le cœur dévoré, et il faudra que, comme le Spartiate, je ne dise rien?

Que je ne dise rien?... de combien de semaines, de combien de mois, de combien d'années?...

Mais c'est affreux! Et moi qui avais pris goût à la vie!... qui avais trouvé le ciel si clair, les rues si joyeuses!...

Malheureux! Il n'y a plus qu'à se tapir comme une bête dans un trou, ou bien à sortir pour lécher la botte du vainqueur!

Je le sens!... c'est la boue... c'est la nuit!...

J'ai fermé ma fenêtre du geste d'un dompteur qui boucle la porte de la cage où est le tigre et s'enferme avec lui.

###### RÉGICIDE.

Il m'est venu une pensée !...

Elle me serre le crâne et me tient le cerveau. Je n'en dors pas de la nuit.

Plus de calme, voyons ! Tes amis ont raison — il faut voiler ton œil, cacher ta fièvre, étouffer tes pas.

Il faut marcher à ton but prudemment, pour pouvoir arriver, sauter et *faire le coup*...

Je n'oserai pas tout seul !

Il faut que j'aille consulter ceux qui ont de l'expérience et qui approchent les hommes influents du parti.

Il y a Limard, Dutripond, dont j'ai fait connaissance en 51.

Je les trouve gris, en face d'une absinthe qui est la cinquième de la soirée, et ils s'avancent vers moi en titubant ; ils me prennent les mains et me tirent par les basques, baveux et laids, l'œil écarquillé, la bouche béante.

« Laissez-moi !... »

Je les écarte d'un geste trop fort, l'un d'eux va rouler dans le coin ; il se relève gauchement avec des allures d'estropié.

C'est qu'aussi j'ai été irrité et indigné en les voyant

ivres, moi qui venais parler du salut de la patrie !...
Oui, je venais pour cela !

Le salut de la patrie ! — Et qui donc veut la sauver ?

Ce n'est ni celui-ci, ni celui-là ! A aucun je n'ose confier ce que j'ai rêvé, ni dire que j'épargne mon argent pour réaliser mon projet !... Car je l'épargne, je vis de rien.

Je regrette les sous que je donnai aux aveugles, que je dépensai en bouquets.

. . . . . . . . . . . . . . . . . . . . . . . .

Personne qui m'écoute, ou qui m'ayant écouté, m'encourage...

« *Faites le coup!* nous verrons après, répondent quelques-uns. »

D'autres s'indignent et s'épouvantent.

« Ne les écoutez pas !... Vous inspirerez l'horreur simplement et cela ne mènera à rien, à rien — me dit avec sympathie et effroi un vieillard qui a déjà fait ses preuves, et au courage duquel je dois croire. Chassez cette idée, mon ami ! Réfléchissez pendant dix ans ! IL Y SERA encore dans dix ans, allez !... »

Et comme je murmurais : C'est pour QU'IL n'y soit plus !

« Vous n'avez pas, en tout cas, le droit, dit-il en dernier argument, parce que vous joueriez votre vie comme un fou, de jouer la vie de ceux que votre action fera, le soir même, emprisonner et déporter en masse ! Vous n'avez pas ce droit-là !... »

Il ne faudrait écouter personne.

Le courage me manque.

J'offre d'avancer le premier, de donner le signal. Je l'offre ! Je commanderai le feu en tête du groupe ; mais voilà tout... Et encore, je demande que l'insurrection soit prête derrière... moi ; que ce soit le commencement d'un combat !...

Je tiendrais Bonaparte sous ma main que je ne lèverais pas le bras, que je n'abaisserais pas l'arme si j'étais seul à avoir décrété la mort !...


J'ai voulu avoir l'opinion et l'appui de ceux qui font autorité, avant de confier aux intimes l'idée qui avait traversé mon esprit et me brûlait le cœur.

Puisqu'il n'y a rien à attendre de ce côté, rien que la peur, la pitié ou le soupçon, je vais retourner aux amis sans nom, mais sûrs et braves, et leur conter mon projet et mon échec.


Rock me répond comme on m'a répondu déjà :

« Cela ne servirait à rien, à rien !... N'y pense plus ! »

Mais il ajoute : « Il y en a de plus braves que ceux que tu as vus *qui s'en occupent.* On te préviendra. Ne tente plus de démarches, ne bouge pas !... Tu te ferais arrêter, et nous ferais peut-être arrêter aussi !... »

Ah ! il a raison !... Il n'est pas facile de tuer un Bonaparte !

Donc il n'y a pas à jouer sa tête pour le moment, au nom de la République.

Mon rêve est mort!

Maintenant que la fièvre du régicide est passée, il me semble que c'eût été terrible, et je me figure du sang tiède me sautant à la face — un homme pâle, que j'ai frappé... Il aurait fallu être en bande et que personne ne fût spécialement l'assassin!

Il n'y a plus qu'à rouler sa carcasse bêtement, tristement, jusqu'au moment où elle sera démantibulée par la maladie plutôt que par le combat — j'en tremble!...

Je gardais mes pièces de cent sous, mes pièces d'or, pour acheter des armes, pour avoir aussi de l'argent dans mon gilet quand on m'arrêterait, afin qu'on ne crût pas que j'avais du courage par misère et que j'avais attendu mon dernier sou pour agir.

Puisque je n'ai plus besoin de cet argent pour cela, il me servira au moins à me consoler.

Mais la consolation ne vient pas!

Il y a par les rues autant de soleil et autant de bouquetières; dans les Tuileries, autant de femmes à la peau dorée; il y a autant de bruit et d'éclat dans les cafés; pour trois sous on a toujours un cigare blond qui lance de la fumée bleue — mais je n'ai plus le même regard, ni la même santé! Je n'ai plus l'insouciance heureuse, ni la curiosité ardente; j'ai du dégoût plein le cœur.

Je dois avoir l'air vieux que je reprochais à mes amis ; j'ai vieilli, comme eux, plus qu'eux peut-être, parce que j'étais monté plus haut sur l'échelle des illusions !

Oh ! je voudrais oublier cela... en rire... m'enfiévrer d'autre chose !

Contre quoi se cogner la tête ?

Voilà huit jours que nous courons les restaurants de nuit en cassant des chaises et du monde ! Nous nous rattrapons sur les civils de ne pouvoir nous mettre en ligne contre les soldats. Nous courons après les heureux qui sont contents de ce qui se passe et qui s'amusent ; nous leur cherchons querelle avec des airs de fous !

Nous campons dans les restaurants des Halles où l'on passe les nuits.

On siffle du vin blanc, on gobe des huîtres. Mais ce vin nous brûle et fait bouillir dans nos veines le sang caillé de Décembre !

La nostalgie des grands bruits, le regret des foules républicaines me revient en tête, se mêle à mon ivresse bête, et la rend méchante.

Malheur à qui me regarde et me donne prétexte à insulte !

On nous défend de faire tant de bruit.

Mais nous venons pour en moudre, du bruit ! C'est parce que dans Paris, écrasé et mort, nous ne pouvons plus élever la voix, jeter des harangues, crier : « Vive la République! » que nous sommes ici et que nous poussons des hurlements.

Notre colère de bâillonnés s'y dégorge, nos gorges se cassent et nos cœurs se soûlent...

Le reste de mes cinq cents francs file vite dans cette vie-là!

L'achat des habits, le prix du voyage, le reliquat dû au père Mouton, avaient déjà fait un trou.

Il ne me reste plus que quelques pièces de cinq francs; je les retrouve au milieu de gros sous qui se sont entassés dans mes poches.

Oh! j'ai eu tort!

Maintenant que l'argent est parti, je me dis qu'en mettant le pied sur le pavé il fallait aller acheter tout de suite — le soir de mon arrivée — un mobilier de pauvre, et porter cela dans une chambre de cent francs par an dont j'aurais payé six mois d'avance.

J'avais cent quatre-vingt-deux nuits assurées — bien à moi! clef en poche!

Je pouvais regarder en face l'avenir.

Ah bah! — Je ne pouvais pas être heureux! Quelques sous de plus ou de moins!

Petit à petit, d'ailleurs, la fièvre tombe et il me reste de ma foi meurtrie, de ma crise de désespoir, une douleur blagueuse, une ironie de crocodile.

Je me retrouve avec mes quarante francs par mois — la même somme que lorsque j'arrivai rejoindre Matoussaint en pleine république et en pleine bohème.

Mais on ne vit plus maintenant avec quarante

francs comme on vivait avant décembre. On ne vivait pas d'ailleurs. Il fallait s'endetter chez les fournisseurs d'Angelina, ou chez le père Mouton.

Je pourrais avoir crédit dans un hôtel du quartier latin.

Non. Pas de dettes!

J'ai trop souffert avec le compte Alexandrine...

D'ailleurs il me faudrait vivre près de ces fils de bourgeois qui n'ont ni passion ni drapeau. Je les méprise et je veux les fuir.

Je préfère me réfugier dans mon coin : travaillant le jour pour les autres, afin de gagner les quelques sous dont j'ai besoin en plus de mon revenu misérable; le soir, travaillant pour moi seul, cherchant ma voie, méditant l'œuvre où je pourrai mettre mon cœur, avec ses chagrins ou ses fureurs.

Allons, Vingtras, en route pour la vie de pauvreté et de travail! Tu ne peux charger ton fusil! Prépare un beau livre!

## XVII

### LE GARNI

Je donne congé à la mère Honoré. Il faut chercher une chambre qui soit au niveau de mes ressources. Il s'agirait de trouver quelque chose dans les cinq francs par quinzaine.

Je cours beaucoup. Je ne puis mettre la main sur ce que je désire. Dans ce cours-là, il n'y a que les garnis de maçons — du côté de la place Maubert.

Comme j'ai une redingote, quand j'entre dans les maison, on croit que je vais acheter l'immeuble, et l'on est prêt à me faire un mauvais parti. — Je ferais blanchir, tapisser, coller du papier... Où irait donc se loger le pauvre monde?...

On me regarde de travers. Mais quand je dis ce que je veux — à savoir : un cabinet, qui me revienne à six sous par jour comme aux maçons — on me toise avec défiance et l'on me renvoie lestement. Si l'on m'accueille, il faudrait coucher *à deux* avec un limousin.

J'en fais de ces garnis, j'en monte de ces escaliers!...

Je me trompe quelquefois du tout au tout.

Rue de la Parcheminerie, je croyais avoir découvert ce qu'il me faut, quand la propriétaire m'a posé une question qui équivalait à celle-ci : « Est-ce que vous vivez des produits de la prostitution? »

Sur ma réponse négative :

« Mais alors quelles sont vos ressources, vous n'avez donc pas d'état? »

Du haut de l'escalier, elle m'a encore regardé avec mépris :

« Va donc! Hé! feignant! »

Enfin je suis tombé sur un logement qu'on ne voulait pas me montrer d'abord.

Le propriétaire me regardait du haut en bas et consultait sa femme au lieu de répondre à mes questions.
— Quel étage? Est-ce libre tout de suite?...

Il se grattait les cheveux sous sa casquette et avait l'air de faire de grands calculs.

« Je crois que ça pourra aller, a-t-il dit cependant, au bout d'un moment. »

Se tournant vers moi :

« *Combien avez-vous?* »

Je crois qu'il me demande mes ressources et m'apprête à répondre.

« Je te dis qu'il ne pourra pas entrer, dit la femme. »

Est-ce qu'ils veulent me mettre dans une malle?...
Non, c'est bien d'une chambre qu'il s'agit.
On m'y conduit. J'entre.

« Tenez-vous courbé. Tenez-vous donc courbé, je vous dis ! »

Ah ! quel coup ! — Je ne me suis pas courbé à temps, mon crâne a cogné contre le plafond ; ça a fait clac comme si on cassait un œuf.

Le propriétaire instinctivement et doucement me frotte la place comme on fait rouler une pilule sous le bout du doigt.

« La hauteur, dit-il, en retirant son doigt de dessus ma tête qu'il paraît avoir assez caressée pour son plaisir, la hauteur, c'est entendu... Je sais qu'il faut se courber, vous le savez aussi maintenant, mais c'est de la longueur qu'il s'agit... Voulez-vous vous mettre dans le coin de l'escalier? Nous avons plus court de mesurer, ôtez votre chapeau ! »

Il me mesure.

« Je le disais bien ! Vous avez encore deux pouces de marge. »

Deux pouces de marge ! Mais c'est énorme ! Avec deux pouces de marge, je serai comme un sybarite. Il ne faudra pas laisser pousser mes ongles, par exemple !

Il y a de la bonhomie et une grande puissance de fascination chez cet homme, qui n'est pourtant qu'un simple friturier; il a ses poêles au rez-de-chaussée et ses cabinets garnis au quatrième.

J'ai tant trotté, traîné, j'ai été si mal reçu, si mal jugé, depuis que je cherche des logements, que j'ai hâte d'en finir. Puisque j'ai deux pouces de marge, c'est tout ce qu'il m'en faut!...

« Je ne pourrai pas me promener, dis-je en riant.

— Ah ! si vous voulez vous promener, n'en parlons plus ! »

Il ne veut pas m'induire en erreur. Si je veux me promener, il me conseille de ne pas louer ce cabinet.

Je me gratte la tête pour réfléchir, — et aussi parce qu'elle me fait encore mal, — et je me décide.

« Vous dites neuf francs? Mettons huit francs.

— Huit francs cinquante, c'est mon dernier mot.

— Tenez, voilà vingt sous d'acompte, je vais chercher ma malle.

Avant de partir, nous causons encore une minute en bas, dans l'escalier, avec le friturier qui me félicite de ma décision.

« Je crois que vous serez bien, dit-il ; et puis, vous savez... si un soir... j'ai été jeune aussi, je comprends ça; si un soir... (il cligne de l'œil et me donne un coup de coude) si un soir l'amour s'en mêle!... eh bien, pourvu que ma femme n'entende pas, moi je fermerai les yeux... »

J'ai apporté ma malle. Il y a une place dans un

renfoncement où on peut la mettre. On peut même faire une *petite pièce* de ce renfoncement.

« Celui qui y était avant s'asseyait là, le soir, pour réfléchir, m'a expliqué le friturier. Je ne vous ai pas fait remarquer ça tout à l'heure... Je me suis dit : « Il a l'air intelligent, il le remarquera tout seul » ; puis, on ne peut pas tout dire en une fois ! »

Pour un petit cabinet comme ça, je crois que si. Mais je sais que j'ai l'esprit trop critique et que je cherche des poux où il n'y en a pas.

Pourvu qu'il n'y ait pas de punaises !... Ce n'est pas probable. S'il y en a, c'est deux ou trois tout au plus : Les autres ne pourraient pas tenir.

C'est que c'est l'exacte vérité ! Il n'y a que deux pouces de marge — et malheureusement *je gagne* beaucoup dans le lit.

Je suis forcé de recroqueviller mes doigts quand je veux être tout de mon long. C'est une habitude à prendre.

Le jour vient par une tabatière, qui s'ouvre en grinçant comme celle de Robert Macaire.

Je puis rentrer à l'heure où je veux. J'ai ma clef. Je pourrai amener... O amour !

J'ai ce *renfoncement* où je n'ai qu'à méditer — pas autre chose ! et à méditer sérieusement et longtemps — car on ne s'amuse pas là dedans, et c'est le diable pour en sortir.

Quand je n'ai que du pain pour mon souper, je

passe mon bras dans l'escalier, et je fais prendre l'air à ma tartine qui s'imbibe de l'odeur de friture dont la maison est empestée.

Je ne vole personne et j'ai un petit goût de poisson qui me tient lieu d'un plat de viande. De quoi me plaindrais-je ?

J'aurais pu tomber sur une de ces grandes chambres tristes où l'on a toute la place qu'on veut pour se promener !

Se promener, et après ? Flâner, toujours flâner, au lieu de réfléchir ! Se dandiner, faire aller ses jambes de droite et de gauche dans un grand lit — comme une courtisane ou un saltimbanque !

Vendredi, 7 heures du soir.

Ils ont dû laisser tomber une sole dans le feu, en bas ! C'est une infection — elle ne devait pas être fraiche... non plus !...

Samedi, 7 heures du matin.

Tiens ! une de mes deux punaises !

*Pas de fla fla.*

Je vis comme cela sans faire de *fla fla,* dans mon petit intérieur.

Tout s'arrange bien. Je n'ai pas de quoi manger beaucoup, mais je me dis que si je menais une vie de goinfre, j'engraisserais et ne pourrais plus entrer dans mon *réfléchissoir*.

Il me reste vingt et un sous pour attendre la fin de la semaine; samedi l'on doit me rendre deux francs que j'ai prêtés à un garçon sûr. Sûr? Aussi sûr qu'on peut être sûr de quelqu'un en ce monde!

J'ai heureusement un petit crédit en bas. Je crois bien que le friturier me donne les raies dont on ne veut pas — en tous cas il me donne des têtes, beaucoup de têtes.

— Vous les aimez, m'avez-vous dit?

J'ai fait croire que je les aimais, pour avoir crédit. Je n'osais pas demander crédit d'une friture avec des poissons comme on les pêche, ayant une tête, un ventre et une queue. C'est le poisson de ceux qui paient comptant, celui-là! C'est le poisson des *arrivés?*

J'ai dit :

« Quand vous aurez des têtes, vous m'en donnerez : c'est le morceau que je préfère. »

J'ai même eu bien peur, l'autre jour. Il y avait un homme, à face de mouchard, dans la boutique. On m'a appelé devant lui : *l'homme qui demande des têtes ;* c'était assez pour me faire arrêter.

Où est Legrand?

Si l'on en croit des « on dit » il vit dans le grand monde. Il est venu des gens de Nantes qui lui auraient apporté, de la part de sa mère, une malle bourrée de chaussettes, avec un vêtement de fantaisie complet, et un chapeau mou tout neuf!

*On dit!...* Il y a bien des bruits qui courent.

Un vêtement complet, un chapeau mou tout neuf!
On parle aussi de cinq livres de beurre salé.

Si Legrand a reçu cinq livres de beurre salé, il aurait bien fait de m'en apporter un peu, avant d'aller dans le monde! On va dans le monde, on étale ses grâces, on fait le talon rouge, et on laisse des amis seuls dans leur renfoncement.

Je n'ai rien fait à Legrand pour qu'il me cache son beurre. Il sait pourtant qu'un demi-quart m'aurait rendu service!

Je passe des journées bien longues et des nuits bien courtes — trop courtes de jambes, décidément. — Ce n'est pas tout à fait assez, deux pouces de marge!... C'est monotone, presque humiliant de vivre en chien de fusil, l'estomac vide... Il crie, cet estomac, mes boyaux font un tapage! Et comme c'est tout petit, ça vous assourdit.

Je n'ai toujours comme ressource habituelle que le poisson d'en bas. Il commence à me faire horreur! J'ai eu l'énergie de demander des queues — pas toujours des têtes! On m'a donné des queues, mais c'est la même pâte; il me semble que je mange de la chandelle en beignets. Je suis sûr qu'avec une mèche un merlan m'éclairerait toute la nuit.

Qui est là?

Je dormais les jambes en l'air! J'ai arrangé un petit appareil — comme on met dans les hôpitaux pour que les malades accrochent leurs bras. Ce n'est pas mes bras, moi, que j'ai envie d'accrocher, c'est mes jambes.

Je leur ai fait une petite balançoire — ça les délasse beaucoup.

Je dormais, les jambes en l'air...

> Et l'enfant prodigue revint.
> (*Bible*, vers. II.)

On frappe à ma porte — on la pousse — c'est Legrand! Je ne me dérange pas! Un homme qui a reçu de province deux douzaines de chaussettes — un vêtement complet — un chapeau mou — tout neuf — cinq livres de beurre salé — et qui a disparu sans donner de ses nouvelles pendant un mois!... *Je ne me dé-ran-ge-pas!*...

A lui de comprendre ce que ça veut dire; tant pis s'il se sent blessé.

Mais il n'a pas son vêtement neuf, il est très râpé, Legrand!

Il faut tout pardonner à qui a souffert.

Legrand ne s'est pas jeté dans mes bras — il n'y avait pas de place, c'est trop bas. — Je ne le lui demandais point. — Une foule de raisons! — Il ne s'est pas jeté dans mes bras, mais il m'a tout conté; il m'a mis son cœur à nu!...

L'histoire de Legrand est lamentable! C'est un *béguin* qui l'a perdu!

Legrand, sans en dire rien, *aimait*. Ayant reçu ces choses de chez lui, il les a portées dans la famille de sa *connaissance* qui a pris son beurre, ses vêtements, son chapeau, ses chaussettes, et puis l'a flanqué dehors.

Il pourrait plaider, il ne veut pas ; il lui répugne de salir un souvenir de tendresse.

En attendant, il n'a plus rien à se mettre sur le dos ni sous la dent, et il vient me demander un bout d'hospitalité.

Une petite sole aussi, s'il y a moyen... il a bien faim...

Je lui ai pardonné.

Je voudrais bien tuer le veau gras! Je ne puis!

J'obtiens même, à grand'peine, d'en bas, la petite sole pour lui et des têtes de merlan pour moi.

Il veut se coucher maintenant.

« Tu n'as pas peur de te coucher comme ça après dîner? »

Se coucher? Il n'y pas moyen! Il faudrait qu'il y en eût toujours un ou la moitié d'un sur l'escalier!

J'avais deux pouces de marge... Legrand a la tête de trop! Il la met dans ses mains, il voudrait pouvoir la mettre dans sa poche!

« C'est inutile, mon ami! Mais il ne faut pas se décourager, allons! Cherchons. »

En cherchant, on trouve qu'il peut garder ses jambes à l'intérieur, s'il consent à ouvrir la tabatière en haut pour y passer sa tête.

Il essaie. On pourrait croire à un crime, à une tête déposée là; mais cette tête remue; les voisins des mansardes, d'abord étonnés, se rassurent et on lui dit même bonjour le matin.

Legrand a peur d'être égratigné par les chats.

Tout n'est pas roses certainement. Il ne faut pas non plus demander du luxe quand on en est où nous en sommes!

Et Legrand vit ainsi, tantôt la tête sur le toit, tantôt les jambes dans le corridor, les jours où il n'est pas *d'escalier*. On lui chatouille la plante des pieds en montant, et ça le fait pleurer au lieu de le faire rire, parce que sa bonne amie le chatouillait aussi (c'était pour avoir le beurre) et lui faisait ki-ki dans le cou.

Il a faim tout de même et il est incapable de faire œuvre lucrative de ses vingt doigts, dont dix sont bien crispés pour le moment.

Il n'est pas né dans le professorat et perd la tête à l'idée d'être pion... Le jour où il aura de l'argent, il le jettera sur la table en disant : c'est à nous! il n'est pas seulement long, il est *large*, dans le beau sens du mot. En attendant, moi qui suis plus pauvre que lui, je puis comme enfant de la balle universitaire, apporter plus à la *masse*.

Il faut que je me remette en route pour trouver une place où je gagnerais notre vie, *avec mon éducation*. C'est que j'en ai, de l'éducation!

## XVIII

### LA PENSION ENTÊTARD

Oui, il faut gagner la vie de Legrand et la mienne; j'ai charge d'âmes; c'est comme si j'avais fait des enfants.

Je me rends chez le père Firmin, le placeur que j'ai vu avec Matoussaint, jadis, mais qui ne me reconnaît pas d'abord — il m'est venu des moustaches.

Je lui fais part de mon intention d'entrer dans l'enseignement.

« Mais ce n'est pas la saison! Malheureux garçon, vous ne trouverez rien pour le moment. »

Il faut que je trouve! Legrand a faim — j'ai faim aussi...

Le père Firmin continue à me déconseiller l'enseignement à une si mauvaise époque de l'année.

Il ne sait pas que Legrand a *aimé* et que nous en portons le châtiment. Tout le beurre salé est resté dans les mains de la *connaissance* et le pain manque!

« Enfin, puisque vous y tenez, nous allons vous chercher quelque chose. »

Il feuillette son registre.

« Voulez-vous aller à Arpajon?

— Je voudrais ne pas quitter Paris.

— Ah! ils sont tous comme ça... Paris! Paris!... »

Il continue à feuilleter le registre...

« Mon cher garçon, rien à Paris — rien!... qu'une place *au pair*, rue de la Chopinette — chez Ugolin — nous l'appelons Ugolin parce qu'on y crève la faim. »

Je ne puis accepter le pair — le pair, c'est la vie pour moi, mais pour Legrand, c'est la mort.

Madame Firmin intervient.

« Dis donc, Firmin? dans les places *où l'on siffle?*...

— Mais M. Vingtras ne veut peut-être pas d'une place où l'on siffle? »

Je ne sais de quoi ils parlent. Mais de peur d'embarrasser la situation, je déclare qu'au contraire j'adore ces places-là. « C'est ce que je rêvais, une place où l'on siffle. » Nous verrons ce que c'est! En attendant, il faut que Legrand mange; je ne voudrais pas retrouver son cadavre froid dans mon lit : je ne pourrais pas dormir de la nuit.

« Eh bien, voici une lettre pour M. Entêtard, rue Vanneau. Vous avez le déjeuner *au pupitre* et quinze francs par mois. »

*Le déjeuner au pupitre!*... quinze francs par mois

— c'est dix sous par jour. Oh! mon Dieu! le mois a trente et un jours!...

Je prends la lettre pour M. Entêtard, et je me dirige rue Vanneau.

## INSTITUTION ENTÊTARD

Une immense porte cochère avec deux battants.
A gauche la loge.
J'entre. — La concierge est en train de faire cuire du gras-double.

« M. Entêtard? »

Elle me toise d'un air de défiance et ne se presse pas de répondre. A la fin elle se figure me reconnaître.

« Ah! c'est vous qui êtes déjà venu pour les caleçons?
— Vous faites erreur...
— Si, si, je vous remets bien!
— Je vous assure, madame...
— Pour les saucisses alors? »

J'essaie d'expliquer le but de ma visite.

« Je répands l'éducation...
— Nenni, nenni! » elle secoue la tête d'un air malin.

Il n'y a pas moyen de pénétrer. Impossible!

Je rôde devant la porte désespéré! Je cherche si je ne pourrai pas monter par-dessus le mur!...

En rôdant, je vois un gros homme qui entre, et une minute après, la portière au gras-double qui sort.

C'est le concierge mâle, ce gros homme. Il sera peut-être plus accommodant que sa femme.

Je retourne vers la loge et je lui débite mon cas très vite, en mettant en avant le nom du placeur cette fois.

« Je viens... »

Il m'interrompt d'un air entendu :

« Vous venez pour les saucisses ?

— Non, je suis envoyé par un bureau de placement, comme professeur. On a le *déjeuner au pupitre* et quinze francs par mois.

— Ah ! ah ! C'est bien vrai, ce que vous dites là ?

Je proteste de ma sincérité.

— Et bien ! allez là-bas, au fond de la cour à droite. M. Entêtard doit y être, lui ou sa femme. Vous leur expliquerez votre affaire. »

Je traverse la cour. — Quel silence !...

Je crois apercevoir une forme humaine qui fuit à mon approche. Il me semble entendre : « Il vient pour les confitures ! »

Je vais frapper à la porte que la concierge m'a indiquée.

J'y vais tout droit — tant pis !

Je crois deviner un œil qui se colle contre la serrure — un gros œil, comme ceux qui sont au fond des porcelaines :

— Ah ! petit polisson !

On ouvre au petit polisson...

Je me précipite dans la place, et à peine entré, je crie de toutes mes forces le nom du placeur :

— Monsieur Firmin !...

Je crie ça, comme on appelle un numéro de fiacre à la porte d'un bal ! Je le crie sans m'adresser à personne, la tête en l'air, et fermant les yeux pour prouver que je ne suis pas un espion et que je ne viens pas pour les caleçons, ni pour les saucisses, ni pour les confitures.

Je répète en fermant encore plus les yeux, comme s'il y avait du savon dedans :

— Monsieur Firmin, monsieur Firmin !

Une main me prend, et je sens que l'on me conduit dans une petite salle.

« Ne criez pas si fort !... »

Je le faisais dans une bonne intention.

Je suis enfin devant M. Entêtard, qui regarde la lettre de Firmin et me dit :

« Monsieur, vous savez les conditions ? quinze francs par mois, le déjeuner au pupitre et vous fournissez le sifflet. »

Je m'incline — décidé à ne m'étonner de rien.

M. Entêtard a encore un mot à ajouter.

« Une observation ! Êtes-vous fier ? »

Je pense qu'il aime les natures orgueilleuses, ardentes.

« Oui, monsieur, je suis fier. »

J'essaie d'avoir un rayon dans les yeux. Je redresse la tête quoique mon col en papier me gêne beaucoup.

— Eh bien! si vous êtes fier, rien de fait. Il ne faut pas de gens fiers ici. »

Je tremble pour Legrand, je joue sa vie en ce moment!

« Il y a fierté et fierté... »

Je mets des demandes de secours pour les noyés dans ma voix !

« Allons, je vois que vous ne l'êtes pas — pas plus qu'il ne faut, toujours. Venez demain à sept heures ; ayez votre sifflet...

Un gros, un petit sifflet? — je ne sais pas.

J'achète ce que je trouve, en bois jaune, avec des fleurs qui se dévernissent sous ma langue.

J'arrive le lendemain à sept heures du matin.

« Vous sonnerez, puis vous sifflerez trois fois! » m'a dit le concierge la veille.

J'arrive, je sonne et je siffle ! j'ai l'air d'un capitaine de voleurs.

On m'ouvre. Je suis venu un peu plus tôt qu'il ne fallait.

« Il n'y a pas de mal, dit le concierge, je m'habille; asseyez-vous. »

Il me parle en chemise.

— Tel que vous me voyez, je suis concierge de l'Institution depuis dix ans ; pendant neuf ans c'était un autre que M. Entêtard qui tenait la *boîte*. — Il y faisait de l'or, monsieur! — Mais M. Entêtard est un maladroit qui a perdu la clientèle, qui a tout de suite fait des dettes, et *va comme je te pousse!*... Il s'est enferré au point d'acheter des caleçons à crédit pour les revendre, et de nourrir ses élèves avec un lot de saucisses allemandes qui leur ont mis le feu dans le corps. Ma femme s'en est aperçue, allez!.. Il n'a pas encore payé les caleçons, pas davantage les saucisses! Il n'a payé, il ne payera personne, personne! Il doit à Dieu et au diable, au marchand de caleçons, au marchand de saucisses, au marchand de lait et au marchand de fourrage...

— Au marchand de fourrage?

— C'est pour le cheval — il y a un cheval et une voiture, vous ne saviez pas cela? On va chercher les élèves le matin dans la voiture, on les ramène le soir. Je suis concierge et cocher. C'est vous alors qui allez être professeur et bonne d'enfants? »

En effet, je suis *bonne d'enfants*, le matin et le soir. Je suis professeur dans le courant de la journée.

A midi, je déjeune au pupitre, cela veut dire déjeuner dans l'étude.

Ma stupéfaction a été profonde, immense, le premier jour. On m'a apporté du raisiné dans une soucoupe, avec une tranche de pain au bord.

La confiture en premier?...
En premier et en dernier! Du raisiné, rien de plus...
Le second jour, des pommes de terre frites.
Le troisième jour, des noix ! [1]
Le quatrième jour, un œuf!...

Cet œuf m'a refait — on me donne un œuf après tous les cinq jours, pour que je ne meure pas.

Heureusement, un gros croûton — mais les Entêtards ne payent pas souvent le boulanger, et celui-ci leur fournit des pains qui ont beaucoup de cafards.

La maison n'a que des demi-pensionnaires qui apportent leur déjeuner dans un panier et qui le mangent en classe à midi — un déjeuner qui sent bon la viande !

Moi je dévore mon croûton avec une goutte de raisiné qui me poisse la barbe, ou avec mon œuf qui me clarifie la voix. Ce serait très bon si je voulais être ténor ; mais je ne veux pas être ténor.

J'ai bien plus faim, je crois, que si je ne mangeais rien.

Au bout de huit jours, je suis méconnaissable ; j'ai eu, c'est vrai, l'albumine de l'œuf, — et l'on dit que l'albumine c'est très nourrissant. — Mais l'albumine d'un seul œuf tous les quatre jours, c'est trop peu pour moi.

Le soir, Legrand et moi nous dépensons neuf sous pour le dîner-soupatoire, neuf sous !... Nous avons vendu à un usurier mon mois d'avance, et il nous donne neuf sous pour que nous lui en rendions dix à la fin du mois.

C'est le père Turquet, mon friturier maitre d'hôtel, qui nous l'a fait connaître. Nous aurions bien voulu avoir les treize francs dix sous d'avance et d'un coup On aurait pu faire des provisions ; ça coûte bien moins cher en gros; l'achat en détail est ruineux. Mais si je mourais...

L'homme qui nous prête l'argent n'aventure ses fonds qu'au fur et à mesure; je suis forcé de passer à la caisse tous les soirs. Les jours d'œuf, j'ai assez bonne mine et il paraît tranquille... mais les jours de raisiné, il tremble...

Je vais donc en voiture prendre et reporter les enfants à domicile.

J'ai déjà usé un sifflet.

Mon rôle est de siffler dans les cours, pour avertir les parents.

V'là vot' fils que j'vous ramène...

Je siffle. Les enfants descendent.

La mère a fait la toilette à la diable... Elle n'a pas que lui, n'est-ce pas? On a oublié de petites précautions!... Elle me crie souvent de la fenêtre:

— Voulez-vous le moucher, s'il vous plaît!

Je prends le petit nez de ces innocents dans mon mouchoir et je fais de mon mieux pour ne pas les blesser...

Les enfants ne se plaignent pas de moi, généralement; quelques-uns même attendent pour que je les mouche, et s'offrent à moi ingénument; beaucoup préfèrent ma façon à celle de leur mère.

Il y a toujours des gens injustes... quelques parents qui crient :

— Pas si fort ! Voulez-vous arracher le nez d'Adolphe ?
Non, qu'en ferais-je !

En dépit de quelques ingratitudes, je suis aimé, bien aimé.


On me donne même des marques de confiance qu'on ne donne pas à tout le monde.

Beaucoup de ces enfants sont jeunes — tout jeunes — ils ont des pantalons fendus par derrière, comme étaient les miens, mon Dieu !

— Monsieur, voudriez-vous lui rentrer sa petite chemise ?

Je suis nouveau dans l'enseignement, il y a une belle carrière au bout, il faut faire ce qu'il faut, et s'occuper de plaire au début !

Je remets en place la petite chemise.

On a l'air content — j'ai le geste pour ça, presque coquet, il paraît, un *tour de main*, comme une femme frise une coque ou une papillote d'un doigt léger. On reconnaît quand c'est moi qui ai opéré.

— Ce M. Vingtras ! (on me connaît déjà, cela m'a fait un nom) il n'y a pas son pareil, il a une façon, une manière de *rouler*... A lui le pompon !...


On attaque la voiture de l'institution quelquefois.

L'autre jour, un homme s'est jeté à la tête du cheval : c'étaient les Caleçons. Un second s'est précipité à la portière : c'étaient les Saucisses : les Saucisses, violentes, fébriles, qui se dressaient menaçantes et prétendaient qu'elles avaient faim !... Les Caleçons disaient qu'ils avaient froid.

On s'en prenait à moi, comme si c'était moi qui eusse commandé saucisses et caleçons.

La scène a duré longtemps.

On aurait cru à un vol de grand chemin, il y avait attroupement... heureusement la police est intervenue.

J'ai dû faire taire mes opinions, abaisser mon drapeau, m'adresser — moi républicain — à un sergent de ville de l'empire.... J'aurais préféré moucher quatorze nez d'enfants sur un théâtre et rentrer dix petites chemises dans la coulisse. On ne fait pas toujours ce que l'on préfère.

*A moi le pompon!*

Chose curieuse, et dont je suis content comme philosophe, je n'en ai point pris d'orgueil; j'ai même gardé toute ma modestie. Je fais tranquillement mon devoir dans les cours avec mon sifflet, mon mouchoir... et je donne mon petit *tour de main* sans en être pour cela plus fier, et sans faire des embarras comme tant d'autres, qui ont toujours leur éloge à la bouche et jamais la main à l'ouvrage.

Fin de mois.

La fin du mois est arrivée. Je dois toucher mes quinze francs ce soir.

Joie saine de recevoir un argent bien gagné — je

puis dire bien gagné, puisque ces quinze francs représentent l'effort de deux personnes — un travail d'homme et un travail de femme : l'éducation répandue, les petites chemises rentrées.

J'ai ce matin exagéré plutôt que négligé mes devoirs.

Pas un nez, pas un pan de chemise ne peut se retrousser et m'accuser! On est bien fort quand on a sa conscience pour soi.

J'attends pourtant inutilement que M. Entêtard m'appelle; l'heure de monter en voiture arrive, et je n'ai pas vu le bout de son nez.

Je pars sans mes appointements.

La rentrée est terrible.

L'usurier est là : Turquet aussi. Oh! ils doivent être associés!

J'explique qu'il y a eu oubli, retard... que c'est pour demain...

— Il faut bien se contenter de paroles quand on n'a pas d'archent! grogne le juif. »

*Jeudi, 5 heures.*

M. Entêtard n'a pas paru!...

Autre signe : c'était mon jour d'œuf, j'ai eu du raisiné. C'est le troisième raisiné de la semaine. On veut m'affaiblir.

Je guette à travers les carreaux de la classe... les quarts d'heures passent, passent... Entêtard ne revient pas.

Que dira le juif?...

Je n'ose reparaître, je descends les quais, je longe la Seine Quand je reviens, il est minuit. Je pense qu'ils seront couchés!... Peut-être Legrand sera mort...

Ils sont couchés, Legrand est encore vivant; mais Dieu seul — qui voit sa tête par la tabatière — Dieu seul sait ce qu'il a souffert! il me confie ses angoisses.

— Les heures étaient des siècles, vois-tu!

C'était mon tour d'être *de lit*, mais je me suis mis *d'escalier* pour être réveillé de bonne heure par la bonne qui nous gratte toujours les pieds en descendant.

6 heures du matin.

Le ciel est tout pâle, la nuit est à peine finie. Je vais partir, descendre à pas de loup, éviter Turquet, fuir l'usurier! Ce soir, j'aurai l'argent, mais, ce matin que leur répondrais-je?

Vendredi.

Quelle journée!

J'ai vu Entêtard. Je me suis avancé pour lui parler.

« Trop, trop pressé en ce moment!

Il m'a éloigné d'un geste rapide...

— Ce soir, alors?

— Oui, oui! ce soir, ce soir!... » et il a disparu.

Six heures sont arrivées! — Où est Entêtard?...

Le cocher m'appelle...

Que faire?

Le mieux est de ne pas donner prétexte à un retard de paye. Je ramènerai les enfants chez eux, et je reviendrai.

7 heures.

Les enfants sont ramenés. Je rentre au gaz, dans l'institution.

Où est Entêtard? J'appelle!

J'appelle, comme, dans les contes du chanoine Schmidt, on appelle l'enfant qui s'est égaré dans la forêt.

L'écho me renvoie *Têtard*, rien que *Têtard!* Entêtard ne vient pas.

Mais sa femme doit être là.

Je vois de la lumière à travers les volets. Je vais frapper à ces volets...

On ne m'ouvre pas.

Une fois, deux fois!

J'enfonce la porte. Tant pis! Il me faut mon dû!

Lanterne rouge.

Je suis chez le commissaire, accusé de m'être introduit chez madame Entêtard par violence et de l'avoir poursuivie jusque dans sa chambre à coucher, où elle s'était réfugiée pour m'échapper.

Elle a fermé une porte, deux portes! Je les ai forcées; je criais : Quinze francs! Quinze francs!

En fuyant, elle ôtait ses vêtements, je ne sais pourquoi.

Quand on est arrivé au bruit de ses cris, elle n'avait plus qu'un jupon et un petit tricot.

Nous sommes donc chez le commissaire.

M. Entêtard paraît...

Il sort de je ne sais où, l'air accablé, et plonge dans le cabinet particulier du commissaire. On a évité de le faire passer près de moi; on craint une scène de honte et de douleur.

Le chien du commissaire est entré, derrière lui, mais ce chien revient un moment après, se glisse vers moi, s'assied d'une fesse sur mon banc et me dit à demi-voix d'un air sympathique et entendu :

« Avez-vous de la fortune?

!!!!!

— C'est que si vous aviez de la fortune, ça pourrait s'arranger.

— Ça ne s'arrangera donc pas?... »

Une voix à travers la porte :

« Introduisez le sieur Vingtras.

Je pénètre.

Le commissaire me fait signe de m'asseoir, et commence :

« Vous avez été arrêté sur la plainte de madame Entêtard qui, pour échapper à vos obsessions, a dû fuir de chambre en chambre, jusqu'à ce qu'elle ait réussi à fermer une porte sur vous et à vous tenir prisonnier dans un petit cabinet. C'est là que la police est venue vous trouver.

— Monsieur...

Le commissaire n'a pas fini, il a une phrase à placer.

— Nous avons des personnes qui, emportées par la passion, se précipitent sur les honnêtes femmes ; mais ils les choisissent généralement jolies. Madame Entêtard est laide...

Je fais un signe de complète approbation.

— Vous dites cela maintenant, fait le commissaire en hochant la tête... Mais il reste un point à éclaircir ! On vous a entendu crier « Quinze francs, Quinze francs ! » Offriez-vous quinze francs, ou demandiez-vous quinze francs ? Nous devons ne voir ici que des faits. Si madame Entêtard était dans l'habitude de vous donner quinze francs pour vos faveurs coupables, cela vaudrait mieux pour vous ; votre cas serait plus simple ; vous vivriez de prostitution, voilà tout ; l'accusation perdrait beaucoup de sa gravité.

Vivre de prostitution ! — comme rue de la Parcheminerie, alors ! — Cela eût mieux valu, c'est le commissaire qui le dit !

Ah ! mais non !

Je ne m'appelle plus Vingtras, mais Lesurque ;
Je demande à être réhabilité.

Je commence mes explications — « le sifflet, le mouchoir, la chemise, le raisiné ! »

Le commissaire voit bien à mon geste de rouler la chemise que j'ai des habitudes de coquetterie plutôt que de libertinage.

Il sourit.

Je dévoile tout !... Je lève les caleçons, j'éventre les saucisses ; je montre par des chiffres que mon mois tombait avant-hier. Je puis invoquer des témoignages précis. M. Firmin, le placeur, déposera qu'on avait fait prix pour quinze francs !

Voilà pourquoi je criais : Quinze francs, quinze francs ! — mais ce n'était ni une offre pour acheter des faveurs, ni une réclamation pour faveurs fournies par moi antérieurement.

« J'aurais pris plus cher, dis-je avec un sourire.

— Hé ! c'est un prix !... Mais c'est question à débattre entre les deux sujets. »

Le commissaire réfléchit un moment et reprend :

« Je vous crois innocent. Avec des noix, des pommes de terre frites et du raisiné, vos passions devaient plutôt être calmes qu'ardentes... Vous aviez un œuf, à la vérité, tous les quatre jours, mais si ce que vous dites est vrai, — si vous pouvez faire constater qu'il y avait trois jours que vous n'aviez pas eu d'œuf — aucun médecin ne conclura en faveur de l'attentat par la violence.

— N'est-ce pas, monsieur ?

— Éteignons l'affaire ! Je vous conseille seulement de leur laisser les quinze francs.

— Mais, monsieur, je ne suis pas seul !

— Vous êtes marié, diable !

— Non, mais je nourris un orphelin. »

Je fais passer Legrand pour orphelin — j'espérais attendrir ! mais il a fallu laisser les quinze francs ;

les Entêtard poursuivraient, si je ne les laissais pas !

J'en suis donc pour un mois de raisiné, de chemises roulées, d'enfants mouchés, et je serai traité de voleur ce soir par le Juif, chassé demain par Turquet ; et ce sera le second jour que Legrand n'a pas mangé !...

S'il est mort, je ne pourrai même pas le faire enterrer !

Voilà mes débuts dans la carrière de l'enseignement !...

Legrand ne peut résister au coup qui nous frappe et il demande à sa famille — dans une lettre qui sent la queue de merlan — de lui tendre les bras. Il ira s'y jeter quelques semaines.

Les bras s'ouvrent en laissant tomber l'argent du voyage.

Il part, un peu contrefait et un peu fou à l'idée qu'il pourra étendre ses jambes la nuit. — Étendre ses jambes !

Il part, me laissant généreusement quelque argent pour liquider la friture.

Je liquide et repars, Paturot maigre, à la recherche d'une nouvelle position sociale.

## XIX

**BA BE BI BO BU**

Je retourne chez M. Firmin, il est en voyage; il marie sa fille.

Je vais chez M. Fidèle — un autre placeur.
M. Fidèle demeure rue Suger, à l'entresol.
Personne pour vous recevoir. Le patron ne se dérange pas pour ouvrir la porte — il n'y a ni bonne ni domestique pour vous annoncer. On tourne le bouton et l'on entre...
Une antichambre avec des chaises de bois usées par les derrières de pauvres diables; noires — du noir qu'ont laissé les pantalons repeints à l'encre; luisantes d'avoir trop servi comme les culottes; les pieds boiteux comme ceux des *frottés de latin* qui — dans des souliers percés — ont marché jusqu'ici, le ventre creux.

Un jour sombre, des rideaux verts, fanés — on retient son souffle en arrivant! Dans l'air, le silence du couloir de préfecture... du cabinet du commissaire — je m'y connais ! — du corridor où l'on attend le juge d'instruction comme témoin ou comme accusé...

On parlait à voix basse. Le patron arrive. On se tait — comme au collège.

Tous ici, pourtant, nous sommes taillés pour faire des soldats !...

J'appréhende le moment où mon tour viendra !

C'était bon avec le père Firmin, qui me traitait en favori, chez lequel j'étais entré derrière Matoussaint. Mais M. Fidèle, le placeur de la rue Suger, M. Fidèle ne m'a jamais vu encore, et M. Fidèle a une tête peu engageante, une tête jaune, verte, avec des lunettes bleues et des moustaches noires collées sur la peau comme une fausse barbe de théâtre ; des cheveux longs et plats, des dents gâtées.

Je n'ai pas peur des gens qui ont la mine féroce ; mais je tremble devant tous ceux qui ont des faces béates. Je préférerais être en Décembre, devant le canon de Canrobert !

Mon tour est arrivé, M. Fidèle m'interroge :

« Que voulez-vous ? Avez-vous déjà enseigné ? Quels sont vos états de service ? Avez-vous des certificats ?

Il me demande cela d'une voix dégoûtée et irritée ; il paraît écœuré de vivre sur le dos des pauvres ; il trouve trop bêtes aussi ceux qui pensent à gagner le pain moisi qu'il procure !

Mes certificats ? Je n'en ai pas ! Je n'ose pas dire

que j'ai été chez Entêtard! Je ne sais que répondre ; je montre mon diplôme de bachelier. J'invoque la profession de mon père. Je suis né dans l'Université.

« Ah! votre père est professeur! Vous auriez dû rester dans son collège, y entrer comme maître d'études, au lieu de pourrir dans l'enseignement libre. »

Je ne puis pourtant pas lui dire que je déteste ce métier de professeur, encore moins lui conter que je ne voudrais pas *prêter le serment;* il me flanquerait à la porte comme un imbécile ou un fou, et il aurait raison...

Il finit par me jeter comme un os la proposition suivante :

« Il y a une place dans un externat rue Saint-Roch, — de huit heures du matin à sept heures du soir. Si vous voulez commencer par là pour faire votre apprentissage?...

— Je veux bien. »

J'ai donné mes nom et prénoms, mon adresse.

Je pars avec une lettre pour M. Benoizet, rue Saint-Roch. Je heurte, en entrant dans la rue, l'aveugle de l'église, bien dodu, chaussé de chaussons fourrés, avec un gros tricot de laine, — les lèvres luisantes d'une soupe grasse qu'il vient d'avaler et qui a laissé à son haleine une bonne odeur de choux, que m'apporte la brise.

Il m'appelle « infirme, » et replaque en grommelant son écriteau sur sa poitrine.

J'arrive chez M. Benoizet.

Il se dispute avec sa femme ; ils se jettent à la tête des mots qui ne sont pas dans la grammaire, il s'en faut! Je les dérange dans leur entretien, ils ne m'ont pas entendu venir.

J'avais pourtant frappé, et je croyais qu'on m'avait dit : Entrez !

M. Benoizet se dresse comme un coq et me demande ce que je veux.

Je tends ma lettre.

— Avez-vous enseigné déjà?...

Toujours la même question! — à laquelle je fais toujours la même réponse :

— Non, je suis bachelier.

— Je ne veux pas de bacheliers. Savez-vous apprendre BA, BE, BI, BO, BU? Avez-vous dit pendant des journées BA, BE, BI, BO, BU ? — BA, BE, BI, BO, BU, pendant des journées?

Pas pendant des journées, non ! Quand j'étais petit seulement. Mais j'ai besoin de gagner mon pain et je fais signe que j'ai dit BA, BE, BI, BO, BU —BBA, BBÉ... J'en ai les lèvres qui se collent!...

Madame Benoizet, qui a rajusté son bonnet, entre dans le débat.

— Tu peux en essayer, dit-elle à son mari, en me toisant, comme elle doit soupeser un morceau de viande, en faisant son marché.

On en essaie.

Trente francs par mois. Je me nourris moi-même. J'ai une demi-heure de libre à midi pour déjeuner.

Il n'y a pas de voiture, comme chez Entêtard, ni d'écurie; mais je préférerais qu'il y eût une écurie, l'odeur contrebalancerait celle de la classe. Oh! s'il y avait une écurie!

J'étouffe, mon cœur se soulève; cette atmosphère me fait mal!

Mais j'y mets du courage, et je reste mon mois, exact comme une pendule. Je viens avant l'heure, je pars après l'heure.

Le soir, je pleure de dégoût en rentrant dans mon taudis, mais je me suis juré d'être brave.

Mes élèves ont de six à dix ans.

Je dis *Ba Be Bi Bo Bu* aux uns. Je fais faire des *bâtons* aux autres.

Cette odeur!

J'ouvre la porte de temps en temps, mais M. Benoizet et sa femme s'injurient dans le corridor et il faut fermer bien vite.

Aux plus âgés, je fais réciter: *A* est long dans *pâte* et bref dans *patte* : *U* est long dans *flûte* et bref dans *butte*.

C'est le 30... M. Benoizet m'appelle.

— Monsieur, voici vos appointements.

Ah! celui-là est un honnête homme!

— Voulez-vous me donner un reçu?

Je le donne.

M. Benoizet encaisse le papier et me tient ce langage :

« Je dois vous avertir que je serai obligé de me priver de vos services dans 15 jours. Cherchez une place d'ici-là, une place plus en rapport avec vos goûts, votre âge. Il nous faut des gens que l'odeur des enfants ne dégoûte pas, et qui n'ont pas besoin d'ouvrir les portes pour respirer.

— L'odeur ne me dégoûte pas. »

J'ai même l'air de dire : « au contraire ! » Mais M. Benoizet a pris sa résolution.

« Vous me donnerez un certificat, au moins ? fais-je tout ému.

— Je vous donnerai un certificat établissant que vous avez de l'exactitude, sans dire que vous êtes incapable — je pourrais le dire ; vous l'êtes — l'incapacité même ! Et de plus vous faites peur aux enfants. »

Il me parle comme à un homme qui lui a menti, qui l'a trompé sur la qualité de ses *Ba, Be, Bi, Bo, Bu.* Va pour cela ; passe encore ! Mais quant à faire peur aux enfants !...

« Oui, vous leur faites peur. Vous avez l'air de ne pas vouloir qu'ils vous embêtent.... Jamais une espièglerie ! Vous ne vous êtes pas seulement mis une fois à quatre pattes ! Enfin, c'est bien ! vous êtes payé. Dans quinze jours vous nous quitterez — ni vu, ni connu. — J'ai bien l'honneur de vous saluer !... »

Il me plante là et va sortir : mais comme il n'est pas mauvais homme au fond, il me jette en passant cette excuse à sa brusquerie :

« Ce n'est pas votre faute ; vous êtes trop vieux pour ces places-là, voilà tout... trop vieux. »

J'y serais resté, dans cette place, malgré l'odeur!

Je n'ai eu qu'un moment de faiblesse et de basse envie dans tout le mois : c'est quand j'ai senti le chou dans la respiration de l'aveugle.

### BAHUTS.

« Mais, mon cher garçon, me dit M. Firmin, — qui est de retour et que je suis allé revoir pour mettre de nouveau mon avenir entre ses mains — mon cher garçon, vous ne trouverez jamais une place de professeur dans une pension de Paris avec votre diplôme de bachelier!... C'est trop pour les pensions où il faut faire la petite classe ; c'est trop peu pour les grandes institutions. Dans les grandes institutions, vous pourrez être pion, pas professeur...

« Croyez-moi, il vaut mieux, si vous voulez entrer dans cette voie-là, faire comme Fidèle vous a dit, retourner près de votre papa, commencer dans son lycée... Vous secouez la tête, vous avez l'air de dire : « Jamais ! »

En effet, je secoue la tête et je dis : « Jamais ! »

Je veux bien donner mes journées, me louer comme un cheval, mais je ne veux pas rentrer dans la peau d'un maître d'études. J'ai trop vu souffrir mon père. Je ne veux pas être enchaîné à cette galère. Coucher au dortoir, subir le proviseur, martyriser à mon tour les élèves, pour qu'ils ne me martyrisent pas ! Non.

Je remercie M. Firmin ; je le quitte d'ailleurs avec l'idée qu'il se trompe ou me trompe.

Je frapperai à d'autres portes... J'irai chez Bellaguet, Massin, Jauffret, chez Barbet ou chez Favart, et je leur dirai :

— Je n'ai besoin que de gagner 30 francs par mois ; je vous donnerai trois heures, deux heures par jour pour 30 francs -- je sais bien le latin, vous verrez ! — essayez-moi, faites-moi faire un thème, un discours, des vers...

J'ai commencé par Bellaguet.

Il tient une grande boite, rue de la Pépinière, et mène les élèves à Bonaparte. Je me recommande de mon titre d'ancien « *Bonaparte* »

— Vous êtes trop jeune.

M. Benoizet m'avait dit que j'étais trop vieux !

« Vous êtes trop jeune, reprend M. Bellaguet ; il faudrait sortir de l'École normale ! Plus âgé, déjà connu, avec des recommandations et des cheveux gris, je ne dis pas !... Il y a des routiniers qui gagnent, non pas 30 francs par mois, mais 300 et 400 francs même ! et qui ne sont pas bacheliers ; mais ils ont une façon qui est connue, on sait qu'ils s'entendent à *seriner* les élèves.

C'est ce que le père Firmin m'avait dit !

Je suis trop vieux pour les uns, trop jeune pour les autres.

Le professorat libre m'est défendu ! Il faut absolument commencer par le bagne du *pionnage*.

— Merci, monsieur. »

M. Bellaguet me reconduit, poli, bienveillant, en murmurant, avec grande tristesse, comme si lui-même était un meurtri de l'Université, las de sa chaîne :

« Si vous pouvez ne pas mettre les pieds dans cette galère, ne les mettez pas ! »

Je ne me laisserai pas abattre ; je ne dois pas encore céder !

J'ai couru tous les *bahuts*, je me suis offert à vil prix ; on n'a voulu de moi nulle part.

Je n'ai pas de certificats ; — trop jeune ou trop vieux, c'est entendu !

Enfin, j'ai découvert un chef d'institution râpé, qui veut bien m'embaucher à 50 francs par mois pour quatre heures par jour.

C'est justement dans mon quartier, c'est rue Saint-Jacques.

On doit être là à six heures du matin pour corriger, puis revenir le soir de sept à huit.

Six heures du matin, que m'importe ! j'aurai toute la journée et presque toute la soirée à moi !

— Seulement, dit le patron du bahut, il faut me laisser le temps de congédier celui que vous devez remplacer : un professeur qui a refusé le serment en

Décembre et qui vit d'être répétiteur chez moi et chez les autres. Il me prend 100 francs, mais il a une réputation, des *titres*... il *écrit* et il est agrégé.

— Vous l'appelez?..

Il me donne le nom.

C'est celui d'un républicain connu. Son refus de serment a fait du bruit. Il a une réputation, en effet.

C'est donc lui que je remplacerais!

— Mettez, monsieur, que je n'ai rien dit. Je refuse de prendre la place de cet homme... S'il s'en va, voici mon adresse, écrivez-moi; mais je ne veux pas lui voler son pain. »

Le chef de pension râpé semble surpris et blessé de ma décision et de ma phrase; je ne trouverai plus de place chez lui, il ne m'écrira jamais, certainement.

N'importe!

Je songe à cela le soir, dans le silence de ma chambre.

On est lâche.

Je regrette presque ce que j'ai fait. J'avais l'occasion de m'exercer, je cueillais un certificat, il me restait du temps, je pouvais m'acheter des habits et des livres... J'ai posé pour le généreux, j'ai fait le crâne; jamais je ne retrouverai cette occasion-là!

Partout, de tout côté, c'est la même réponse.

— Pas normalien, pas licencié! Pour un poste de maître d'études, nous ne disons pas... Quoique nous soyons au complet, et qu'il y ait dix candidats pour une place. On pourrait voir, cependant... puisque votre père est professeur, et que vous paraissez aimer la carrière de l'enseignement!... »

Je parais l'aimer? — Je la hais!

Vous invoquez la position de mon père?—J'en rougis!

Mes prières et mes lâchetés ont été inutiles. Je ne trouve que des places pour *coucher au dortoir!* J'aimerais mieux être porteur à la Halle!

Je puis encore tenir la campagne d'ailleurs avec mes 40 francs par mois.

Mes souliers se décollent, mon habit se découd...

Eh bien, j'irai pieds nus et déguenillé. Je ne fais de tort à personne ; je rôderai par les rues sans logement, si je n'ai pas l'héroïsme de rogner ma ration et de prendre sur mon estomac pour payer une chambre... mais je ne serai pas pion et je ne coucherai pas au dortoir.

On est mieux dans un lit de collège, on a chaud dans l'étude, on fait trois repas par jour — Je préfère crever de faim et crever de froid.

Je n'aurais *enseigné* que si j'avais pu être l'employé d'un chef d'institution sans porter l'uniforme et sans prêter serment.

Le serment?

Celui que je devais remplacer chez le maître de pension râpé n'est pas le seul qui, ayant refusé de jurer fidélité à Napoléon, ait trouvé de l'ouvrage dans les institutions libres. Un tas de portes se sont ouvertes devant leur malheur et leurs titres.

L'enseignement libre appartient à ces vaincus, et les simples bacheliers, comme Vingtras, n'ont qu'à moisir chez les Entêtard et les Benoizet, pour être chassés à la fin du mois, comme des domestiques !

Mon bonhomme, recommence ta course et remonte les escaliers noirs des placeurs !...

Je vais chez tous.

C'est pour l'acquit de ma conscience, c'est pour pouvoir me dire que je ne me suis pas acoquiné dans la misère ; c'est pour cela que je cherche encore ! Mais je n'ai fait que perdre mon temps, user mes souliers, ma langue, avoir des espoirs niais, éprouver de sales déboires !

Professeur libre ! — Cela veut dire partout : petite salle qui empeste... dîner au raisiné, les créanciers interrompant la classe... les appointements refusés, rognés, volés !...

Quelqu'un m'a dit : — « On s'y fait, on finit par aimer cette vie-là. »

Est-ce vrai ?...

Oh ! alors je ne remonte plus un des escaliers ; je raye mon nom des livres des placeurs !

C'est fini !... Je préfère chercher ailleurs le pain dont j'ai besoin.

A bas le raisiné ! A bas BA, BE, BI, BO, BU. — A bas BA, BA, BU, BA !

J'en ai bé-bégayé pendant huit jours.

## XX

#### PRÉCEPTORAT. CHAUSSON.

Si, ne pouvant réussir dans les petites places, je visais plus haut?

Reste le métier de précepteur ou de secrétaire.

Secrétaire?

Des amis m'ont déniché un emploi de secrétaire chez un Autrichien riche qui a besoin de quelqu'un pour écrire ses lettres et lui *tenir compagnie* le matin. J'aurai 50 francs par mois, j'irai de huit heures à midi.

C'est ce que je rêvais! — J'aurai mes soirs à moi pour piocher.

J'arrive chez l'Autrichien.

Il est couché; ses habits traînent à terre au milieu de bouteilles vides et de bouts de cigares.

On a dû faire une fière noce hier soir.

« Ah! c'est vous qui m'avez été recommandé, fait-il en se tournant dans son lit. Voudriez-vous ramasser mes vêtements? »

Il doit confondre, il attend probablement un domestique. Moi, je viens comme secrétaire.

Je le lui dis.

« Qu'est-ce que vous me chantez? »

Je ne chante pas — je lui rappelle que c'est pour être secrétaire!

« Je le sais. Passez-moi mon pantalon. »

J'hésite.

Il était peut-être gris. — Il a mal aux cheveux... Il est impoli quand il est en chemise, mais redevient *gentleman* quand il est habillé.

Je pose le pantalon sur le lit.

L'Autrichien sort des draps, met ses chaussettes, enfile son pantalon.

« Voulez-vous me donner ma jaquette? »

Non, je ne veux pas lui donner sa jaquette — je lui donnerai une râclée, s'il y tient — c'est tout ce qu'il aura s'il insiste.

Il insiste — ah! tant pis! — Je n'y tiens plus! et je lui tombe dessus et je le gifle, et je le rosse!

J'y vais de bon cœur, mille misères!

J'ai pu réussir à m'échapper en bousculant voisins et portier. — Pourvu qu'il ne pense pas que j'emporte sa montre en partant!

C'est ma dernière tentative d'ambitieux!

Les places de secrétaire que je suis capable de trouver seront toutes chez des Autrichiens ivrognes ou des Français compromis, dans des maisons de comédie ou de drame.

Précepteur ? Éleveur d'enfants dans une famille riche ?

Je voudrais bien !

Je voudrais connaître le monde, savoir leurs vices et leurs faiblesses, à ces riches, pour pouvoir les blaguer ou les sangler un jour ! J'aurai bien ma minute tôt ou tard !

Voyons à décrocher une place de précepteur !

J'ai remué ciel et terre. J'ai fait des demandes d'une incroyable audace.

Il faut se *donner du mal*, frapper partout, n'avoir pas peur, disent les livres de maximes et les gens de conseil.

Je ne dis pas que je n'ai pas eu peur — au contraire ! Mais j'ai frappé partout, et je me suis *donné du mal*, un mal douloureux et héroïque.

J'ai couru au-devant du ridicule; j'ai avancé ma tête et mon cœur, mes suppliques et ma fierté entre des portes qui se sont refermées avec mépris !... Courage, fierté, cœur et tête sont restés déchirés et saignants !

J'ai fait des sauts de grenouille sur l'échelle des chiffres.

— Demandez cher! me disait-on.

J'ai demandé cher.

— C'est trop, ont répondu les payeurs.

— Demandez moins !

J'ai demandé moins.

— C'est un gueux, a-t-on murmuré en me toisant.

Chaque fois qu'une lettre de recommandation, prise je ne sais où, arrachée par mon génie à celui-ci ou à celui-là, m'a amené jusqu'à un salon; dès que j'ai rencontré une oreille forcée de m'écouter, j'ai offert mes services au prix le plus haut ou le plus vil, suivant qu'il semblait répondre au cadre dans lequel vivaient les gens à qui je m'adressais.

Mais on m'a toujours éconduit!

Ces recommandations étaient toutes de hasard — de bric et de broc — Je ne connais personne haut placé ou puissant.

*Puissant, haut placé!* Il faut appartenir à l'empire! Je ne puis pas, je ne dois pas, je ne veux pas être protégé par les gens de l'empire. Plutôt l'hôpital !

Il ne manque pas de pieds à lécher. Pour me payer de la lècherie, on me jetterait peut-être une situation. Je n'ai pas la langue à ça!

Par mon origine, je n'ai de racines que dans la terre des champs — point dans la race des heureux! Je suis le fils d'une paysanne qui a trop crié qu'elle avait gardé les vaches et d'un professeur qui a bien assez de chercher des protections pour lui-même!... Il fait une petite classe, d'ailleurs, ce qui ne lui donne pas d'autorité et le prive de prestige.

Où ramasser les introductions, par ce temps de banqueroutisme triomphant, de républicains exilés?

. . . . . . . . . . . . . . . .

J'ai eu une veine!

Près de moi est venu demeurer un maître de chausson misérable. Il est du Midi, communicatif, bavard, pétulant. Je suis la seule redingote de la maison, et il me recherche. Il me poursuit de ses bonjours, même de ses visites. Je ne puis m'en débarrasser et je prends le parti de causer *boxe* et *savate* avec lui pour ne pas trop souffrir, pour profiter plutôt de son encombrant voisinage.

Quelquefois, le soir, il me donne rendez-vous dans une espèce d'écurie où il enseigne deux pelés et un tondu — et je me livre à la *savate*, faute de mieux! J'ai des dispositions, paraît-il.

J'arrive à être un *tireur* — ce qui ne me donne pas mes entrées dans le grand monde et ne m'aidera pas à être de l'Académie, mais ce qui me met en relation avec des saltimbanques.

Mes professeurs, mes recommandeurs, ne m'ont pas jusqu'ici trouvé pour un sou d'ouvrage. Les saltimbanques m'en procurent.

Un champion du *pujullasse* antique, comme il est dit à la *parade*, est venu tirer (en manière de rigolade), avec deux ou trois prévôts de régiment, camarades du père Noirot, mon voisin. Je me suis moi-même aligné, et l'on s'est touché la main, comme on fait en public, sur la sciure de bois.

Le saltimbanque m'a emmené après l'assaut à la Barrière du Trône, où est sa baraque.

Pour rire, je suis entré avec lui un dimanche matin chez les monstres; je les ai vus en déshabillé. De fil en aiguille, nous sommes devenus deux amis et l'on a fini par me faire des commandes dans les *caravanes* célèbres.

C'est surtout pour les *Alcides* que j'ai à travailler.

On me demande des affiches d'avance pour faire imprimer les soirs de grande séance en province. J'en prépare qui sont des épopées.

Mes connaissances classiques me profitent enfin à quelque chose! Je puis placer de l'Homère par ci, par là; parler de Milon de Crotone, qui faisait craquer des cordes enroulées sur sa tête; parler d'Antée qui retrouvait des forces en touchant la terre!

Il ne m'avait servi à rien dans la vie, jusqu'à présent, d'avoir fait mes classes, mais ça me devient très utile à la Foire au pain d'épice.

Puis un hasard m'a mis sur le chemin d'une relation aimable.

Le Savatier mon voisin n'était pas un maladroit et connaissait les gloires du *chausson*. Il pria Lecourt, le célèbre Lecourt, de venir figurer dans une salle au bénéfice d'une veuve de confrère.

Lecourt vint. Il eut contre un brutal de régiment un triomphe de politesse, d'élégance et de force !

Je fis passer dans un petit journal un article qui racontait la séance et saluait le vainqueur.

Je lui portai la feuille, il me remercia, nous nous revîmes et j'eus mes entrées dans sa salle de la rue de Tournon, que fréquentait un monde distingué, composé de jeunes médecins, d'avocats stagiaires, de rentiers bien musclés, qui allaient là se distraire *à l'anglaise* de leurs travaux sérieux.

J'ai une société maintenant. — Il faut bien le dire, ce n'est pas à M. Vingtras, le lettré, que s'adressent les politesses ou les amitiés, c'est à M. Vingtras le *savatier* : à M. Vingtras qui, paraît-il, porte le *coup de pied de bas* comme personne, et se tire de *l'arrêt chassé* avec une vigueur et une maestria qu'il n'a jamais eues dans le discours latin, même quand il faisait parler Catilina ou Spartacus.

J'ai essayé dans cette salle de briller sur des sujets classiques ; on m'a toujours ramené au *coup de pied* et à la *parade*. Je veux causer des Grands siècles, on m'arrête pour me demander comment je fais pour *fouetter* si fort. J'ai envie de dire que c'est de famille! J'ai ce *coup de fouet-là* comme j'avais le tour de main chez Entêtard — et j'entends répéter ce mot flatteur : *A lui le pompon !*

Un des tireurs de l'endroit possède un neveu qui est au collège et a besoin d'être pistonné pour le grec.

Il me demande si je voudrais pistonner le môme.

— Comment donc!

— Nous ferons en même temps de la savate, me dit-il.

Il ne me procure la leçon que pour tirer avec moi, prendre mon entrain, ma furie d'attaque.

Je m'en aperçois dès le premier jour. — Il dit au bout d'une demi-heure de grec :

— C'est assez, ça fatiguerait Georges.

Il ferme bien vite les cahiers, m'accroche par la manche, et m'emmène dans une grande pièce, où il tombe en garde.

— Allons-y!

Il me paye les leçons de son neveu 5 *francs*, m'en laisse donner pour 30 sous, et me demande 3 fr. 50 de chausson.

Je dois à mes pieds de gagner ces 5 francs deux fois par semaine.

C'est mes pieds qu'il faudrait couronner, s'il y avait encore une distribution de prix.

— Y êtes-vous? Pan, pan, pan.

— Dans l'estomac, houp!· à moi, touché

— Oh! là! là? J'ai laissé la peau de mon nez sur votre gant...

C'est vrai — la peau est sur le cuir, le nez est à vif.

J'ai avancé le nez exprès : En me le laissant écraser de temps en temps, j'aurai la répétition, toute ma vie.

Malheureusement, ce fanatique du chausson a voulu faire le brave, un soir, contre des voyous. Ils lui ont cassé la jambe...

Je ne suis plus bon à rien, le neveu n'a plus besoin de répétitions.

On règle avec moi, et je n'ai plus que ma tête pour vivre; ma tête avec ce qu'il y a dedans: thèmes, versions, discours, empilés comme du linge sale dans un panier!...

Trouverai-je encore un savatier amateur?

Si j'avais assez d'argent, j'ouvrirais une salle de chausson. Il me faudrait une petite avance, un capital!

J'enseignerais le chausson dans le jour, je lirais les bons auteurs et je préparerais les matériaux de mon grand livre le soir. L'éternel rêve du pain gagné dans l'ennui, même la sciure de bois, de huit à six heures, mais du talent préparé par le travail, de sept à minuit!

## XXI

### L'ÉPINGLE

Y aurait-il un Dieu pour les petits professeurs? Un Dieu avec une longue barbe et un faux-col de deux jours?

Boulimart, un *lancé*, qui a des leçons dans la *Haute*, arrive un matin dans un atelier de peintre où je vais quelquefois, et où je suis seul pour le moment, le peintre *cuisant* chez la voisine.

« Dites donc, il y a une place vacante chez Joly, l'homme des Cours de dames. On cherche un garçon jeune comme il faut, bien tourné...

Eh! eh!

— J'ai promis de trouver quelqu'un, et je ne connais personne. (Il a l'air de fouiller ses souvenirs.) Des jeunes, parbleu, il n'en manque pas! Il suffit d'avoir vingt ans, mais *comme il faut* et bien tournés!... Où trouver ça? »

Pas si loin! voyons! je sais quelqu'un qui n'est pas mal tourné — il est dans la peau d'un bon ami à moi, ce monsieur-là.

« Vous ne pourriez m'indiquer personne, reprend Boulimart, quelqu'un qui n'ait pas l'air bête comme tous ceux que je fréquente ? »

Malhonnête, va !

Il poursuit ses recherches avec conscience — « Un tel, un tel ! » — Je l'entends qui tout bas fait son énumération en se parlant à lui-même : « Thérion, Meyret, Bressler, » mais il passe outre, en secouant la tête.

— Allons, je serai forcé de prendre le premier imbécile venu !... Avez-vous du tabac, une pipe ?

— Voilà. »

Il bourre sa pipe, tire quelques bouffées, se gratte encore la tête... On voit qu'il cherche. A la fin, il se tourne vers moi.

« Je ne trouve rien, mon cher, et j'ai promis d'envoyer pour ce soir ! (Après une pause.) Dites donc, vous, voulez-vous y aller ? Si c'est le père qui vous reçoit, lui, ça lui est égal qu'on ne soit pas distingué. Vous courez chance de tomber sur le père... Qu'en pensez-vous ?

— J'ai peur de paraître trop peu *comme il faut* et mal tourné...

— Si c'est le père qui vous reçoit, je vous dis, vous pouvez passer. Il préfère même les gens communs, lui ! Ça y est, n'est-ce pas ? Vous y allez ?... »

Je balbutie un peu et je finis par accepter.

C'est se reconnaître mal tourné, mais il y a quelques sous à gagner et je ferais le cagneux pour 30 francs par mois.

Il faut s'habiller pour se rendre là.

Quoique le père n'exige pas qu'on soit distingué, je ne puis y aller comme je suis. — Pantalon qui a deux yeux par derrière, redingote à reflets de tôle..., souliers à gueule de poisson mort.

J'ai un vieil habit noir! — Il n'y aura qu'à mettre un peu d'encre sur les capsules des boutons.

Je me promène dans ma chambre, nu en habit.

Un coup d'œil dans la glace!...

Ce n'est décidément pas assez.

Il s'agit de recueillir des vêtements, comme un naufragé.

C'est le diable!

Je cours chez un ancien camarade de Nantes, Tertroud, étudiant en médecine :

« As-tu un pantalon?

— Tiens, si j'ai un pantalon!... Regarde ça! »

Il me fait tâter l'étoffe sur sa cuisse.

« Peux-tu me le prêter pour deux heures?

— Mais moi!...

— Tu n'en as pas d'autres?

— J'ai le vieux. Si tu peux t'en servir... »

On le peut, en le réparant comme une masure!...

Tertroud m'aide lui-même à ma toilette avec toute la sollicitude d'une mère

Il se place derrière moi. Son attitude me fait venir la sueur dans le dos. Je le vois qui se gratte le front, je le sens qui agace le fond... Je lui demande des nouvelles!

Tertroud n'ose pas s'avancer. Cependant il ne me décourage pas.

Il continue ses études et son travail, il tourne, examine, l'œil au guet, l'épingle aux dents.

Il finit par déclarer que cela ira — mais avec un vêtement long, pour cacher les réparations.

Il n'a pas de vêtement long.

Lui, il apporte le pantalon — Qu'un autre y aille du pardessus !

— Eudel te donnera peut-être ce qu'il te faut.

On va chez Eudel.

Eudel fait des difficultés, il a déjà prêté des paletots qu'on ne lui a pas rendus ou qu'on lui a rendus tachés et décousus — avec des allumettes dans la doublure et une drôle d'odeur dans le drap.

— Cependant, si c'est indispensable !

— Merci, à charge de revanche !

J'essaie le vêtement, qu'il a décroché de son armoire.

J'entends un petit craquement ! Je ne dis rien... Eudel me retirerait son paletot tout de suite, je le sens, si je parlais du petit craquement.

Me voilà ficelé.

Je n'arriverai jamais à pied ; c'est tout au plus si j'ai pu descendre les escaliers en sautant.

Quand il faut marcher, c'est une affaire ! Je vais me partager en deux, sûrement ! — payer double place, alors ?... J'ai juste six sous.

On est forcé de me mettre en omnibus, on le fait avec plaisir, on a assez de moi, on n'en veut plus.

Quel ennui pour descendre! Je sue — tout le ventre de Tertroud est mouillé sur ma poitrine.

Je marche comme je peux — avec des airs bien équivoques! Je finis par arriver à la maison où l'on attend un professeur, qui ait l'air *comme il faut et bien tourné...*

Je sonne. Oh! je crois que la bretelle a craqué!

« Monsieur Joly.

— C'est ici.

— Y est-il? »

Ah! s'il pouvait ne pas y être!

Il y est : il arrive. Est-ce le fils difficile? est-ce le père insouciant?

C'est le fils!

« Vous venez pour la leçon? »

Je ne réponds pas! Quelque chose a sauté en dessous...

Le monsieur attend.

Je me contente d'un signe.

« Vous avez déjà enseigné? »

Nouveau signe de tête très court et un « oui, monsieur, » très sec. Si je parle, je gonfle — on gonfle toujours un peu en parlant. Cet homme ne se doute pas de ce qu'il est appelé à voir si le paletot craque.

Il continue à parler tout seul.

— Je voudrais, monsieur, — mais prenez donc la peine de vous asseoir, j'ai besoin de vous expliquer mon intention...

Je m'assieds tout juste! C'est encore trop! un épingle s'est défaite par derrière.

Il m'expose son plan.

« Quelques mères s'adonnent à l'éducation ( leurs enfants jusqu'à l'héroïsme. Elles regrettent de ne pas savoir les langues mortes pour pouvoir suivre les travaux du collège. J'ai pensé à créer un cours, où un garçon du monde — habitué aux belles manières — leur donnerait, avec grâce, des leçons de latin, même de grec. Je sais ce qu'en vaut l'aune, vous pensez bien, mais il y a là une idée qui peut séduire, pendant quelque temps, des jeunes mères amoureuses de leurs petits. »

Le sang est venu sous mon épingle, je dois avoir rougi le fauteuil...

Il faut cependant que je réponde quelque chose!...

« Sans doute... »

Je m'arrête, l'épingle s'est mise en travers — c'est affreux! Je remue la tête, la seule chose que je puisse remuer sans trop de danger.

— Eh bien! monsieur, vous réfléchirez... Vous me paraissez sobre de gestes et de paroles... c'est ce que j'aime. Nous pouvons nous entendre... C'est dix francs le cachet de deux heures. Les dames fixeront le jour. Mais vous avez peut-être vos jours retenus? »

Je voudrais dire « oui » pour faire des embarras, mais la pomme d'Adam me fait trop de mal et j'ai besoin de remuer la tête en largeur pour me soulager d'un col en papier qui m'étrangle : je remue en largeur — ce qui veut dire : « non » dans toutes les pantomines.

— Bon, c'est bien ! Veuillez revenir ou m'écrire. »

Il se lève. Je n'ai qu'à m'en aller !

Je souffrirai moins debout.

Je m'éloigne à reculons.

Le lendemain, Boulimart arrive chez moi.

— Savez-vous que vous avez plu comme tout à M. Joly ? Il vous a trouvé une distinction !...— un peu de *raideur*, — trop la *manière anglaise* — pas desserré les dents... assis comme sur un trotteur dur... des gestes un peu secs...— mais il ne déteste pas cette froideur, à ce qu'il a dit.

Bref, mon cher, l'affaire est dans le sac si vous voulez. Mais montrez-moi donc comment vous vous êtes présenté !

— Eh! eh! maître Boulimart, vous m'envoyiez comme pis-aller... Vous voyez qu'ils se connaissent mieux que vous en distinction... Et qu'aurait-ce été si je n'avais pas eu d'épingles?

— Quelles épingles?

— N'insistez pas ! ou je vous mets en face d'un affreux spectacle — et je fais (à moitié) un geste qui le déconcerte. »

« Revenez ou écrivez-moi, » m'a dit le monsieur qui me trouve la *raideur anglaise*.

J'écris. — Je ne puis apparaître encore. Je n'ai

toujours comme habits de visite que le pantalon de Tertroud et le paletot d'Eudel, si seulement ils veulent me les prêter de nouveau. J'ai cela — et les épingles...

J'aurais encore l'air distingué, c'est possible, si je m'assieds sur la pointe, mais je préfère avoir l'air plus commun et ne plus souffrir comme j'ai souffert. La place est encore si sensible !

M. Joly me fait savoir que j'ai à ouvrir mon cours le lundi suivant.

Quelles luttes tous les lundis!

Dès le vendredi, l'inquiétude me prend, et je tremble de ne pas pouvoir arriver!

Je vais emprunter des habits comme il faut chez l'un, chez l'autre.

Je me lie avec des gens qui ne sont ni de mon éducation, ni de ma race, mais qui sont de ma grosseur et de ma taille. Il faut être de ma grosseur maintenant, avoir ma *ceinture*, pour devenir mon ami.

— Que pensez-vous d'un tel, me demande-t-on quelquefois?

— Un tel? — Ses pantalons pourront-ils m'aller? »

Moi, si difficile comme opinions, moi, le pur, je porte des vêtements appartenant à des nuances bizarres comme couleurs, ce qui n'est rien, mais dissemblables aussi comme opinion ! — ce qui est grave !

Des vêtements de républicains *modérés*, que j'aurais fait fusiller si j'avais été vainqueur, et qui me tiennent maintenant par là : ils me tiennent par le revers de leur paletot ou le fond de leur culotte.

Je parviens tout de même à être à peu près proprement vêtu, à force de me boutonner haut — parce que je suis souple, que je puis me crisper pendant deux heures, et ne pas respirer beaucoup, comme si je voulais faire passer le hoquet.

Mais c'est dur ; il faut que je me surveille bien !

On n'aime pas mon caractère. « Drôle d'homme, nature si peu ouverte, trop *boutonnée.* » Voilà les bruits qui se répandent. Mais je ne puis pas m'ouvrir, ni me déboutonner !

Je n'ai déjà plus personne qui veuille m'habiller, c'est trop long, — il me faudrait une femme de chambre, tous les camarades y ont renoncé.

Les camarades !... C'est tout feu au début, ça vous mettrait des épingles partout, si on les laissait faire ; puis, peu à peu, l'indifférence arrive — l'indifférence, la fatigue — je ne sais quoi ! et ils ne sont plus là quand on a besoin d'eux, — on ne les trouve plus pour remonter la boucle, replier le fond — ils sont loin, les camarades !...

Il me faudrait un tailleur, même au prix d'un crime.

Je l'aurai.

Je ne rêve plus que toilette ! Je voudrais toujours

maintenant avoir une culotte qui ne tirebouchonne pas et qui ne me fasse pas mal entre les jambes.

Où cela me mènera-t-il?

N'ai-je pas le vertige? Icare, Icare, Masaniello, Masaniello!...

C'est Eudel qui, pour se débarrasser de mes emprunts de frusques, a préféré me présenter à son tailleur M. Caumont.

Mais il m'a demandé l'épingle qui s'était mise en travers de mon avenir, en m'entrant dans la pelote.

« Je la vendrai à des Anglais, le jour où tu seras célèbre.

— Ce jour-là je te la cachèterai et la mettrai dans mon blason. »

## XXII

**HIGH LIFE**

J'arrive chez M. Caumont que je trouve dans son salon avec sa femme.

Il m'accueille comme si j'avais 40,000 livres de rente. C'est la première fois que je suis si bien reçu et qu'on est si poli avec moi.

Il me gêne presque... Je me crois obligé de lui avouer ma pauvreté.

— M. Eudel vous a dit que je ne savais pas au juste quand je pourrais vous payer...

M. Caumont a l'air étonné au possible.

J'insiste encore. — Ah! cela se gâte!...

— M. Vingtras!... Si vous parlez encore d'argent, nous nous fâchons! Qu'allons-nous vous faire, voyons?

— Une redingote...

Une redingote?... M. Caumont est ahuri; madame Caumont aussi. Ils se consultent des yeux.

J'ai peur d'avoir été trop loin. — J'aurais dû demander un pet-en-l'air.

Je tâche de réparer ma maladresse et je fais des gestes qui me viennent à mi-fesse ; je me scie la fesse avec la main.

— Avec de toutes petites basques. J'aime les basques courtes.

Ce n'est pas vrai ; j'aime les basques longues. C'est comme pour les *têtes* chez Turquet — mais il faut moins de drap pour les basques courtes, et on me fera plus facilement crédit si l'habit est taillé comme pour un nain.

M. et madame Caumont poussent un cri, ils semblent délivrés d'un grand poids.

— Vous parlez d'une jaquette ! Nous nous disions aussi !... une redingote, c'est bon pour les gens de bureau et pour les vieux, mais pour un jeune homme comme vous !... Il vous faut quelque chose dans le genre de ceci...

On me montre un vêtement qui attend sur une chaise et qui a une tournure élégante ! Boutons mats, doublure de soie marron, nuance grise, d'un gris doux et vif comme de la poussière d'acier...

On me donne le drap à choisir.

Que c'est souple sous la main ! Il me semble que je caresse et compte des billets de banque.

Je joue le blasé et j'ai l'air de cligner de l'œil et de faire le connaisseur.

A la fin, je me décide pour une étoffe très sombre, je déteste le sombre ; mais je me figure que je parais plus sérieux et par conséquent, que je présente plus de garanties de solvabilité en choisissant des étoffes tristes. Je regrette de n'avoir pas mis des lunettes bleues.

« Voyons, décidément, vous voulez être de l'Académie! dit M. Caumont en souriant avec finesse. Mais il faut avoir quarante ans pour une étoffe comme celle-là! Autant vous prendre mesure d'un cercueil! »

Je fais fausse route : « Vingtras, tu fais fausse route! Tu vas rater ta pelure! »

Je renonce à regarder les échantillons, je déclare n'y connaître rien ; je me rejette, comme un homme fatigué, dans l'excuse de ma vie sédentaire.

— Je vis dans les livres, je ne sors pas des livres. Voulez-vous choisir pour moi?

— Nous ne le faisons jamais. Le client n'a ensuite qu'à être mécontent...

— Je comprends... mais je vous dis... l'habitude de penser... Ainsi, tenez, je pensais dans ce moment à une coutume romaine...

« Oui, les gens qui travaillent de tête! Je sais. »

M. et madame Caumont ont l'air d'avoir pitié de mon cerveau, et se décident à faire une exception en ma faveur. Ils me choisissent un pardessus.

« Pour votre pantalon, comment voulez-vous le fond? »

De même couleur !... oh! de même couleur! Mes derniers pantalons étaient comme fond d'une nuance si différente du ventre et des jambes!... De même couleur! Je le demanderais à genoux!

Ces cris allaient m'échapper comme une culotte trop large que j'ai failli laisser tomber une fois dans une maison, ayant oublié dans le feu de la conversation de la retenir en l'empoignant par le derrière.

J'ai pu, Dieu merci, les étrangler dans ma poitrine.

« Vous ne dites pas pour le fond?

— Ah! c'est vrai! »

Je fais l'homme qui revient de loin. Je secoue ma tête avec fatigue... M. Caumont insiste :

« Aimez-vous serré... la boucle en haut?... la boucle en bas?... »

Je veux la boucle juste sur le ventre. Quand je n'aurai pas de quoi dîner, je serrerai un cran, deux crans!...

« La boucle correspondant au nombril, s'il vous plait, monsieur Caumont. »

On passe à la jaquette.

« Quelle forme ont vos jaquettes, d'ordinaire? »

L'air d'un sac généralement : d'un morceau de journal autour d'un os de gigot, d'une guenille autour d'un paquet de cannes — voilà la forme de mes pardessus jusqu'ici; mais à M. Caumont, je réponds :

« Je n'ai jamais remarqué la coupe de mes vêtements (avec un sourire grave et hochant la tête). — C'est que je vis du travail de la pensée! »

Menteur! menteur! Je vis de rien! D'un peu de saucisson ou d'un bout de roquefort, mais pas du travail de la pensée, ni de me pencher sur les livres ! Ça me coupe tout de suite, d'ailleurs; ça me fait comme une barre sur l'estomac quand les volumes sont un peu gros.

M. Caumont a pris mes mesures, puis ouvert un registre.

« L'orthographe de votre nom, s'il vous plaît?... Vintras, sans *g* ? »

J'ai peur de lui déplaire; il a peut-être l'horreur de la lettre *g*. Je consens à un faux, — je dénature le nom de mes pères !...

« Oui sans *g*.
— L'adresse?
— Hôtel Broussais, rue d'Enfer, 52. »

Je ne demeure pas hôtel Broussais, rue d'Enfer, 52, mais je ne pouvais pas donner mon adresse à moi. J'ai donné celle d'un camarade qui paye 30 francs par mois. C'est un palais chez lui !

C'est la première fois de ma vie que j'ai eu du sang-froid, que j'ai trouvé illico ce qu'il fallait dire; le mensonge m'a donné de l'assurance.

M. Caumont connait justement la maison !

« Celle qui a une statue du *Dieu des Jardins*, dans la cour?...
— Oui... »

Je n'ai jamais remarqué la statue — je ne remarque pas les statues généralement, — mais je dis : « oui » à tout hasard, parce que la maison a l'air de plaire à M. Caumont.

« Vous aimez les arts, M. Vin-tras?
— Beaucoup. »

Il attendait plus, je le vois.

J'ai répondu comme s'il m'avait interrogé sur un plat, des radis, des boulettes, de mou de veau; je crois bon d'insister, de donner un peu plus de développement à ma pensée et je répète d'un petit air échauffé :

« J'aime beaucoup les arts ! »

Je suis habillé...

On se charge aussi de me procurer un chapelier et un bottier. A chaque commande j'ai un frisson.

J'hésite à m'endetter, mais les camarades m'y poussent...

« Tu végètes avec tes capacités; quand tu pourras te présenter partout, tu gagneras de quoi payer tes dettes et au delà ! »

Je me laisse aller, d'autant mieux que je grille d'être bardé de drap fin et chaussé de chevreau.

On me fait des compliments sur mon pied chez le bottier. Il paraît que je ne l'ai pas trop vilain — je ne l'ai jamais su.

Je n'ai encore usé que les bas de ma mère, ou bien je me suis chaussé à la fortune du pot — à six sous la paire — toujours forcé de rentrer le bout sous les doigts de pied, ou de plier le talon comme une serviette, ce qui m'a fait, plus d'une fois, accuser de manquer de courage, sous l'Odéon, quand, après cent vingt-sept tours je me plaignais de ne pouvoir marcher.

On accuse les gens de manquer de courage ! On ne sait pas comment sont leurs chaussettes, si la main d'une mère n'a pas entassé les reprises qui font hernie ou tumeur dans le soulier !

J'ai toujours eu du linge propre, par bonheur ! Je l'envoie à ma mère, qui le blanchit, le raccommode et me le renvoie. Ça ne coûte rien de transport, grâce à M. Truchet et M. Andrez des Messageries ; mais toujours aussi, ce linge ressemble à de la peau de vieux soldat, trop raccommodée et mal recousue.

Me voilà enfin armé de pied en cap : bien pris dans ma jaquette ; les hanches serrées dans mon pantalon doublé d'une bande de beau cuir rouge ; à l'aise dans ce drap souple.

J'ai fait tailler ma barbe en pointe ; ma cravate est lâche autour de mon cou couleur de cuir frais ; mes manchettes illuminent de blanc ma main à teinte de citron, comme un papier de soie fait valoir une orange.

Je tiens haut ma tête.

C'est la première fois que je la relève ainsi depuis que je suis « étudiant. » Jusqu'à ce jour, je n'ai pas pu. Il fallait que je fusse un peu *lancé*. J'oubliais alors que j'avais à cacher le gras de ma cravate.

Ma grande joie est de pouvoir maintenant *penser à ce que je dis.*

J'ai pu *penser en particulier*, quand j'étais seul dans mes chambres de dix francs, devant les murs des cours! — mais je n'ai jamais pu penser à ce que je disais *en public.*

J'avais à songer, pendant que je parlais, à ma culotte qui s'en allait, à mes habits que je sentais craquer, il y avait à cacher mes déchirures et mes taches, mon linge sans boutons, mon derrière sans voile.

Toujours sur le qui-vive! Je monte la garde depuis le berceau devant mon amour-propre en danger. Je veille, les ciseaux aux poings, la ficelle à l'épaule, les pieds près de l'encrier, pour noircir mes chaussettes là où le soulier est fendu.

Je m'évadai un moment de cette vie grotesque quand je revenais de Nantes, mais ma liberté fut gâtée dès le lendemain par l'horrible spectacle de la mouchardise impériale et de l'aplatissement public — le cœur et le nez y sont faits maintenant, et l'on ne sent plus la mauvaise odeur qu'on a respirée des années : l'odorat *s'est rallié!*

Me voilà fier et libre de nouveau!

Je ne rentre plus mes côtes ni mes ongles, je ne traîne plus les pieds, je ne mâche plus les mots, je n'avale plus mes colères ou mes rires. Je ne marche plus sous l'Odéon, comme les réclusionnaires dans la promenade *en queue de cervelas*, au fond des lugubres centrales.

### *American Bar.*

Nous avons été promener nos beaux habits sur les boulevards. Il y a un *bar* américain, près du passage Jouffroy, où la mode est d'aller vers quatre heures.

Des boursiers, à diamants gros comme des châtaignes, des viveurs, des gens connus, viennent là parader devant les belles filles qui versent les liqueurs couleur d'herbe, d'or et de sang. Ils font changer des billets de banque pour payer leur absinthe.

Je ne déplais pas, paraît-il, à ces filles.

« Il a l'air d'un terre-neuve » a dit Maria la Croqueuse.

Je croyais que c'était une injure ; il paraît que non !...

Avant les habits Caumont, j'avais l'air d'un chien de berger, d'un caniche d'aveugle, d'un barbet crotté auquel on avait coupé la queue. — Un homme vêtu de bric et de broc a l'air aussi bête qu'un chien à qui l'on a coupé la queue tout ras. Je paraissais avoir la maladie, on m'aurait offert du soufre. Maintenant, je suis un terre-neuve, un beau terre-neuve...

« Et pas bête, » ajoutent quelques-uns en faisant allusion à mes audaces de conversation.

Pas bête ? — Mais si demain j'avais de nouveau la redingote à la doublure déchirée, la cravate éraillée et tordue, le pantalon m'écartelant comme Ravaillac ; si demain j'avais des chaussettes trop grosses dans des souliers percés, demain, je serais de nouveau bête et laid, — bête comme une oie, laid comme un singe !

Vous ne savez donc pas de quoi j'ai eu l'air pendant quatre ans ?

Deux ou trois fats qui, par derrière, me blaguaient ou me calomniaient quand j'étais mal mis, sont arrivés caresser mes habits neufs.

« Bas les pattes ! » ai-je sifflé en leur fumant au visage.

Je les ai traités comme des chiens.

Ah ! vous voulez vous remettre avec Vingtras : ce Vingtras qu'on dit distingué à sa façon, à présent ! Il faut payer ça par des acceptations de blague cruelle ou des menaces de gifles toutes prêtes.

Je n'ai jamais eu l'envie de brutaliser un impertinent. Elle me prend. Je souffletterais bien un ganté du bout de mes gants neufs.

Je vaux moins pourtant depuis que j'ai ces habits-là !

Il a fallu mentir à mes habitudes d'honnêteté muette, démordre de mon entêtement à vivre de rien. Il a fallu dire adieu à mes résolutions de héros.

J'en ai souffert dans un coin de mon cœur.

Quelquefois je trouvais une vanité d'orgueilleux à me jurer que j'irais ainsi, mal vêtu, jusqu'au jour où je forcerais la chance ; si je mourais, je mettrais mon éloge dans mon testament en racontant ma vie, et en fouettant de mes dernières guenilles les survivants qui devaient leurs habits—moi je ne devais rien, pas même une paire de savates.

Je vaux moins. J'ai dû jouer la comédie pour avoir mes vêtements, ces bottines et ce chapeau — une comédie dont j'ai honte !

Mes souliers percés étaient *miens;* je pouvais les jeter à la tête du premier passant, en disant :

— Tu es peut-être aussi honnête, mais tu n'es pas plus honnête que moi.

A un ruiné, je pouvais crier :

« Je te fais cadeau de l'empeigne. »

Je crois que je gagnerai de quoi payer, cependant ! Le *Vingtras* est en hausse.

« Il a mis de l'eau dans son vin, dit l'un ; il a jeté sa gourme, dit l'autre ; j'avais toujours dit qu'il avait du bon, ce garçon-là ! fait un troisième. »

Je n'ai pas mis d'eau dans mon vin, j'ai mis du vin dans mon eau ; je n'ai pas jeté ma gourme, j'ai jeté mes frusques.

Tas de sots !

Partout, je fais prime.
Je suis devenu un grand homme chez Joly.

Je puis me pencher sans danger maintenant, pour corriger les devoirs.

Il y a une des mères, trente ans, cheveux d'or, rire d'argent, qui a toujours quelque chose à me montrer sur le cahier de son fils et qui se penche aussi, en appuyant le bout de ses seins sur mon épaule...

Un matin, ma jaquette m'allait bien, paraît-il, dans le demi-jour qui baignait la classe de latin — le corsage de la dame aux cheveux d'or luisait et sentait bon comme un gros bouquet! Sur un coin de cahier elle avait en souriant dessiné une tête échevelée qui ressemblait fort à la mienne.

Nos lèvres se sont rencontrées...

. . . . . . . . . . . . . . . .

Elle m'a présenté à son mari, l'autre soir.

« L'enfant ferait-il des progrès en prenant des répétitions? me demande-t-il.

— Beaucoup. »

Je n'ai pas dit « ce *beaucoup* » là, comme j'ai dit le *beaucoup* à M. Caumont, quand il m'a demandé, à propos du *Dieu des jardins,* si j'aimais les arts.

Mon *beaucoup* a été entraînant et passionné.

M. Martel, le mari, voit déjà son fils traduisant les Verrines (ce qui serait bien utile pour son commerce, n'est-ce pas?) et il me demande mes prix. Jadis, j'aurais répondu : 2 francs l'heure, 20 sous même, si j'avais eu le derrière sur les épingles. Je ne l'ai plus sur des épingles, qu'on le sache! et qu'on se le tienne pour dit une bonne fois!

Je n'ai plus le derrière sur des épingles, aussi je prends 5 francs l'heure!

M. Caumont a déclaré qu'il me fallait un habit *du matin*.

J'ai toujours vu le matin représenté en jaune clair ou en bleu pâle dans les ballets et dans les pièces de vers. Vais-je être en matin de pièce de vers ou de féerie? Aurai-je des gouttes de rosée? M'entr'ouvrirai-je de quelque part au soleil levant?

Non. J'ai un vêtement dont M. Caumont lui-même est enchanté, qui est « *du matin* » au possible. Oh mais! Comme c'est *du matin!*

M. Caumont ajoute que c'est un vêtement de neuf heures à midi — pas avant neuf heures, pas après midi.

Je le garde pourtant jusqu'à une heure, deux heures même, quelquefois! — Car ma leçon va jusque-là. — Ma leçon? C'est-à-dire la correction des cahiers de l'enfant, qu'on éloigne...

On entr'ouvre un grand peignoir à raies bleues, bordé de dentelles fines, et qui moule un corps de statue...

## XXIII

### LE CHRIST AU SAUCISSON

Mes amours jusqu'ici avaient senti la crémerie ou le bastringue.

J'avais jeté mon mouchoir, de grosse toile, à quelques étudiantes qui trouvaient que j'avais de grands yeux et de larges épaules. Tout cela avait un parfum de friture et de petit noir.

Je respire maintenant l'élégance à pleines narines.

Je lui ai caché mon adresse, qu'elle me demande toujours.

« Si tu ne veux pas me la dire, c'est que tu as une autre femme !...

— Non, je demeure avec ma mère.

— Elle est rentière, ta mère ? »

Je n'ose mentir, ni répondre oui.

Je sens bien que la misère lui paraît une laideur, et à toutes les allusions qu'elle fait à mon genre de vie, je réponds par la comédie de la médiocrité dorée.

« C'est pour être un jour professeur de faculté que j'ai pris la carrière de l'enseignement et que je donne des leçons.

— Oh! j'irai t'entendre! Mais toutes seront amoureuses de toi!... »

Elle fait une moue chagrine et reprend :

« Quelle couleur de meubles as-tu?... (Rougissant un peu.) Comment sont les rideaux de ton lit?... »

Elle baisse la tête et attend.

« Les rideaux de mon lit?... »

Je ne trouve rien.

« De quelle couleur?
— Couleur *puce*... »

J'ai failli dire : *punaise!*

« C'est moi qui t'arrangerais ta chambre de garçon!... »

J'ai pensé à en avoir une, mais quoique les leçons marchent, je ne suis pas riche. Les louis d'or fondent en route, dans nos promenades en voiture et nos haltes dans les restaurants heureux, où elle veut un *rien* — mais un rien, entends-tu! dit-elle en se dégantant.

Il m'est arrivé de souper avec du pain et de l'eau claire, la veille ou le lendemain des jours où nous avions pris un *rien*, chez le pâtissier d'abord, au restaurant ensuite, dans un café de riches après, où elle voulait entrer pour se regarder dans la glace et voir si elle était trop chiffonnée ou trop pâle.

Elle avait quelquefois peur de son mari.

Peur? — Elle faisait semblant, je crois, pour aiguiser ma joie. Elle voyait bien que je ne redoutais pas le danger et que le fantôme du péril, au contraire, attisait mes désirs et mon orgueil.

Peur? — Mais elle s'*affichait* à mon bras !

Au théâtre, elle se frottait tout contre moi, elle avait ses cheveux qui touchaient les miens...

Elle voulut une fois aller aux cafés du quartier, et se fâcha parce que je ne la tutoyais pas.

*Patatras!*

J'étais dans mon taudis. On a fait du train dans l'escalier.

« Que demandez-vous? criait l'hôtelier. Vous demandez M. Vingtras? Je vous dis : c'est ici ; vous me dites : non! Je vous dis : si! Je sais bien les gens qui logent chez moi. — Monsieur Vingtras !

— Qu'y a-t-il?

— Une dame qui vous cherche. »

Par la cage de l'escalier j'ai vu une tête passer, mais qui a tout de suite disparu !... J'ai entendu un bruit de soie, des pas précipités... Une robe fuyait dans la rue.

Je cours, en me cachant derrière les gens et les voitures.

Cette robe, ce châle !... C'est ELLE, la femme au rire d'argent, aux cheveux d'or, au peignoir bleu...

Quelle honte ! Je ne reparaîtrai pas devant ses yeux. Je ne reparaîtrai pas au cours non plus, je ne reverrai pas Joly, je fuirai le quartier où Elle vit, je m'exilerai de ce coin de Paris.

J'ai envoyé un mot de démission.

Je suis resté huit jours et huit nuits à m'arracher les cheveux ; heureusement j'en ai beaucoup.

Aux heures où elle avait l'habitude de m'attendre, près du Gymnase, je vais malgré moi de ce côté ; je cours après toutes celles qui lui ressemblent — en me cachant quand je crois la reconnaître !

Mais je ne me laisse pas écraser par la douleur.

Je vais bûcher, bûcher, faire de l'argent, de l'or, louer ensuite un appartement avec un lit à *rideaux puce*, puis je lui écrirai. J'inventerai un roman ; j'en cherche l'intrigue, j'en ourdis le mensonge...

Les répétitions pleuvent. je donne la première à sept heures du matin au fils d'un ancien colonel ; la dernière, à huit heures du soir, à un imbécile riche, qui veut apprendre le *style*. Je le lui apprends. Crétin !

Tout va comme sur des roulettes d'argent. Même ma blessure se ferme.

Mon triomphe, pour avoir mal fini, ne m'en a pas moins enhardi ; et tout en rêvant de revoir la jeune mère aux cheveux d'or, je *flirte* auprès d'une miss anglaise sœur d'un de mes élèves, qui n'a pas l'air, la jolie fille, de me trouver trop mal bâti.

## LA DETTE

Mais M. Caumont m'a envoyé sa note.

Diable!

C'est plus que je ne pensais! deux fois plus!

Je donne un acompte. L'acompte donné, il me reste *sept francs* pour finir mon mois! Il s'agit d'être économe, sacrebleu!

Je le suis.

Je vis sur le pouce. Je déjeune avec du cochon.

Un jour, j'avais très faim. Je n'ai pas attendu d'être chez moi; j'ai acheté une saucisse, un petit pain, et je me suis mis à *luncher* sous la porte cochère d'une vieille grande maison, gaiement, sans penser qu'un malheur me menaçait!

Ce malheur arrive au trot.

C'est une calèche qui entre. Je n'ai que le temps de me garer contre le mur, les bras étendus comme un Christ.

Une jeune fille crie au cocher : Prenez garde!

Mais je la connais! — C'est la miss anglaise!

Elle m'a vu!

L'homme de ses rêves, est là contre le mur, avec du cochon dans une main, un petit pain dans l'autre...

Je vais bien, moi!

On fit une romance dans un cénacle sur mon infortune : *Le Christ au saucisson :* quatre couplets et un refrain.

Je me décide à rentrer et à rester dans mon trou, ne me montrant plus dans les quartiers riches que pour vendre mes participes et enseigner le style.

Mais j'ai été un maladroit !

Les affaires baissent. Boulimart, que je rencontre, me dit :

« Montrez-vous donc ! Faites des visites ! Promenez vos chevaux ! Vous devenez ours. On ne veut pas d'ours dans le milieu où vous emboquez vos élèves. »

Moi je voudrais ne pas perdre mes soirées à aller chez les bourgeois que Brignolin me recommande de ménager ; je voudrais être libre, — ma journée faite — libre de travailler pour moi.

Je ne suis pas libre.

On ne gagne pas *plus* ou *moins*. On n'est pas maître de l'étoffe qui s'appelle le temps, on ne choisit pas ses heures, sa façon de vivre, quand on a la clientèle qui est la mienne.

Boulimart me répète :

« Avec votre air de sanglier, vous devez être habillé comme un lion. »

Il faut, pour pouvoir m'habiller comme un lion, que je continue à loger dans le taudis où la patricienne m'a surpris, et que je mange encore beaucoup de ces cervelas à deux sous, dont la miss anglaise a vu un échantillon dans mes mains dégantées sous la porte cochère. Je dois tout sacrifier à mes habits, comme une fille !

Je me *maquille* pour mes leçons.

J'en ai le cœur qui se soulève !

## XXIV

**MAZAS**

Un soir, mon hôtelier me prend à part.

Il m'annonce qu'un homme « petit, trapu, brun » est venu me voir avec des airs mystérieux. Il reviendra demain, vers midi.

Le lendemain, à midi, Rock se trouve devant moi.

— Tu n'as plus l'air d'un républicain, me dit-il en toisant mes habits à la mode.

— Monte là-haut, lui dis-je, et tu verras si je suis resté pauvre.

Il monte.

Nous sommes restés une heure à parler à voix basse dans mon trou.

J'ai gardé au fond de moi-même la haine amère, inguérissable, du 2 Décembre.

Ambitieux ou révolté, j'ai souffert, — à en mourir! —de la vie sourde et vile de l'empire; et dans le brouillard qui m'étouffe, moi, obscur, comme il étouffe les célèbres, je n'ai cessé de mâcher des mots de conspiration contre Bonaparte.

Rock est venu me voir pour m'avertir que tout est prêt.

— Tes relations de *high life* te retiendront-elles, dit-il, en souriant. Auras-tu le courage de quitter les bonheurs qui t'arrivent pour les dangers que je t'offre.

— Le danger, mais je l'aime, j'en serai.

Des détails maintenant...

« *On est prêt,* » me dit Rock.

Qui, *on?*

Rock peut me confier le nom d'un des conjurés, c'est celui d'un garçon qui était avec nous au poste du combat en Décembre.

« Va toujours ! »

Rock me donne mes instructions et me met en rapport avec un homme grave. Il a des cheveux plats, porte des lunettes ; on dirait un prêtre, s'il n'avait des favoris comme un jardinier et des moustaches comme un tambour.

C'est un professeur de philosophie qui a refusé le serment ; il a le geste hésitant, la voix nasillarde, mais la parole amère et l'œil dur — avec cela le nez un peu rouge : ce n'est pas la boisson, c'est l'âcreté du sang.

J'avais cru qu'on pouvait rire — surtout la veille de mourir — j'avais pensé même qu'il fallait rire par prudence, parce qu'on ne songe pas à soupçonner des gens qui plantent sur l'oreille du complotier la cocarde de l'insouciance. J'ai jeté je ne sais quelle ironie en entrant.

L'homme aux lunettes m'a regardé d'un air glacial et a fait un signe de mépris. Il m'a même dit un mot sévère, je crois.

C'est bon! Respect à la discipline! Je vais être grave et raide, si je puis, comme Robespierre.

Il y a convocation mystérieuse pour ce soir.

Nous nous rendons dans une chambre au fond d'une vieille cour, et là, nous recevons la nouvelle que c'est pour demain.

Fichtre! on n'en a pas pour longtemps à vivre. C'est donc sérieux, décidément?

Nous devons nous trouver après le dîner à un café de la place Saint-Michel. En effet, nous nous reconnaissons, le soir, en face de bocks dont nous regardons s'épanouir le faux-col, et que nous vidons d'un air blasé.

« Vos hommes sont prêts? » me demande tout bas un des affiliés.

J'ai un peu honte, je rougis légèrement. « *Mes hommes!* » c'est bien solennel! — J'ai horreur du solennel!

Ils se composent de quatre ou cinq étudiants jeunes, roses et gras que je ne connais pas.

Je suis leur chef, il paraît, mais je n'en sais guère plus qu'eux. On m'a jugé trop blagueur, ou bien Rock s'est souvenu de nos disputes cruelles en Décembre, et il n'a pas voulu que je jetasse mes boutades de téméraire à travers l'organisation du complot. Il a eu peur de mes brutalités ou de mon impatience.

Je n'y regarde pas et n'en demande pas plus long. Je prends de bon cœur le rôle qu'on me donne — sans croire, à vrai dire, qu'il y aura représentation publique de la tragédie. Je sais ce que c'est que de songer à tuer un homme. J'en ai eu la pensée jadis, et je me rappelle les émotions qui me serraient le cœur et me glaçaient la peau du crâne, quand je me représentais la minute où je tirerais mon arme..., où je viserais... où je ferais feu...

Puis j'ai lu des livres, j'ai réfléchi, et je ne crois plus aussi fort que jadis à l'efficacité du régicide.

C'est le mal social qu'il faudrait tuer.

Sans perdre de temps à creuser la question, j'ai accepté ma part de danger dans l'entreprise, mais je n'ai pas la foi. C'est par amour de l'aventure, envie de ne pas paraître un hésitant ou un déserteur auprès des camarades de 51, que je me suis embrigadé dans le complot.

Je n'ai pu cacher à Rock mon incrédulité. Il me demande si, au cas où cette incrédulité recevrait un démenti sanglant, je serais prêt à appeler aux armes dans le quartier.

Certes. — S'il y a du tumulte dans l'air, s'il faut une voix pour donner le signal, s'il s'agit de monter sur les marches de cet Odéon où j'ai rôdé vaincu et honteux, pendant des années, et de crier debout sur ces pierres : « Vive la République ! » en déployant un dra-

24.

peau autour duquel on se battra, comme des enragés — s'il ne s'agit que de cela : en avant !

Ce sera un éclair dans mon ciel noir.

J'ai communiqué à Legrand le projet d'attaque.

Legrand aime le danger, il adore les décors tragiques.

« J'en suis, » dit-il.

Bref, nous sommes bien sept qui donnerons le branle et prendrons la responsabilité d'engager la lutte dans ce coin de Paris.

Sept !

C'EST POUR AUJOURD'HUI.

On m'avait annoncé qu'il me serait délivré des pistolets et des cartouches quand le moment serait venu.

Pistolets et cartouches me sont en effet comptés à l'heure dite.

Allons, le sort en est jeté !

Au dernier moment j'avertis encore un ancien copin de Nantes, Collinet, maintenant étudiant en médecine, dont le père est millionnaire. Il se charge de porter la moitié des armes. Bravo !

On ne soupçonnera jamais ce fils de riche de jouer sa liberté et sa peau dans une entreprise de révoltés !

Il le fait carrément, par amitié pour moi et aussi par entrain républicain. — Il glisse les pistolets et les munitions dans les poches de sa redingote et de son pardessus, va en avant, et prend place, d'un air dégagé, à une table du café où les émissaires arriveront, *le coup fait.*

Le coup consiste à tirer sur l'empereur qui doit aller ce soir à l'Opéra-Comique. On l'attendra à la porte! *Feu! Vive la République!*

A moi, Vingtras, de soulever la rive gauche!

On m'a promis que des *sections* d'ouvriers accourront à ma voix.

Est-ce bien sûr? Je ne crois guère à ces sections là, Rock non plus; je pense bien! Mais c'est bon pour rassurer les autres, sinon moi. Qu'il y ait des sections ou non, je réponds que si on tire des coups de pistolet, *là-bas*, on fera parler la poudre, *ici.*

Il est sept heures. — Ils sont partis!

Nous attendons.

Est-ce le doute, est-ce l'insouciance? Est-ce un effet des nerfs ou l'effet de la fièvre? Nous avons le rire aux lèvres.

Le puritain n'est pas là, et nous trouvons moyen de plaisanter nos tournures de conjurés; car les pistolets et les poignards font des bosses sous nos habits, et nous donnent l'air d'avoir volé des saucissons ou de réchauffer des marmottes.

Nous sifflons des bocks.

1 a été formé une caisse avec les sous que chacun pouvait avoir, et nous vivons là-dessus — jusqu'au grand moment où, si l'on a soif et faim, on

réquisitionnera au nom de la République, dans le quartier en feu.

###### Huit heures et demie.

Il est huit heures et demie. — Point de nouvelles, pas d'orage dans l'air, pas d'affilié qui accoure!

Dix heures. — Personne.

###### Minuit.

Minuit!... — Encore rien!

Mais c'est horrible de nous laisser ainsi sans nouvelles! Ils ont eu le temps de revenir! — Ils devraient être là pour nous dire qu'on a hésité, qu'on a eu peur, que les chefs et les hommes ont reculé, que nous sommes libres de rentrer chez nous, que ce sera pour une autre fois — pour les calendes grecques!

Il faut prendre un parti.

« Dispersez-vous, rôdez, je reste sous l'Odéon avec Collinet. »

Brave garçon. Il porte toujours les armes. Je le soulage un peu — nous sommes un arsenal à nous deux! Si un sergent de ville nous arrêtait, ce serait Cayenne pour l'avenir, ou la fusillade peut-être pour ce soir même.

Des pas!...

Est-ce la police? Est-ce un des nôtres?

C'est un camarade — mais il ne sait rien.

« Hé! Duriol. D'où viens-tu comme ça?

— D'où je viens ? »

Il s'approche de moi en faisant mine de tituber et me glisse à l'oreille le *mot d'ordre* de la conjuration.

Comment! Duriol en est?

Qui donc l'a averti?

Il l'explique en deux mots, — c'est Joubert, un des initiés.

Puisqu'il *en est*, voyons, que sait-il!

« Étais-tu à l'Opéra-Comique?

— Oui.

— Eh bien ?

— Eh bien! On n'a pas tiré quand l'empereur est entré ; on n'était pas prêt, on devait tirer à la fin. Mais pendant la représentation, un des conjurés a laissé échapper un pistolet de sa poche ; la police a pris l'homme ; il a eu peur, il a fait des révélations, désigné des complices ; on les a empoignés un à un, dans les couloirs, sans bruit...

— Qui a-t-on pris? — Rock a-t-il été arrêté ?

— Non, je ne crois pas. »

Encore des pas!... Cette fois, c'est le chapeau d'un sergent de ville!

Ah! il faut fuir !

Dans l'obscurité, nous longeons les murailles.

A trois heures du matin, je suis enfin dans mon lit, n'en pouvant plus, brisé de fatigue, broyé par sept heures d'anxiété mortelle.

Mes luttes contre l'empire se terminent toutes par

des courbatures — des blessures piteuses font saigner mes pieds. C'est bête et honteux comme la fatigue d'un âne.

Je vais chez Duriol, au matin.

C'est un chétif, une tête faible; il n'a ni opinion, ni envie d'en avoir. Comment se fait-il qu'il ait été mis dans le secret?

Duriol me répète son histoire de la veille avec des variantes bizarres.

Il m'interroge moi-même et me demande ce que je sais.

« Halte-là ! »

Je n'ai rien à dire. Je ne connais personne, et je ne reverrai même personne d'un mois, en dehors de mes familiers. — L'affaire manquée, *égaillons-nous!*

Ça va mal.

J'apprends que Rock est sous clef. Il est vrai qu'il était à l'Opéra-Comique.

Ceux qui n'y étaient pas s'en tireront-ils?

Legrand, Collinet, Duriol et moi, nous sommes les habitués d'une crémerie de la rue des Cordiers.

Nous y prenons depuis le complot des attitudes de viveurs, nous faisons des *extras*.

« Mère Marie, encore un Montpellier d'un rond! »

Nous appelons de ce nom aristocratique un petit verre d'eau-de-vie d'un sou, faite avec du poivre et du vitriol; nous lampons ça comme des gentlemen lampent un verre de chartreuse au *Café Anglais*.

Nous essayons de paraître des gens qui ne vivent que pour s'amuser, qui jettent l'argent par les fenêtres...

*Au nom de la loi.*

Il est huit heures du soir.

Je viens de demander un *petit mouton* — c'est le demi-plat de ragoût qu'on appelle ainsi.

Les camarades me poussent le coude, me donnent des coups de pieds sous la table, me lancent des yeux terribles...

*Mouton!* Autant dire *Mouchards.* Cette épithète de *petit* a l'air d'une impertinence. De plus ce n'est pas le moment de jouer avec le feu.

Il y a justement depuis deux jours un bonhomme que personne ne connaît et qui veut parler à tout le monde.

Je tâche de réparer ma bévue en disant :

— Non; mère Marie, un grand mouton!

Je m'en fourre pour deux sous de plus, afin de détruire le mauvais effet. C'est six sous le grand mouton.

La crémerie est envahie!...

Un homme en écharpe tricolore est à la tête de six ou sept individus de mauvaise mine en bourgeois.

Il ordonne de fermer les portes — *Au nom de la loi, que personne ne sorte!*

L'écharpe tricolore, au milieu d'un silence profond, tire un papier de sa poche et appelle des noms.

« Legrand?

— Il n'y est pas.

— Voilquin?

— Il n'y est pas.

— Collinet?

— Voilà. »

Collinet, qui heureusement n'est plus saucissonné de pistolets, demande ce qu'on lui veut.

« On vous le dira tout à l'heure.

— Vingtras?

— Présent! »

J'avais envie de répondre : « Il n'y est pas. » Si l'on m'avait appelé avant Collinet, je n'y aurais pas manqué bien sûr; mais du moment où l'on ne ruse plus, je réponds d'une voix pleine et d'un air insolent.

J'ai été chef une soirée : je ne dois pas songer à m'esquiver quand les autres se livrent.

Le juge d'instruction a essayé de m'intimider.

Imbécile!

« Vous mangerez longtemps des lentilles d'ici si vous voulez faire le héros comme cela, m'a-t-il dit d'un air goguenard et menaçant. »

Mais je ne les déteste pas, ces lentilles! Mais il ne sait donc pas que je me régale avec la chopine qu'on me donne. Je n'ai jamais tété de si bon vin.

Qu'est-ce donc? par la porte de la cellule, en face

de la mienne, je viens de reconnaître une pipe, celle de Legrand. .

J'ose en parler à un gardien qui me dit :

« Ah! oui! l'innocent qui dit *beu*, *beu! heuh*, *heuh!* quand on l'interroge. »

Je vois qu'il a continué sa tradition; il fait comme au collège; il joue les ahuris.

J'en fais à peu près autant. J'ai l'air de ne pas comprendre. A ce qui sortira de mes lèvres est suspendu le sort de huit ou dix hommes. Il faut ne rien livrer, rien, et le juge d'instruction en est pour ses airs de menace.

*Armes et bagages!*
Ma tactique a réussi!
On vient de me crier : *Armes et bagages!*
Cela veut dire : Vous êtes libre. Ramassez vos frusques!

Je passe par les formalités et les grilles. Enfin, me voilà dehors!

Tous les camarades aussi — moins Rock! Mais tous ceux de ma fournée ont échappé! Enfoncés, les juges!

Mais, hélas! mon nom a été prononcé parmi ceux des arrêtés. Mon titre de républicain, mes relations avec les chefs du complot, tout mon passé de 1851 a été mis dans les journaux, et quand je me présente pour mes leçons, les visages sont glacés.

Je suis de la *canaille*, à présent.

On me règle, on me paye, et c'est fini.

Ma clientèle est morte. Il n'y a plus même de leçons à deux francs, ni à vingt sous.

## XXV

### JOURNALISTE

« Vingtras, pourquoi ne te fais-tu pas journaliste ? »

J'ai essayé.

Je suis parvenu à avoir ce que j'ai rêvé si longtemps, une place de *teneur de copie*.

On me trouve bien vieux, bien fort, pour ce métier de moutard.

« Il n'a donc pas d'autre état ? Il est donc bien pauvre ? »

Oui, je suis bien pauvre ; non, je n'ai pas d'autre état. J'ai obtenu la place par un ancien maître d'études de Nantes qui est l'ami d'enfance du rédacteur en chef. Il est un peu fier de me prouver son influence, et heureux aussi (c'est un brave homme) de m'aider à gagner quelques sous.

J'ai trente francs par mois, c'est mon chiffre ! Dans le journalisme ou l'enseignement, je vaux trente francs, pas un sou de plus.

Ma mère avait raison de dire que j'étais un maladroit. Je fais mal mon métier.

Je confonds les articles, je mêle les feuillets.

Je lis trop vite — quelquefois trop lentement.

Le correcteur est un homme laid, chagrin, un vieux *fruit sec,* qui me traite comme un mauvais apprenti.

J'ai une grosse voix, malheureusement, et il m'échappe des éclats qui sonnent, comme de la tôle battue, tout d'un coup dans le silence de l'imprimerie.

On se retourne, on rit, on crie : « Pas si fort, le teneur de copie ! »

Puis j'ai des distractions qui me font oublier de lire des membres de phrases tout entiers ; et c'est à recommencer ; à la grande colère du correcteur, à la grande fureur souvent de l'écrivain à qui je fais dire des bêtises, et qui vient le soir se fâcher tout haut : « Si c'est un crétin, qu'on le jette dehors ! »

Je ne fais pas l'affaire décidément.

On me met à la porte après treize jours et on prend un gamin de douze ans, qui n'a pas une voix de trombone et qui ne se donne pas de torticolis à dévisager les auteurs.

J'ai été tellement ridicule avec ma timidité, mes rougeurs, mes explosions de voix, ce torticolis, que je n'ose pas passer de deux mois dans la rue Coq-Héron. J'ai bien débuté dans les imprimeries !

# AUX 100,000 PALETOTS

Il vient de me venir une chance ! J'ai un protecteur.

C'est le gérant des 100,000 *paletots :* la grande maison de confection de Nantes. Il habille un de mes anciens camarades de classe; ce camarade m'écrit :

« Va voir M. Guyard des 100,000 *paletots*, il est à Paris pour ses achats, tu le trouveras passage du Grand-Cerf, à la maison-mère. Il y a un paletot en fer-blanc et de grandes affiches devant la porte. Il peut t'être utile pour le journalisme. »

Je me rends passage du Grand-Cerf.

Voilà le paletot en fer-blanc et les grandes affiches.

Je rôde devant le magasin, n'osant entrer.

On m'entoure :

« Monsieur a besoin d'un vêtement... Il y en a pour toutes les bourses... La vue ne coûte rien... Prenez toujours des cartes de la maison. »

Je me décide à dire que je viens voir M. Guyard.

M. Guyard paraît.

« Que voulez-vous ?

— C'est mon ami, M. Leroy, qui...

— Ah bien ! Vous voulez écrire, il m'a dit ça !

— Dunan !... »

Il appelle un homme gros, en sabots, avec une casquette en passe-montagne.

« Dunan ! voici un jeune homme qui voudrait noircir du papier.

— Ah ! ce serait pour chroniquer dans le *Pierrot ?* »

Le *Pierrot* est le journal appartenant aux 100,000 *paletots*.

On le vend à la porte des théâtres. Il donne à la fois le programme des spectacles et les prix de la maison : « Grand déballage de pantalons de lasting ! Grand succès de M. Mélingue ! Un vêtement complet pour 19 francs ! Demain, reprise de *Gaspardo le pêcheur !* »

Il y a des comptes rendus des premières représentations et des articles de genre. Tous les articles de genre contiennent une phrase au moins sur les *cent mille paletots*. Les comptes rendus des *premières* contiennent des attaques sourdes contre les tailleurs *sur mesure*, qui, sous prétexte d'élégance, mettent sur le dos de quelques acteurs des modes qui déconcertent les yeux du public, et font, avec un sifflet d'habit biscornu ou un revers de redingote exagéré, perdre le fil de la pièce.

On m'a confié un article à faire !

J'ai eu du mal à défendre la *confection* au bas d'une colonne ! Je l'ai défendue tout de même, et j'ai réussi à annoncer en même temps un déballage. J'avais à analyser un drame de M. Anicet Bourgeois.

L'article doit paraître jeudi.

Jeudi, je suis levé à cinq heures du matin. Je vais m'asseoir sur une borne, d'où l'on peut voir le coin de la maison où le *Pierrot* s'imprime.

5 heures, — 6 heures, — 7 heures, — 8 heures !...

J'ai la fièvre. Comme la borne doit être chaude !

Le *Pierrot* a fini par paraître. Je l'achète au premier porteur qui sort et je cherche.

— *Programme... Déballage, Pantalons, biographie de M. Hyacinthe, Vêtements de première communion! Drame de M. Anicet Bourgeois.*

Une colonne et demie, et au bas la signature que j'ai adoptée — celle de ma mère ! J'ai voulu placer mes premiers pas dans la carrière sous son patronage, et j'ai pris chastement son nom de demoiselle.

Mais on a mutilé ma pensée, il y a une phrase en moins !...

Cette phrase en moins était justement celle à laquelle je tenais le plus ! J'avais écrit l'article pour elle — c'était le coup de poing de la fin.

Je la sais par cœur ; je l'avais tant travaillée !

Je m'étais couché et j'avais mis mon front sous les draps, en fermant les yeux pour mieux la voir.

Je donnais la moralité :

*Ainsi finissent souvent ceux qui brûlent leurs vaisseaux devant le foyer paternel pour se lancer sur l'océan de la vie d'orages! Que j'en ai vu trébucher, parce qu'ils avaient voulu sauter à pieds joints par-dessus leur cœur!*

Ont-ils su au journal que je n'ai jamais vu personne sauter par-dessus son cœur ? Cette image de gens apportant leurs vaisseaux pour les brûler devant leur maison et s'embarquant ensuite, leur a-t-elle paru trop hardie?

Sont-ils des classiques?...

Je me perds en suppositions!...

Nous le saurons en allant me faire payer.

On m'a dit:

« Vous passerez à la caisse samedi. »

J'aurais donné l'article pour rien. — Presque tous les débutants sacrifient le premier fruit de leur inspiration.

La *Revue des Deux-Mondes* ne paye jamais le premier article. Le *Pierrot* paie. Mais je suis peut-être le seul à qui cela arrive, depuis que le *Pierrot* existe. J'ai fait sensation sans doute!...

On a enlevé la phrase sur les vaisseaux et les pieds joints. Ce n'est pas une raison pour qu'on ne l'ait pas remarquée, et ils tiennent probablement à m'attacher à eux, ils font des sacrifices d'argent pour cela.

Je ne puis refuser cet argent! D'ailleurs, il me servira à payer un raccommodage que m'a fait un petit tailleur.

Je ne veux pourtant pas avoir l'air trop pressé et paraître entrer dans les lettres pour faire fortune.

Je flâne un peu le samedi — au jour fixé — avant d'aller toucher le payement de ma copie.

Il ne faut pas non plus les faire trop attendre !

J'entre dans le bureau.

Le bureau est un petit trou noir à côté de l'endroit où l'on met *les rossignols*.

Je demande le rédacteur en chef, l'homme aux sabots et au passe-montagne.

« M. Dunan-Mousseux ?

— Il n'y est pas, me dit un homme, mais il m'a prié de vous remettre le prix de votre article. »

Il me tend un paquet ficelé.

En billets de banque? — Mais c'est trop ! c'est vraiment trop, un gros paquet comme ça pour un article de deux colonnes. — Enfin !

« Mais, j'oubliais, M. Dunan-Mousseux a laissé une lettre pour vous ! »

Voyons la lettre :

Cher monsieur,

Le secrétaire de la rédaction vous remettra le montant de votre article. Ci-joint un pet-en-l'air. J'aurais voulu faire mieux ; nos moyens ne nous le permettent pas. Il a même été question de ne vous donner qu'un petit gilet. J'ai eu toutes les peines du monde à obtenir le pet-en-l'air. Mais travaillez, monsieur, travaillez ! et nul doute que vous ne vous éleviez avant peu jusqu'au pardessus d'été et même au paletot d'hiver.

En vous souhaitant sous peu un joli complet.

DUNAN-MOUSSEUX.

Fallait-il refuser? Après tout, mieux vaut aller en pet-en-l'air qu'en bras de chemise. J'emportai le paquet, et ce petit vêtement me fit beaucoup d'usage.

Je n'ai pas encore touché un sou en monnaie de cuivre pour ce que j'ai écrit. J'ai gagné une paire de chaussures, dans le *Journal de la Cordonnerie* pour un article sur je ne sais quoi ! — sur la botte de Bassompière, si je m'en souviens bien. On m'a remis une paire de souliers : presque des escarpins.

« C'est assez pour faire son chemin, » m'a dit le rédacteur en chef, un gros, large, fort et joyeux garçon, qui mène de pair la tannerie et la poésie, le commerce de cuir et celui des Muses.

Ces souliers m'ont en effet aidé à aller quelque temps.

Comme ils avaient craqué, j'ai été au bureau du journal en offrant une *nouvelle à la main,* si l'on voulait mettre une pièce.

« On ne met pas de pièces, on ne fait pas les raccommodages. »

Si je veux ajouter à ma nouvelle à la main un entrefilet de quelques lignes, on me donnera des pantoufles claquées ! C'est tout ce qu'on peut faire, et je ne me serai pas dérangé pour rien.

J'accepte, et bien m'en a pris. Je me suis promené avec ces pantoufles-là pendant toute une saison.

Je suis allé de Montrouge au Gros-Caillou, où j'avais

des amis dans une petite crémerie. Je me mettais en négligé, j'avais l'air de rester au coin et de baguenauder comme en province, sur le pas des portes.

Il m'est défendu de sortir par les temps humides ! je ne connais que la vie à sec. Je n'ai pas depuis deux mois pu suivre un jupon troussé, un bas blanc tiré, comme j'en suivais, les jours d'orage ! Ma vie d'ermite me tue et je voudrais des chaussures à talons pour mon pauvre cœur.

Je trouve un soir une lettre près de mon chandelier.

Je fais sauter le cachet.

Matoussaint que je n'ai pas revu depuis des siècles, est rédacteur de la *Nymphe*. Il m'écrit pour m'en avertir — lettre simple, point écrasante, qui ménage mon obscurité.

Je me rends aux bureaux de la *Nymphe ;* c'est près des boulevards, *de l'autre côté de l'eau.* Heureux Matoussaint !

Passé les ponts, tiré du néant, parti pour la gloire, à mi-côte du Capitole !

La maison est d'honnête apparence — sur le côté une plaque avec ces mots :

LA NYMPHE

JOURNAL DES BAIGNEURS

2<sup>e</sup> porte à gauche

Je monte au deuxième et trouve une autre plaque :

BUREAU DE RÉDACTION

de 11 h. à 4 h.

*Tournez le bouton, S. V. P.*

Je tourne, et m'y voici.

Comme il fait noir ! Les volets sont baissés, les rideaux tirés — pas un chat !

J'entends un bruit de paille.

« Qui est là ? » dit une voix qui vient d'une autre chambre et n'est pas reconnaissable ; je ne suis pas sûr que ce soit celle de Matoussaint...

J'ai recours à un subterfuge, et avec l'accent d'un pauvre aveugle, je chante dans l'obscurité :

« Je suis un abonné de la *Nymphe*...

— Vous êtes l'Abonné de la *Nymphe ?* »

Le bruit de paille et des paroles entrecoupées recommencent.

« L'Abonné... l'Abonné... Mais où est donc mon caleçon ?... L'Abonné !... »

Matoussaint (c'est bien lui), apparaît en se boutonnant.

« Comment ! c'est toi !... Tu ne pouvais pas te nommer tout de suite ?... Tu me fais croire que c'est l'Abonné ! Je me disais aussi, ce n'est pas sa voix.

— Ils n'ont pas tous la même voix, tes abonnés ?

— Mes abonnés ? — pas *mes !* — *mon !* Nous avons

*un* abonné, rien qu'*un !* — Mais passe donc dans l'autre pièce... Assieds-toi sur le bouillon. »

Il y a des paquets de journaux par terre. J'ai le séant sur la vignette; lui, il s'élance contre le mur et grimpe jusqu'à une soupente bordée de maïs, et qui a une odeur de chaumière indienne — une odeur d'enfermé aussi.

Matoussaint demeure là.

Le reste de l'appartement appartient au journal; ce coin est le logement du secrétaire de la rédaction. Il est chez lui dans cette soupente, il peut y recevoir ses visites particulières.

Matoussaint me conte l'histoire de la *Nymphe,* journal des baigneurs.

C'est une feuille d'annonces qui vit, ou plutôt qui doit vivre de publicité, comme le *Pierrot*, mais avec une idée de génie.

L'idée consiste à donner pour rien aux maisons de bains une feuille, que le baigneur lira en attendant que son eau refroidisse, que sa peau soit mûre pour le savon, que ses cors soient attendris et qu'il puisse les arracher avec ses ongles.

On pouvait laisser traîner les coins du journal dans l'eau ; c'était un papier étoffe qui ne se déchirait pas et ne s'empâtait point.

« Crois-tu, disait Matoussaint en se posant le doigt sur le front comme un vilebrequin; crois-tu qu'il y avait là une pensée grande !.... Malheureusement, le siècle est à la prose, l'homme de génie est un ana-

chronisme, puis le pouvoir a démoralisé les masses...
On ne se lave plus, les riches vivent dans la corruption,
les pauvres n'ont pas de quoi aller à la *Samaritaine.*
Oh ! l'Empire !... »

Les rédacteurs arrivent à ce moment. Ils causent,
on me laisse de côté. Cependant, à la fin, celui qui a
l'air d'être le chef se penche vers Matoussaint et lui
demande qui je suis.

Il dit après l'avoir écouté :

« Mais il pourrait faire notre affaire !... »

Je saute sur Matoussaint dès qu'ils sont partis.

« Il t'a parlé de moi ?

— Oui tu peux entrer dans le journal, si tu veux. »

Déjà? Sur ma mine? Je fascine décidément.

« Voici, reprend Matoussaint. Nous avons besoin
de quelqu'un qui aille dans les bains demander la
*Nymphe*, et qui, si on ne l'a pas, se fâche et crie :
« Comment, vous n'avez pas la *Nymphe?* Tous les
bains qui se respectent ont la *Nymphe !* » — Tu fais
alors sauter l'eau avec tes bras et tu te rhabilles avec
colère. »

Je ne suis pas très flatté. Matoussaint s'en aperçoit.

« Tu ne peux pas non plus, d'un coup, arriver à
l'Académie ? »

— Non, c'est vrai.

— A ta place, j'accepterais. Il faut bien commencer
par quelque chose. »

J'accepte, je deviens *demandeur de Nymphe.*

La caisse du journal me paie mon bain — avec deux œufs sur le plat ou une petite saucisse — pour que je déjeune dans l'eau et aie le temps de causer avec le garçon.

Je mange ma petite saucisse ou je mouille mon œuf, et je dis d'un air négligé, quand j'ai noyé le jaune qui est resté dans ma barbe :

« La *Nymphe*, maintenant ! »

Et si la *Nymphe* n'y est pas — elle y est rarement — je fais sauter l'eau avec mes bras et je sors brusquement, tout nu, de la baignoire — on me l'a bien recommandé !

Je fais ce que je peux. Je passe ma vie à me déshabiller et à me rhabiller.

Je détermine deux abonnements... mais ce n'est pas assez pour faire vivre le journal, et l'on trouve que je ne suis bon à rien, que je ne suis pas propre à ma mission. (Je suis bien *propre*, cependant ! Si je n'étais pas propre en me baignant si souvent, c'est que je serais un cas médical bien curieux !)

Je quitte le peignoir de *demandeur de Nymphe*, emportant avec moi pour un temps infini l'horreur de l'eau chaude, et criant souvent, au milieu des conversations les plus sérieuses : « *Garçon, un peignoir !* » par habitude.

Je communique mes réflexions de baigneur en retraite à un vieux qui a accès dans les bureaux de quelques journaux par la porte des traductions.

Il me dit que c'est l'histoire de bien d'autres.

« On ne sent pas partout le poisson ou le savon, mais on avale bien des odeurs qui soulèvent le cœur, allez ! »

Il me fait presque peur, ce vieux-là !

Il demeure pas loin de chez moi. Je le rencontre quelquefois, toujours à la même heure.

Il y a une semaine que je ne l'ai pas vu... Qu'est-il devenu ? — J'interroge la concierge.

— Vous ne savez donc pas ? Il y a huit jours, il est rentré, l'air triste ; il a embrassé mon petit garçon en me demandant quel état je lui donnerais. « Lui donnerez-vous un état, au moins ? » On aurait dit qu'il tenait à e savoir... Il est monté et il n'est pas redescendu. Ne le voyant plus, nous avons frappé à sa porte. Pas de réponse ! Mon mari a forcé la serrure, et nous sommes entrés. Il était étendu mort sur son lit, avec un mot dans sa main qui était déjà couleur de cire. « Je me tue par fatigue et par dégoût. »

### Journal des Demoiselles.

Boulimier, un de nos anciens camarades de l'hôtel Lisbonne, est entré comme correcteur chez Firmin Didot. Il glisse de temps en temps une pièce de vers dans la *Revue de la Mode*. Il veut bien essayer de faire passer une *Nouvelle* de moi.

J'ai beaucoup de barbe pour écrire dans le *Journal des Demoiselles !*

Elle traîne sur mon papier pendant que je fais les phrases.

Quel sujet vais-je prendre? Mes études ne peuvent pas m'aider!

Il n'y a pas de demoiselles dans les livres de l'antiquité. Les vierges portent des offrandes et chantent dans les chœurs, ou bien sont assassinées et déshonorées pour la liberté de leur pays.

J'ai cherché mon sujet pendant bien longtemps.

« Vous devriez faire le roman d'une canéphore! » me souffle un agrégé en disgrâce pour ivrognerie.

Mais je ne sais plus ce que c'est qu'une canéphore.

« Si tu parlais d'une bouquetière? me dit Maria la Toquée, qui fait des vers.

— C'est une idée. Viens que je t'embrasse! »

Je préviens Boulimier.

Il me répond courrier par courrier :

« A quoi pensez-vous? Voulez-vous donc encourager les filles de nos lectrices à courir après les passants dans les rues et à leur accrocher des œillets à la boutonnière!... Où avez-vous la tête, mon cher Vingtras!... Que personne ne se doute chez Didot que vous avez eu cette idée-là!... Si on savait que je vous fréquente, je perdrais ma place. »

Je lui réponds qu'il se trompe, et j'explique mon plan.

Je voulais peindre une petite orpheline qui, se trouvant seule au cimetière quand les fossoyeurs sont partis après avoir enterré sa mère, cueille des fleurs sur la tombe de celle qui n'est plus. La nuit venue, elle les vend pour acheter du pain.

Elle fait tous les cimetières de Paris, bien triste, naturellement! Elle *se suffit* avec ça. Un soir enfin, elle trouve un vieux monsieur qui est frappé de voir une bouquetière offrir des fleurs avec des larmes dans la voix, et une branche de saule pleureur dans les cheveux — ma bouquetière a toujours une branche de saule pleureur sur sa petite tête d'orpheline — il lui demande son histoire.

Elle la lui raconte en sanglotant. Ce monsieur l'adopte, lui fait apprendre le piano, et puis la marie richement.

« Vous le voyez, mon cher Boulimier, c'est la bouquetière prise à un point de vue émouvant, et, j'ose le dire, assez nouveau ? »

Je trouve le lendemain une note de Boulimier:

« Je vous avais calomnié, je vous en demande par-
« don. En effet, il y a quelque chose à faire avec cette
« idée touchante d'une orpheline qui ne vend que des
« fleurs de cimetière. Mais avez-vous songé à l'hiver ?
« Que vendra-t-elle l'hiver ?

« Les mères se demanderont où couche votre
« héroïne. Est-elle en garni ou dans ses meubles ? on
« ne loue pas facilement, vous savez bien, aux orphe-
« lines de huit ans. Je ne vois pas comment vous
« pourriez traiter cette question de logement. La
« passeriez-vous sous silence ? Oh ! mon ami !... Ne

« pas dire ce que la petite *Cimetièrette* (je vous féli-
« cite sur le choix du nom) fait quand les boutiques
« sont fermées !... M. Didot me renverrait, je vous
« assure. »

Je ne puis pourtant pas lui faire perdre son emploi !

Eh bien ! je m'en vais tout simplement raconter une histoire que j'ai vue.

Une petite fille était toute seule dans la maison pendant qu'on enterrait sa mère qui était morte de faim... — On avait prié une voisine de veiller sur la petite, mais la voisine s'était enfermée avec son amoureux ; la petite en jouant a roulé sur les marches de l'escalier et s'est cassé la jambe, on a dû la lui couper — elle marche maintenant avec une jambe de bois dans les rangs de l'hospice des orphelines.

Boulimier ne m'a pas écrit, il est venu lui-même, — en cheveux, et tout bouleversé ! Ç'a été une scène !...

« Vous voulez donc appeler aux armes, exciter les pauvres contre les riches !... et vous prenez le *Journal des Demoiselles* pour tribune ?... Pourquoi ne pas proposer une société secrète tout de suite... ou bien défendre l'*Union libre* !... »

Il faisait peine à voir !

Il a repris l'omnibus, plus calme. Je lui ai dit que je gardais mes convictions, que je restais républicain, mais je lui ai promis que je n'appellerais pas aux armes dans le *Journal des Demoiselles.*

Il a été bon comme un frère, — il m'a tout pardonné, il m'a lui-même trouvé un sujet.

Il m'en a envoyé le canevas.

*Sujet d'article pour le* JOURNAL DES DEMOISELLES.

### LA TÊTE D'EDGARD.

Une famille est rassemblée autour d'un berceau. Le père arrive.

— Est-ce une fille? Est-ce un garçon? (Passer légèrement là-dessus).

C'est un garçon.

— Comme il a une grosse tête, mon petit frère !

On s'aperçoit, en effet, que le nouveau-né a une tête énorme...

Le médecin consulté appelle le père dans la chambre à côté. Le père le suit, reste quelque temps avec le docteur et reparaît. Il a l'air abattu. Il fait un signe aux domestiques :

— Que tout le monde sorte !

— Marie, dit-il à la mère, notre enfant est hydrocéphale !

Voilà la première partie.

Dans la seconde partie l'enfant à grosse tête grandit. Le père est bien triste, mais la mère est un ange de dévouement et de tendresse pour le petit qui a la tête en ballon.

— Il y en a plus à aimer, dit-elle !

Je vous donne le mot comme il me vient, vous en ferez ce que vous voudrez, je le crois bon ; le geste du bras, qui se trouve être trop court pour embrasser toute la tête, peut arracher des larmes.

Vous établirez un contraste entre le dévouement des père et mère, et la froideur d'un oncle, qui trouve que cet enfant est plutôt une gêne pour la famille.

« Il vaudrait mieux qu'il remontât au ciel... on pourrait le vendre à des médecins !... »

— Vendre mon fils !...

Vous voyez la scène.

Tout d'un coup un collégien saute dans la chambre. C'est le fils aîné de la famille. Il était en pension, boursier (mettez « boursier » cela fait bien) dans un petit collège du Midi. Il ne venait pas en vacances parce que c'était trop cher.

Il a enfin fini ses classes — on ne l'attendait pas — il ne devait passer son bachau que trois mois plus tard, mais il a ménagé cette surprise, et le voici !...

Il a tout entendu, caché derrière la porte ; et il va droit à son oncle :

— Non, mon oncle, nous ne vendrons pas mon frère !... il ne s'appelle pas *Joseph* !... (se tournant vers son père). Comment s'appelle-t-il ?...

Je crois ce mouvement heureux, parce qu'il double le mérite de ce frère aîné qui va se dévouer à son frère sans même savoir son nom. On lui apprend qu'il s'appelle *Edgard*, et il continue :

— Je voulais être avocat, j'avais rêvé les palmes du barreau ! (avec mélancolie) La tête de mon frère m'impose d'autres devoirs... Je me ferai médecin..

Indiquer qu'il avait toujours eu de l'horreur pour ce métier... Ça le dégoûte, la médecine... mais il a conçu dans sa tête — de taille moyenne — le projet de se vouer à l'étude des têtes grosses comme celle de son frère.

« Qui sait ! Ne peut-on pas les diminuer?... n'est-ce pas une enflure provisoire?... peut-être un dépôt seulement !...

Ce n'était qu'un dépôt !...

Le frère héroïque a pâli, penché sur les livres. Il résulte de ses études qu'il y a des enfants qui paraissent hydrocéphales et qui ne le sont pas.

C'est l'histoire d'Edgard — Edgard qu'on revoit avec une petite tête à la fin.

Le frère aîné, lui, a pris goût à ses travaux qu'il n'avait entamés qu'avec répugnance et uniquement par dévouement fraternel.

Il est maintenant un de nos médecins spécialistes les plus distingués.

Il a la clientèle de l'aristocratie.

« Sur ce canevas, dit Boulimier en terminant, il est facile, je crois, de broder avec succès un récit où s'exerceront toutes vos qualités, récit simple et touchant, qui peut valoir au journal des abonnements d'hydrocéphales.

« M. Didot sait remarquer le talent où il est, s'il voit cela, il vous protégera, et vous pourrez devenir, vous aussi, une *grosse tête* de la maison. »

J'ai écrit la Nouvelle dans le sens indiqué par Boulimier, et je l'envoie.

Huit jours après je reçois une lettre.

« Monsieur,

« Nous vous renvoyons la nouvelle : *La Tête d'Edgard*, que vous aviez confiée à M. Boulimier. A côté de détails charmants et se jouant dans un cadre des plus heureux, nous avons remarqué une tendance à l'attendrissement qui vous fait le plus grand honneur. Mais c'est cet attendrissement même que nous redoutons pour nos lectrices frêles et sensibles. Tous les petits cœurs en deviendraient *gros*... Vous m'avez comprise, j'en suis sûre, vous qui cachez sous un nom d'homme la grâce d'une femme.

« Agréez...

« *La Directrice,*

« ERNESTINA GARAUD. »

La grâce d'une femme !...

C'est possible — quoique j'aie vraiment beaucoup de barbe et une culotte qui en a vu de dures et fait un sacré bourrelet par derrière.

### BAS, LES CŒURS!

J'ai fait connaissance de Mariani, qui était jadis chroniqueur à l'*Illustration*. Il fonde un journal hebdomadaire, et il a demandé à Renoul quelques garçons de talent pour composer la rédaction.

« Quel sujet? voyons! me demande M. Mariani.

— Je ne sais trop...

— Avez-vous étudié telle ou telle question?

— Je n'ai rien étudié en particulier, — ni en général, il faut bien le dire. J'ai habité le Quartier Latin, — on n'y étudie guère!...

— Le quartier latin? Voulez-vous le raconter? Est-ce entendu? Un article, deux, trois, si vous voulez, intitulés : *La jeunesse des Écoles*. Le titre vous va-t-il? »

Il sonne bien, en effet.

Je suis rentré chez moi tout ému.

J'ai bien de la peine au commencement; je veux toujours parler des gymnases antiques, des jeunes Grecs, de la robe prétexte, etc., etc. C'est ma plume qui écrit tout cela contre mon gré; elle se refuse à me laisser entrer dans l'article, rien qu'avec mes souvenirs et mes idées, à moi Vingtras, sans nom, sans le sou, qui ai mis mes pieds dans du vieux linge pour n'avoir pas froid en travaillant.

Enfin, le voilà, mon article, tel qu'il est avec ses

gribouillages. J'ai enlevé, comme des lambeaux de chair, quelques phrases douloureuses et brutales.

J'arrive chez Mariani.

« Vous ne pourrez jamais lire, dis-je en déployant mon manuscrit.

— Eh bien, lisez vous-même ! »

Je lis — très pâle ma foi ! Mais à mesure que je retrouve le fond de mon cœur à travers ces ratures et dans ces explosions de phrases, le sang me revient dans les veines et ma voix sonne haute et claire.

Le rédacteur en chef m'écoute, l'œil tendu, et dit de temps en temps tout bas :

« C'est bien, bien... »

J'ai fini, j'attends mon sort.

« Mon ami, vous avez écrit là un morceau qu'il ne faut pas perdre. Mettez-en les tranches dans votre poche, et boutonnez bien votre habit par-dessus. — Que les mouchards ne vous voient point ! Il y a dans vos trois cents lignes trois ans de prison. Vous comprenez que je ne puis vous prendre un article qui a tant de choses dans le ventre. Je vous le paierai — et de grand cœur — mais je ne vous l'imprimerai pas !

— Alors, il n'y a pas à me le payer.

— Pas de fausse honte — il ne faut pas avoir travaillé pour rien, d'ailleurs vous m'avez empoigné, je vous le promets, pour l'argent que je vous donnerai !

Il y a de la verdeur et de la force là dedans, savez-vous bien ? »

Je ne sais pas : je sais seulement que c'est le fond de mon cœur.

J'ai peint les dégoûts et les douleurs d'un étudiant de jadis enterré dans l'insignifiance d'aujourd'hui. J'ai parlé de la politique et de la misère !

« Il faut attendre un *nouveau régime*. Je ne crois même pas qu'un journal républicain, politique, vous prendrait cette page ardente. Cependant je vais vous donner un mot pour X... »

J'ai porté le mot. J'ai entrevu X..., entre deux portes.

« Ah ! de la part de Chose ? Laissez-moi votre copie. »

Huit jours après je reçus avis que tout *cautionné* et tout républicain qu'on fût, on ne pouvait se hasarder à publier mon travail. Je ferais condamner le journal.

Alors l'empire a peur de ces quatre feuilles que j'ai écrites dans mon cabinet de dix francs !

J'ai repris ma copie. Je suis rentré chez moi désespéré ! Ce que je fais de personnel est dangereux, ce que je fais sur le patron des autres est bête !...

Pour ne pas être l'obligé du journal et n'être pas payé d'une copie non publiée, j'ai proposé à M. Mariani de lui livrer le même nombre de lignes en prose *possible*.

« Tout de même, a-t-il dit, pour me couvrir vis-à-vis du bailleur de fonds. »

J'ai bâclé deux ou trois articles que je n'ai pas eu le courage de relire quand je les ai vus imprimés !

Je serais honteux qu'on en parlât de ces articles, et je les cache comme des excréments.

Le jour de la paye, on m'a soldé en grosses pièces de cent sous, comme on paie à la campagne — elles suent noir dans ma main fiévreuse.

Une chance !

Un ancien voisin de Sorbonne, au grand concours, un *Charlemagne*, Monnain me reconnaît et m'arrête. Il est *ému*...

« C'est bien toi qui as allumé le brûlot dans une petite machine à esprit-de-vin, le jour de la composition de vers latins ?...

— C'est moi.

— Deschanel qui était de garde dit : « Ouvrez les fenêtres ! D'où vient cette odeur moderne ? » — Et elle était bonne, ton eau-de-vie !... Tu sais, je suis maintenant directeur de la *Revue de la Jeunesse*... Veux-tu faire la chronique ?... — C'est bien toi qui as allumé le brûlot ?...

— Oui, oui... Et c'est sérieux, ton offre de chronique ?

— Elle paraîtra le 15, si tu veux. Viens un peu avant. »

J'arrive le 12 avec ma copie.

Monnain la lit avec des soubresauts et finit par la jeter sur la table.

« Je ne peux pas publier ça! Tu éreintes Nisard! C'est mon protecteur à l'école et je compte sur lui pour me faire recevoir à l'agrégation... »

Pourquoi ai-je mis les pieds dans ce métier! Mon père! pourquoi avez-vous commis le crime de ne pas me laisser devenir ouvrier!...

De quel droit m'avez-vous enchaîné à cette carrière de lâches?...

« Laisse donc ta sacrée politique de côté, et fais de la copie pour le poignon. »

Soit! je travaillerai pour le poignon.

Je laisserai aller de la prose qui sera tout simplement une traînée d'encre, mais par exemple, je ne signerai pas!

Une semaine pourtant — celle où l'on a enterré un réactionnaire célèbre de 48 — je suis sorti de mon insouciance et de mon dégoût, et j'ai demandé à avoir le champ libre — je signerai cette fois, si l'on veut!

— Vas-y!

Ah bien oui! J'ai encore mis des mots qui font bondir Monnain.

« Je ne croyais pas que tu prendrais le sujet aux entrailles! On tuerait la Revue, si elle imprimait ton appel à la révolte. »

On tuerait ta Revue? Eh! elle mourra, ta Revue! Elle mourra d'insignifiance et de lâcheté. Ne valait-il pas mieux la faire sauter comme un navire qui ne veut pas amener son pavillon!

« *Il faut attendre un nouveau régime* » — voilà mon avenir!...

« Vous perdez courage, vous voulez lâcher la partie? Ce n'est pas brave! me dit un homme de cœur qui essaie de me retenir et de me consoler.
— Encore un effort, me crie-t-il. — J'irai voir P..., qui a été déporté de Décembre avec moi, et je lui demanderai qu'il vous fasse entrer dans le journal dont il est actionnaire. »

Il a demandé et obtenu!
J'ai à faire une série d'articles sur les professeurs de l'empire : comme celui que j'avais écrit sur Nisard.
— S'ils sont *verts*, on les prendra. Aussi *verts* que vous voudrez.

J'étais à la besogne quand on a frappé à ma porte.
C'est un professeur de Nantes, assez brave homme, qui m'aimait un peu et ne se moquait pas trop de ma mère.
« Je suis de passage à Paris, et je me suis dit : J'irai serrer la main à mon ancien élève.
— Merci.
— Et les affaires? — Vous n'êtes pas heureux, je vois ça!
— Ni heureux ni malheureux. »

Qu'a-t-il besoin de mettre le doigt sur ma misère Est-ce qu'il vient pour m'offrir l'aumône ?

« Qu'est-ce que vous faites maintenant? Est-ce encore des petites machines comme les choses dans la Revue de Monnain ?

— Vous savez donc que j'écrivais ?

— Un ami de Monnain, qui est venu faire la troisième à Nantes, nous l'a dit, mais je n'en ai pas été bien content, entre nous ! Vous, le républicain, vous avez été bien pâle. »

Je ne me suis même pas donné la peine de lui expliquer pourquoi il m'avait trouvé si pâle.

Mais je lui ai lu l'article *vert* que j'étais en train d'écrire.

« Trouvez-vous ceci meilleur ?

— Certes! mon cher, c'est superbe ! »

Quelques jours après, je sortais du journal où mon manuscrit avait été lu, même applaudi. J'avais vu à la façon dont les domestiques et les petits m'avaient salué quand j'étais sorti, que j'avais pied dans la place.

Mais j'ai trouvé une lettre de mon père, en rentrant chez moi.

« M. Creton nous a dit que tu vas écrire contre les grands universitaires... Tu veux donc me faire destituer?... Quand paraît l'article? Quand nous ôtes-tu le pain de la bouche?... Nous trouveras-tu un lit à l'hôpital, après nous avoir jetés dans la rue? C'est ainsi que tu nous récompenses de t'avoir fait donner de l'éducation. »

Votre éducation !... N'en parlons plus, s'il vous plaît.

Je retirerai mes articles. Je ne vous ôterai pas le pain de la bouche. — Vous avez raison ! Ce serait la destitution, et je ne pourrais pas vous trouver une place à l'hôpital...

# XXVI

## HASARDS DE LA FOURCHETTE

Des gens qui travaillent pour un grand dictionnaire en cours de publication, sont devenus mes amis de bibliothèque.

Ils sont une bande qui vivent sur ce dictionnaire, qui y vivent comme des naufragés sur un radeau — en se disputant le vin et le biscuit — les yeux féroces, la folie de la faim au cœur. C'est épouvantable, ce spectacle !

Un contre-maître à mine basse est chargé de distribuer l'ouvrage. — La plupart se tiennent vis-à-vis de lui dans l'attitude des sauvages devant les idoles et lèchent ses bottes ressemelées.

Il y a eu deux ou trois fausses joies. On a cru voir — non pas une voile à l'horizon — mais le requin de la mort qui venait manger un des travailleurs

Un de moins ! c'était des *mots* qui revenaient aux autres après l'enterrement — le quart d'une *lettre* qu'avaient à se partager les survivants — une ration qui augmentait le repas de chacun, une goutte de sang à boire, un morceau de chair à dévorer...— Vains espoirs !... Il faut en avoir vu de dures pour descendre jusqu'au Dictionnaire, et quand on en est là, c'est qu'on n'a pas envie de mourir. Celui qu'on croyait mener au cimetière y a échappé. Il y a contre lui une sourde colère.

J'ai demandé s'il ne restait pas quelques bribes pour moi ; les mots difficiles, répugnants.....

Malheureux ! — j'ai eu l'air d'un voleur, presque d'un traître.

J'ai dû vite affirmer que c'était *pour rire* — c'est à peine si l'on m'a cru, et chaque fois que j'entre dans le bureau, il y a des regards en dessous et des chuchotements redoutables.

Inutile de songer à gagner un sou là. — Le radeau est plein, on dirait qu'on va tirer au sort à qui sera le premier mangé.

Mais je me suis souvenu de cette ressource, un jour qu'on prononçait devant moi le nom d'un grammairien célèbre, qui travaille à un autre Dictionnaire qu'on a surnommé *La Concurrence.*

Un camarade du quartier, qui connaît le fils de ce grammairien, a posé ma candidature. Elle est prise en considération.

On me prie de venir.

J'ai assez de chance, je tombe souvent sur de braves gens.

J'ai affaire à un excellent homme, fort poli, point bégueule, qui me dit :

« J'ai justement besoin de quelqu'un, mais je ne suis pas riche. Je vous paierai peu, je ne vous paierai même pas. Je vous ferai avoir une table d'hôte et une chambre. Je connais un gargotier et un logeur. — En échange de ce crédit dont je répondrai, vous viendrez à neuf heures du matin et vous partirez à six heures du soir — avec une heure pour le déjeuner. Mon fils vous indiquera votre travail. J'ai tout mâché depuis quinze ans. Cependant, votre éducation pourra m'aider, et vous vivrez... Vous n'avez pas d'autre ressource ?

— J'ai 440 francs par an.

— C'est quelque chose..., c'est beaucoup ! Je n'ai pas, moi, 440 francs par an ! — et j'ai 55 ans. Avec du courage, vous pourrez vous en tirer... Vous ne finirez pas à l'hôpital... Si vous voulez, vous pouvez prendre votre chaise dans la salle dès aujourd'hui. »

Cela a duré quelque temps — mais un jour, il est survenu des querelles entre le grammairien et l'éditeur — le pauvre grammairien a été vaincu, et il a dû rogner son budget et se priver de mes services.

Pendant que j'étais chez lui, j'avais crédit, dans un petit restaurant, d'un déjeuner de dix sous le matin, d'un dîner de 1 fr. 25 le soir — une chambre de 12 francs — oh ! bien laide, bien triste !

Mais j'ai mis le pied à l'étrier.

On se connaît de lexique à lexique. Il y a la confrérie des *Bescherellisants*, des *Boiteux*, des *Poitevinards*.

Des propositions me sont faites de la part d'une maison de la rue de l'Éperon, qui a besoin de grammairiens à bon marché.

On m'offre un centime la ligne — deux sous les dix lignes — un franc le cent, — et encore il faut ajouter quelques citations des écrivains célèbres. Chaque sens particulier doit être appuyé d'un exemple.

On n'arrive pas à plus de 2 fr. 50 par jour, en travaillant et en fouillant les écrivains célèbres! — C'est long de chercher les exemples dans les livres!...

J'ai trouvé un moyen pour aller plus vite.

C'est malhonnête, je trouble la source des littératures!... je change le génie de la langue... elle en souffrira peut-être pendant un siècle... mais qui y a vu et qui y verra quelque chose?

Voici ce que je fais.

Quand j'ai à ajouter un exemple, je l'invente tout bonnement, et je mets entre parenthèses, (Fléchier) (Bossuet) (Massillon) ou quelque autre grand prédicateur, de n'importe où, Cambrai, Meaux ou Pontoise.

C'est l'aigle de Meaux que je contrefais le mieux et le plus souvent.

Mais s'il ne me vient pas sous la plume quelque chose de bien bouffi, bien creux, bien solennel, bien rond, je remonte d'un siècle, je mets mes citations sur le dos des gens de la Renaissance ou du Moyen âge.

Je gagne ainsi 15 sous de plus par jour.

15 *sous !* — C'est un dîner.

Il y a eu à propos de ces citations une violente dispute, un jour, au café Voltaire, où vont des universitaires et où je vais aussi de temps en temps.

Un des professeurs tenait en main la dernière livraison du *Lexique,* où je travaille, et avait le nez sur un mot *traité* par moi.

Il lit une phrase de Charron et se frotte les mains, se passe la langue sur les lèvres.

« Oh! les hommes de ce temps-là ! »

Un de ses collègues s'extasie à son tour, mais prête à la citation un sens différent.

« Il n'a jamais été dans la pensée de Charron, monsieur Vessoneau...

— C'est au contraire bien son génie. Il est tout entier là dedans !

— Vous n'avez pas lu Charron comme moi, mon cher Pierran... »

Je buvais mon café, impassible.

La dispute s'est terminée par une épigramme amère empruntée encore à la livraison.

« Oh! l'on peut bien vous attribuer cet autre mot de Chamfort, celui-là, tenez, qui est cité au bout de la page !... »

Il est de moi, ce mot-là aussi. J'étais très gêné cette dernière quinzaine, très pressé d'argent, et j'ai beaucoup mis de Charron et de Chamfort dans la livraison.

J'en abats pour environ 70 francs par mois.

J'ai touché *recta* le premier mois. Pour arriver à un chiffre rond, il manquait quelques lignes, j'ai fait près de 7 sous avec du Marmontel.

Encore pas mauvais, ce vieux !

Au bout du second mois j'attends en vain mon argent.

J'ai menacé de la justice de paix... du bruit... du scandale...

On m'a offert moitié — en me congédiant. J'ai pris moitié et suis parti, non sans grommeler — ce qui a irrité les patrons. Ils vont disant partout que je suis un mauvais coucheur.

«. C'est dommage : Un garçon qui possède si bien ses classiques ! »

POÈTE SATIRIQUE.

« Vous êtes poète, n'est-ce pas ? »

C'est madame Gaux, la libraire, qui me demande cela un matin.

Je suis plutôt *barde*. Je chante la patrie, je chante ce que chantent les bardes ordinairement — on n'a qu'à voir dans le dictionnaire. Va pour poète tout de même ! et je réponds à madame Gaux de façon à lui persuader que je sais manier la lyre — pincer les cordes d'un luth.

« Eh bien, je vous ai trouvé de l'ouvrage ! »

Je prends bien vite une attitude d'inspiré.

« Voici, dit-elle. — Il y a un monsieur qui en veut

à un huissier de chez lui, et qui désire se venger de cet huissier par une chanson. Savez-vous faire ça ? »

C'est de l'*Archiloque* qu'on me demande. Il faut saisir le fouet de la satire !...

« Je le saisirai ! dis-je à madame Gaux, qui ne comprend pas très bien d'abord et me fait répéter et m'expliquer.

— Bon — Rendez-vous à l'hospice Dubois. Vous demanderez M. Poirier et vous lui direz que vous venez de ma part pour *cracher sur l'huissier*. C'est ce qu'il a dit. « Je cherche quelqu'un pour cracher sur un huissier. »

J'arrive à l'hôpital.

« M. Poirier ?

— Que lui voulez-vous ? »

Je n'ose dire pourquoi je viens. Je parlemente ; on tient la porte fermée. Enfin je me décide à demander un bout de papier.

« Lui porterez-vous ce mot ? dis-je au concierge.

— Oui. »

J'écris le mot.

*Monsieur,*

*Je suis la personne envoyée par madame Gaux et qui doit c--r sur l'huissier.*

« Avez-vous une enveloppe ?

— Non, répond l'hopitaleux. »

Je donne le mot plié en quatre.

A travers les vitres je vois l'homme qui ouvre le billet et le lit. Que doit-il penser ?

C—r sur l'huissier !

J'aurais mieux fait de mettre *cracher* en toutes lettres. C'était plus franc. Cela coupait court aux suppositions.

L'homme revient en me regardant drôlement.

« M. Poirier vous attend, chambre 12, corridor 3. »

Je m'engage dans le 3ᵉ corridor — j'arrive à la chambre 12.

Je frappe.

« Entrez ! »

M. Poirier a mauvaise mine — il est assis, jaune et maigre, dans un fauteuil, mais il lui reste de la bonne humeur tout de même.

« Ah ! vous venez de la part de madame Gaux ! Vous venez pour *mordre* ?... »

Je l'interromps.

Je viens pour *cracher* !... Est-ce que je me tromperais de porte ?

Je m'en explique avec M. Poirier qui répond :

« Cracher ! mordre ! cela ne fait rien, pourvu que vous insultiez Mussy et qu'il en crève !... Oui, monsieur, il faut qu'il en crève ! Si vous n'êtes pas homme à faire une chanson dont Mussy crèvera, ne vous en mêlez pas !... »

Je n'ose trop m'engager.

M. Poirier paraît inquiet, et se gratte le menton.

« Vous avez l'air trop bon garçon ! »

Ma commande file à vau-l'eau ! Si j'ai l'air trop bon garçon, je suis perdu ! — Je me fais une figure noire, un rire vert, des yeux jaunes...

M. Poirier semble plus rassuré, et me priant de m'asseoir :

« On peut toujours essayer, dit-il, nous verrons de quoi vous accoucherez ! Je vais vous conter la chose. Suivez-moi bien ! Il y avait une fois un huissier et sa femme, qui étaient les gens les plus canailles du pays; l'homme, grand comme une botte — la femme, tordue comme un tirebouchon ; — ils avaient un chien qui avait la queue en trompette. — Voilà votre canevas ! — Ils s'appelaient Mussy — allez-y ! — Il faut qu'ils en crèvent... l'homme, la femme et le chien. »

Il s'agit donc de les faire crever !...

Je passe d'abord à la bibliothèque où je consulte les satiristes, pour me mettre en train. J'attrape un mal de tête seulement. Enfin j'accouche dans ma nuit de cinq malheureux couplets. Qu'en pensera M. Poirier ?

Je lui écris.

Il me répond :

« Je suis justement mieux. Je sors demain de chez Dubois. J'ai invité des cousins du Nivernais pour écouter votre chanson. — Rendez-vous à midi chez Foyot ; vous chanterez votre affaire au dessert. »

Le lendemain, déjeuner à la Gargantua. Pâté de

foie gras, poulet, rôti, bourgogne, liqueurs, desserts, cigares !

Et maintenant, la parole est au chansonnier.

Je me lève, je tousse, pâlis, tousse encore.

« Buvez un verre de vin ! »

J'en bois deux ! Et rouge, un peu lancé, je commence. En avant !

Succès fou !

« Monsieur Vingtras ! ILS EN CRÈVERONT ! »

En même temps, étouffant de joie, se tortillant d'enthousiasme, M. Poirier m'emmène dans un coin, fouille dans ses poches et me glisse *quatre louis!*

« Je vous en ferai gagner d'autres encore, dit-il... Savez-vous embêter les notaires ? Je voudrais aussi faire crever un notaire ! »

C'est une veine. J'ai un débouché dans les départements du centre. Les commandes affluent. On m'écrit de province ! Je fais sur mesure — je ridiculise sur photographie.

Je sème l'épigramme et la zizanie dans les familles. C'est très lucratif.

Mais tout s'use ! Au bout de deux mois je suis vidé.

Mon rôle de satiriste est fini ! Je meurs comme la guêpe dont le dard se brise dans la blessure, je meurs sur une chanson payée dix francs ! J'en suis arrivé à piquer, cracher et mordre pour dix francs. La dernière ne m'a même été réglée qu'à sept francs cinquante.

C'est mon chant du cygne! Je ne gagnerai plus un sou dans ce genre-là. Je n'ai plus de sel, même pour mettre dans une soupe.

### DIORGERNE

Je vais quelquefois dans un restaurant à prix fixe de la rue Rambuteau, à deux heures moins cinq. Je viens à ce moment-là, parce qu'à deux heures le déjeuner finit et le dîner commence.

C'est 50 centimes le déjeuner.

Pour 50 centimes on a un plat de viande, du pain, un dessert. A cet instant de la journée, ce repas — à cheval sur le matin et sur le soir — est très profitable.

J'ai le droit de rester le temps qu'il me plait, je lis les journaux et je réfléchis.

C'est au premier. — On entre par une allée noire, mais la salle est vaste, bien éclairée, avec des glaces dont le cadre est entouré de mousseline blanche.

De la fenêtre, on plonge dans la rue; on aperçoit le *Colosse de Rhodes*, on voit aller et venir un monde d'ouvriers.

J'éprouve de la joie à reposer mes yeux sur la foule des plébéiens; il y a chez eux de la simplicité, de l'abandon, des gestes ronds, des éclats de gaieté franche. Ce n'est pas grimaçant et tendu comme le milieu où je promène mon existence inutile.

Dès que je puis, je descends vers ces halles bruyantes et dans ce tourbillon de peuple.

Il faut pour cela que j'aie les 50 centimes du déjeuner, plus les deux sous pour le garçon: il faut aussi que je ne sois pas trop ridicule de mise et n'aie pas l'air trop râpé. On peut avoir une blouse sale — c'est le travail qui a fait les taches — mais un habit noir fripé vous fait remarquer dans ces quartiers simples. On croit qu'il a été sali par des vices.

J'achevais mon dessert, le nez dans le journal.

Le patron entre avec un homme que je reconnais.

Il chantait le *Vin à quatre sous*, du temps de l'*Hôtel Lisbonne*, quand nous allions à Montrouge — sous le grand hangar — où l'on buvait assis sur les bancs de bois, dans de gros verres.

Ils sont camarades, le maître du restaurant et lui, et ils viennent *siffler* — loin de la chaleur des fourneaux — une bouteille de bordeaux frais.

Ils trinquent, retrinquent, causent et discutent à propos de chansons.

A un moment, ils ont besoin d'une consultation.

Le patron dit :

« Adressons-nous à monsieur. »

C'est de moi qu'il parle, et vers moi qu'il se tourne.

« Vous prendrez bien un verre de vin avec nous? et vous nous direz qui a tort de nous deux. »

C'est offert de bon cœur, et j'accepte.

« Voici la chose : Je dis à Rogier qui est là, qu'il ne doit pas dire Diogène mais Diogerne — pas *Gène*; *Gerne !* J'en appelle à vous, fait le cuisinier en enfonçant sa toque blanche sur sa tête; vous avez de l'éducation. Prononcez. »

Diable !

Si je me prononce contre lui, me laissera-t-il encore venir à deux heures moins cinq pour déjeuner : quand l'avis affiché sur le mur dit qu'à partir de deux heures tous les repas sont de seize sous?

J'hésite.

Le cuisinier répète en tapant sur la table :

— Je prétends que le refrain est comme ceci :

Il chante :

> C'est la lanterne
> De DiogeRne.

L'autre me regarde. Je me prononce :

« Oui, l'on dit DiogeRne ! »

Que ceux qui ne connaissent pas le *repas à cheval* me jettent la première pierre ! mais que ceux qui le connaissent me pardonnent !

. . . . . . . . . . . . . . . . .

Je n'ai pu persister dans la voie d'hypocrisie où je m'étais engagé ! Dès que le patron a été sorti, m'approchant de Rogier et lui demandant pardon du regard et de la voix, tête baissée :

« Monsieur, je viens de mentir. On dit Diogène !

— Sans *r*?

— Sans *r*.

J'ai laissé retomber mes bras et me tiens devant mon juge avec des airs de statue cassée.

— Mais pourquoi alors?... »

Je lui ouvre mon cœur et mon estomac. Je lui explique le *repas à cheval*.

Il sourit — demande une autre bouteille.

« Vous boirez bien encore un coup ?

— Non, merci !

— C'est peur de ne pouvoir payer la vôtre ?

— Mon Dieu, oui !... »

Rogier reste un instant silencieux.

« Que faites-vous pour vivre ? Savez-vous *rimer* ?

Je lui conte mon histoire de Mussy, ma série contre les notaires...

— Mais la romance ! Savez-vous faire la romance ?

— Je n'ai jamais essayé.

— Vous ne savez pas faire parler un nuage, un cheval, une houri ?

— Je ne puis pas dire...

— Feriez-vous mieux du léger ? — dans le genre du *petit lapin de ma femme* ? Qu'aimeriez-vous mieux, chanter le pot de fleurs — ou le pot de nuit ?

— Le pot de fleurs ! — sans mépriser le pot de nuit, ai-je ajouté bien vite, ne sachant pas son goût et restant prudemment *à cheval* sur les deux. »

Mais j'ai échoué dans les deux genres !

« Vous n'avez pas d'esprit, m'a dit Rogier, un matin. »

Par bonté, il m'a donné quelques recueils de calembours à faire.

« Vous n'avez pas besoin de les inventer vous-même, vous n'en viendriez jamais à bout, mon pauvre garçon; cherchez dans les livres, ça ne fait rien! »

Je vais à la bibliothèque copier les vieux *anas*.

Et c'est payé 5 francs — pas un radis de plus! — 100 *calembours pour un sou — demandez!*

Je ferais mieux de crier ça dans une baraque, en habit de pître. Je gagnerais davantage.

## XXVII

### A MARIER

Je reçois régulièrement mes quarante francs par mois. — Régulièrement? Hélas! non. Il y a parfois un jour, deux jours de retard, et alors j'ai le frisson, parce que ma logeuse attend. Mon estomac attend aussi — c'est dur. J'ai passé souvent vingt-quatre heures, le ventre creux, ayant à peine la force de parler quand j'avais une leçon à donner. Ce n'est la faute de personne! Mon père ne m'a jamais fait faux bond; mais j'ai eu beau lui écrire qu'une lenteur de quelques heures m'exposait à une humiliation pénible dans mon garni où ma quinzaine tombait à jour fixe, et me condamnait à des spasmes de faim. Il ne l'a pas cru. Les parents ne se figurent pas cela, loin de Paris. Au café, ils demandent le *Charivari*, lisent les légendes de Gavarni, qui parlent de carottes tirées par les étudiants. J'ai failli en tirer une, une fois — l'arracher d'un champ, à Montrouge, pour la croquer crue et sale, en deux coups de dent, tant mes boyaux grognaient! Je venais de rater un ami qui avait crédit dans une gargote de la banlieue.

Quelqu'un passa juste au moment où je me penchais : je partis comme un voleur. J'aurais peut-être bien été accusé de vol, si j'avais été surpris un instant plus tôt.

Ah! tant pis, je prendrai la vache enragée par les cornes!

C'est ma vie en garni qui me fait le plus souffrir. Je suis là souvent avec des voyous et des escrocs.

L'autre matin, des agents en bourgeois sont entrés au nom de la loi dans mon taudis, et m'ont cerné sur mon grabat comme coupable de je ne sais quel crime.

Ils s'étaient trompés de porte. C'était mon voisin qui avait volé ou violé. Il était chez lui ; il chantait.

On a reconnu sa voix, ce qui a fait reconnaître mon innocence! Mais que le scélérat les eût entendu monter, qu'il eût descendu l'escalier à la dérobée, j'avais beau me débattre, on m'emmenait!

J'ai écrit à mon père, je lui ai conté l'aventure, et je lui ai demandé l'aumône :

« Avance-moi le prix d'un petit mobilier, de quoi meubler comme une cellule un coin où je vivrai à l'abri de ces hasards. J'ai trouvé une chambre pour 80 francs, rue Contrescarpe. On veut le terme d'avance ; je te le demande aussi. Mais, je t'en prie, fais ce sacrifice qui m'épargnera bien des douleurs et des dangers! »

J'ajoutais dans ma lettre — timidement — que, dans cette vie où l'on habite des masures vieilles et misérables, on perd à chaque instant le peu qu'on a, dans les expropriations, les descentes, les râfles... que j'avais déjà égaré des *œuvres*...

C'était vrai ! En ai-je laissé dans les garnis, jetées aux ordures, cachées derrière une malle, gardées par le logeur, des pages qui avaient peut-être leur amère éloquence !

Mon père ne m'a pas répondu.

Oh ! j'ai senti malgré moi remonter contre lui le flot de mes colères d'enfant !

. . . . . . . . . . . . . . . . . .

« Mais ne savez-vous pas, m'a dit un de ses anciens collègues de Nantes — que j'ai heurté tout d'un coup au coin d'une rue : brave homme qui était notre ami, à qui j'ai avoué ma vie, tant le soir était triste, tant la pluie était noire, tant ma chambre de ce temps-là était froide ! — Ne savez-vous pas que votre père n'est plus à Nantes ? »

Il m'a conté une douloureuse histoire.

Mon père a retrouvé sur son chemin une madame Brignolin, une veuve de censeur, qui l'a aimé ou a fait semblant de l'aimer. Il est devenu son amant, s'est compromis, affiché : ma mère, folle de jalousie et de chagrin, perdant la tête, a fait une scène à la maîtresse devant le collège ; il y a eu un scandale affreux, un rapport terrible au ministère. On s'est contenté d'un déplacement, mais mon père est dans une ville du Nord maintenant.

Et je n'ai rien su de cela! Ni lui ni ma mère ne m'en ont rien dit!

« C'est que, voyez-vous, a répondu le vieillard, le lendemain a été arrosé de larmes! Votre père est parti seul... Votre mère est retournée chez elle, dans votre pays, où je l'ai vue, il n'y a pas trois semaines, bien changée, mon ami!... Elle vit là comme une veuve, entre le portrait de son mari et le vôtre... J'ai assisté à la scène de séparation... C'était à qui se demanderait pardon.

— C'est moi qui suis coupable! criait-elle en se mettant à genoux.

— Non, c'est moi que ma vie de professeur a rendu fou et mauvais...

— Nous pouvons être heureux encore, répondait votre mère. N'est-ce pas? répétait-elle, se tournant vers moi, et me consultant de ses yeux rougis. »

Et je dois vous dire que j'ai baissé la tête et ai répondu non! J'ai répondu non : parce que votre père est fou de celle à propos de laquelle le scandale a éclaté. Il la reprendra : il l'a déjà reprise... Honnête homme qui a l'air de commettre un crime... Mais il avait une nature d'irrégulier, et le hasard l'a mis dans un métier de forçat, en lui donnant pour compagne votre mère trop paysanne pour une âme haute et meurtrie. Je connais cela, moi qui ai souffert, qui ai aimé... sans qu'on le sache... Eh bien, oui, parce que j'avais passé par là, parce que j'étais au courant de toute l'histoire, j'ai conseillé la séparation! Votre mère n'aurait pas fait de scandale, tout en agonisant de douleur, mais l'Université a ses mouchards, et tôt ou tard c'était, non plus la disgrâce, mais la destitution. C'est votre mère qui a fait la première le sacrifice. « Oui, il vaut mieux que nous nous séparions ! » Elle a éclaté en sanglots, et a embrassé votre père comme j'ai vu embrasser des morts avant qu'ils fussent mis dans la bière.

Je croyais que vous saviez cette histoire. Sans doute, ils n'ont pas encore osé vous la dire !

. . . . . . . . . . . . . . . . .

Le soir même de notre entretien — c'était le 31 — le père de Collinet est venu me voir et m'a apporté mes quarante francs.

— Vous viendrez les chercher à la maison, désormais, tous les premiers du mois.

Il n'a rien ajouté, et je n'ai rien demandé. Mais j'ai écrit à ma mère.

Ma plume a longtemps hésité ; j'ai raturé bien des lignes, j'ai même effacé un mot sous des larmes que je n'ai pu retenir. Je ne savais comment ménager son cœur.

Elle m'a répondu.

« Oui, mon fils, ton père et moi, nous sommes séparés, séparés comme si la mort avait passé par là. Je te demanderai même comme une grâce de ne plus prononcer son nom dans tes lettres ; fais-moi cette charité au nom de ma douleur. »

Par le vieux professeur, qui est revenu me voir,

j'ai su qu'elle avait appris que la madame Brignolin nouvelle avait repris place dans le lit du père, et qu'auprès de certaines gens elle passait même pour l'épouse. C'est la fin, l'éternel veuvage ; je la connais. Le nom de mon père est rayé de nos lèvres, tout en restant écrit comme avec la pointe d'un couteau dans le cœur de la pauvre femme.

Lui écrirai-je, à lui? Que lui dire? Un jour peut-être je saurai trouver le mot ou le cri qui rapproche le père du fils ; aujourd'hui, il faudrait l'excuser ou l'accuser ! Mais, à mes yeux, ma mère est malheureuse sans qu'il soit criminel. Je resterai muet entre ces deux victimes.

Le bon vieux professeur qui est reparti là-bas, m'a promis qu'il m'avertirait, si dans la maison de l'abandonnée arrivait la maladie ou un malheur.

Mais ma mère elle-même m'écrit et m'appelle.

« Je t'en prie, arrive puisque tu vas avoir tes vacances de Pâques et du temps devant toi... et puis, je suis souffrante, et je me dis souvent que si j'allais, par hasard, mourir avant de t'avoir embrassé encore une fois, mon agonie serait si triste !... Essaie de venir, mon enfant, tu me rendras bien heureuse. »

Je tremble un peu en tenant cette feuille écrite là-bas, au village, par la main honnête de la pauvre femme... Comme ceux de la brasserie riraient s'ils me voyaient !

Je puis partir comme elle dit. J'ai même par hasard une redingote toute neuve et un chapeau tout frais.

Voir le pays !...

Toute la soirée, je me suis promené seul sous les arbres du Luxembourg en y songeant. Je n'ai pas mis les pieds à la brasserie, de peur d'enfumer mon émotion.

Me voilà en route ! La locomotive est déjà à 150 lieues de Paris !...

La vue des villages qui fuient devant moi ressuscite tout mon passé d'enfant !

Maisonnettes ceinturées de lierre et coiffées de tuiles rouges ; basses-cours où traînent des troncs d'arbres et des socs des charrues rouillés ; jardinets plantés de soleils à grosse panse d'or et à nombril noir ; seuils branlants, fenêtres éborgnées, chemins pleins de purin et de crevasses ; barrières contre lesquelles les bébés appuient leurs nez crottés et leurs fronts bombés, pour regarder le train ; cette simplicité, cette grossièreté, ce silence, me rappellent la campagne où je buvais la liberté et le vent, étant tout petit.

Dans les femmes courbées pour sarcler les champs, je crois reconnaître mes tantes les paysannes ; et je me lève malgré moi quand j'aperçois le miroir d'un étang ou d'un lac ; je me penche, comme si je devais retrouver dans cette glace verte le Vingtras d'autrefois. Je regarde courir l'eau des ruisseaux et je suis le vol noir des corbeaux dans le bleu du ciel.

Dans ce champ d'espace, avec cette profondeur d'horizon et ce lointain vague, l'idée de Paris s'évanouit et meurt.

Tout parle à ma mémoire : ce mur bâti de pierres posées au hasard et qui laissent de grands trous de lumière comme des meurtrières de barricade abandonnée : cette échelle de vigne qui a fait pétiller dans ma cervelle, ainsi que la mousse du vin nouveau, les réminiscences des vendanges — et ce bois sombre qui me rappelle la forêt de sapins où il faisait si triste et où j'aimais tant à m'enfoncer pour avoir peur !

Nous sommes à Lyon.

Je n'ai plus regardé ni vu les peupliers, les ruisseaux, le ciel ! J'ai cru seulement apercevoir là-haut, dans les nuages, une boule de sang ; au-dessous, il me semblait que j'entendais claquer une guenille de deuil.

J'ai ôté d'instinct mon chapeau — pour saluer le *drapeau noir*... le drapeau noir, étendard des canuts, bannière de la Guillotière !

C'est en 1832, au sommet de cette Guillotière en armes, que des blouses bleues portèrent, pour la première fois, sur des fusils en croix, le berceau de la guerre sociale !

Heureusement, nous avons passé vite et nous ne nous sommes point arrêtés... J'aurais perdu la joie du recueillement doux et profond, pendant les pèlerinages que j'aurais faits aux endroits où l'on avait crié : *Vivre en travaillant, mourir en combattant* !

A Saint-Étienne nous avons pris le train qui longe la Loire.

J'ai toujours aimé les rivières !

De mes souvenirs de jadis, j'ai gardé par-dessus tout le souvenir de la Loire bleue ! Je regardais là dedans se briser le soleil ; l'écume qui bouillonnait autour des semblants d'écueil avait des blancheurs de dentelle qui frissonne au vent. Elle avait été mon luxe, cette rivière, et j'avais pêché des coquillages dans le sable fin de ses rives, avec l'émotion d'un chercheur d'or.

Elle roule mon cœur dans son flot clair.

Tout à coup les bords se débrident comme une plaie.

C'est qu'il a fallu déchirer et casser à coups de pioche et à coups de mine les rochers qui barraient la route de la locomotive.

De chaque côté du fleuve, on dirait que l'on a livré des batailles. La terre glaise est rouge, les plantes qui n'ont pas été tuées sont tristes, la végétation semble avoir été fusillée ou meurtrie par le canon.

Cette poésie sombre sait, elle aussi, me remuer et m'émouvoir. Je me rappelle que toutes mes promenades d'enfant par les champs et les bois aboutissaient à des spectacles de cette couleur violente. Pour être complète et profonde, mon émotion avait besoin de retrouver ces cicatrices de la nature.

Ma vie a été labourée et mâchée par le malheur comme cet ourlet de terre griffée et saignante.

Ah ! je sens que je suis bien un morceau de toi, un éclat de tes rochers, pays pauvre qui embaume les fleurs et la poudre, terre de vignes et de volcans!

Ces paysans, ces paysannes qui passent, ce sont mes frères en veste de laine, mes sœurs en tablier rouge... ils sont pétris de la même argile, ils ont dans le sang le même fer!

Deux mots de patois, qui ont tout d'un coup brisé le silence d'une petite gare perdue près d'un bois de sapins, ont failli me faire évanouir.

Nous approchons!

Je suis pâle comme un linge, je l'ai vu dans la vitre, j'avais l'air d'un mort.

Le Puy! Le Puy!..

Je reconnais les enseignes, un chapeau en bois rouge, la botte à glands d'or, le *Cheval blanc*, l'*Hôtel du Vivarais*.

A une fenêtre, je vois tout à coup apparaître une face pâle avec de grands yeux noirs au larmier meurtri, et j'entends un cri...

— Jacques!

C'est ma mère qui m'appelle et qui me tend les bras! Elle vient au-devant de moi dans l'escalier et m'embrasse en pleurant.

— Comme tu as l'air dur! me dit-elle au bout d'un moment.

C'est qu'en effet j'ai senti comme le froid d'un couteau dans le cœur, en entrant dans la chambre où elle m'a entraîné et qui a comme une odeur de chapelle.

Partout, des reliques fanées : cadres de vieux tableaux, gravures jaunies par le temps... — C'est ce qui lui reste d'avant sa séparation.

Voilà le portrait de mon père, avec les cheveux en toupet comme on les portait quand il était jeune. La tête est presque souriante et pleine. Mais à côté est un dessin qui le représente amaigri et l'œil triste. Ce dessin a été fait quand la vie avait fané et creusé ses traits.

Voici son portefeuille de vieux cuir vert, où il avait écrit des chansons qui avaient la forme de flacons et de gourdes, où il avait aussi laissé dans un des plis une fleur donnée par ma mère...

Cette fleur-là, elle vient de la retirer, et, après l'avoir pressée sur ses lèvres, elle a voulu que j'y appuie les miennes aussi. Je l'ai fait machinalement et avec gêne...

Toutes ces choses, porte-montre d'il y a trente ans, bonnet grec aux roses défraîchies et poudreuses, bouquet aux pétales secs embaumant pour elle le souvenir d'un jour heureux, tout cela est entremêlé de brins de rameau et de buis bénit, même d'images de sainteté, et la pauvre femme joint les mains et regarde le ciel en remuant les miettes du passé.

Elle est restée immobile dans sa douleur depuis le jour où son mari l'a quittée.

J'ai senti le voile des larmes, certes, quand j'ai eu son visage pâle et grave contre le mien, quand elle m'a serré contre sa poitrine amaigrie et tremblante : être faible qui n'avait plus que moi pour s'appuyer et que moi à aimer. Mais en voyant se dresser entre nous trois, elle, moi et mon père absent, cette reliquaillerie, c'est de la colère qui m'a pris les nerfs, et le sentiment de mélancolie qui m'envahissait, a fait place à une sensation de mépris, dont ma figure a laissé voir les traces.

Je me suis échappé pour rôder dans la ville.

« Es-tu allé voir le collège? m'a dit ma mère quand je suis rentré.

— Non. »

Elle ne comprend pas les chagrins immenses pour mon âme d'écolier qui me dévorèrent dans les écoles aux murs sombres. J'allais brutaliser sa tendresse avec des gestes de rancune sauvage et mes exclamations de fureur... J'ai dû me taire!

Le collège? — J'ai pu aller jusqu'à la porte; encore mon cœur battait-il à se casser! Quand j'ai pris la petite rue qui y mène, je titubais comme un homme ivre.

Mais arrivé devant la grille, j'ai dû m'appuyer contre une borne pour ne pas tomber.

C'est là dedans que mon père était maître d'études à vingt-deux ans, marié, déjà père de Jacques Vingtras.

C'est là qu'il fut humilié pendant des années; c'est là que je l'ai vu essuyer en cachette des larmes de honte, quand le proviseur lui parlait comme à un chien; c'est là que j'ai senti peser sur mes petites épaules le fardeau de sa grande douleur.

Non, je n'ai pas osé passer sous cette porte, pour revoir le coin de cour où un grand sauta sur lui et le souffleta.

Entrer? — Il me semble que je laisserais de mon sang sur le plancher de l'étude des grands, où était la table devant laquelle je travaillais — à côté de la chaire, dans laquelle celui qui m'avait mis au monde était installé, comme dans la tribune du réfectoire le gardien qui surveille les réclusionnaires.

« Te rappelles-tu que tu gagnas tous les prix en neuvième ? tu avais trois couronnes, l'une sur l'autre, le jour de la distribution... »

Oui, je me rappelle ces couronnes : j'avais assez envie de pleurer là-dessous ! C'est le premier ridicule qui m'ait écorché le cœur !

Mais il ne s'agit pas de la faire pleurer à son tour ; je m'approche d'elle tendrement.

« Tu avais un secret à me dire... »

Elle a toussé, assujetti sur son front sa coiffe blanche, m'a lancé un regard doux et profond, et rapprochant sa chaise de la mienne, elle m'a pris les mains :

« Tu ne t'ennuies pas de vivre seul, toujours seul? Tu n'as jamais songé à prendre une femme qui t'aimerait? »

Aimé?

Ne voyant la vie que comme un combat; espèce de déserteur à qui les camarades même hésitent à tendre la main, tant j'ai des théories violentes qui les insultent et qui les gênent; ne trouvant nulle part un abri contre les préjugés et les traditions qui me cernent et me poursuivent comme des gendarmes, je ne pourrais être aimé que de quelque femme qui serait une révoltée comme moi. Mais j'ai remarqué que la révolte tuait souvent la grâce ! Et, moi, je voudrais que celle à qui j'associerais ma vie eût l'air femme jusqu'au bout des ongles, fût jolie et élégante, et marchât comme une grande dame ! C'est terrible, ces goûts d'aristocrate avec mes idées de plébéien !

« Mais si tu tombais malade loin de moi, ou quand je serai morte ! »

Tomber malade, allons donc !

Il faudra qu'on me tue pour que je meure ; et l'on me tuera certainement avant que le hasard ait apporté la maladie. Je cours trop après l'insurrection et la révolte pour ne pas tomber bientôt dans le combat.

Le sentiment du repos et le désir de l'existence calme sous la charmille ou au coin du feu ne me sont pas venus ! — Sacrebleu non !

J'ai d'abord à briser le cercle d'impuissance dans lequel je tourne en désespéré !

Je cherche à devenir dans la mesure de mes forces le porte-voix et le porte-drapeau des insoumis. Cette idée veille à mon chevet depuis les premières heures libres de ma jeunesse. Le soir, quand je rentre dans mon trou, elle est là qui me regarde depuis des années, comme un chien qui attend un signe pour hurler et pour mordre.

D'ailleurs qui voudrait m'épouser, moi sans métier, sans fortune, sans nom?

Il paraît que ce caprice-là s'est logé dans une tête brune qui est, ma foi, charmante et qu'éclairent de bien beaux yeux !

D'où me connaît-on ?

C'est elle-même, la demoiselle aux beaux yeux, qui répond :

« D'où l'on vous connaît ? Vous rappelez-vous quand vous étiez dans un journal et que vous aviez dû vous battre en duel ? Vous êtes allé chercher comme témoin un élève de Saint-Cyr qui était de l'Auvergne comme vous. C'était tout simplement le frère de votre servante; mon Dieu, oui... Il s'appelait comme celle qui vous parle, et qui se charge d'épousseter votre mémoire... Vous ne vous souvenez pas ?

— Oui... maintenant !

— Vous vous souvenez de mon frère ? mais de moi ?... Non, avouez !... J'étais trop petite fille pour vous... Cependant, voyons, vous devez vous rappeler qu'après le duel manqué vous êtes venu chez notre oncle... rue de Vaugirard... Vous y avez dîné deux ou trois fois... Même vous aviez l'air d'avoir bien faim !... On aurait dit que vous n'aviez pas mangé depuis deux jours. Malgré cela, vous avez été bien impertinent avec ma petite personne, qui vous en voulait beaucoup. Vous déclariez dans les coins que vous n'aimiez pas la musique et que mon tapotage sur le piano vous laissait froid. Vous préfériez passer dans le salon et causer de l'avenir de l'humanité avec des chauves... Ne dites pas non... j'écoutais aux portes.

Un beau jour, mon frère partit au diable avec ses épaulettes de sous-lieutenant. Il vous a revu chaque fois qu'il est venu à Paris pendant ses congés d'officier. Mais vous ne reparûtes plus devant la tapoteuse de piano. Voilà l'histoire. Non, ce n'est pas tout... Je vais rougir un peu... ne me regardez pas... Vous m'aviez frappée avec votre air bizarre... Cette idée de se battre à propos de rien, pour l'honneur... par amour du danger, cela me faisait oublier que ma musique vous déplaisait... j'étais un peu romantique, vous aviez l'air un peu fatal. Puis mon frère vous a suivi de loin dans la vie, nous avons parlé de vous souvent — très souvent... Il m'a conté que vous aviez supporté si bravement et si gaiement une certaine existence que vous avez acceptée à plaisir — pour rester libre, — au risque de dîner avec les gâteaux de soirée quand vous alliez dans le monde, comme vous faisiez quand vous veniez chez mon oncle.

Je vous ai glissé ma part quelquefois, monsieur, sans que ni vous ni les autres y vissiez rien... même quand c'était de ces mokas de chez Julien que j'aimais tant, et que je vous sacrifiais... Bref, j'ai eu de vos nouvelles toujours; et mon frère m'a plus d'une fois volée à votre profit dans sa correspondance ; je croyais que j'allais encore lire des câlineries à mon adresse, je tournais la page, c'était de M. Vingtras qu'il s'agissait... Ah! il vous aime bien... j'étais jalouse de vous... il vous le contera du reste, car il va arriver... exprès pour vous voir, parce qu'il sait que vous êtes ici, parce qu'il y a un complot, parce qu'il a mis dans la tête de papa et de maman, dans la tête de votre mère aussi, des idées!... »

Elle s'est arrêtée un instant, et a repris, en hochant la tête comme un chardonneret, avec un petit air fâché et moqueur :

« Ah! mais non... par exemple!... »

Elle s'est enfuie là-dessus, mais en me jetant un sourire qui avait la grâce d'un aveu, et elle m'a adressé un regard si long et si tendre que j'en ai eu froid dans le dos et chaud au cœur...

Nous en avons parlé le soir avec ma mère. — Les choses sont plus avancées que je ne pensais. A l'en croire, c'est fait si j'y tiens ; à la condition que je resterai au Puy et ne retournerai point à Paris, avant un an, deux ans peut-être. — Ah! cela gâte tout.

— Comment, Jacques, tu hésiterais après les démarches que j'ai faites, quand la demoiselle est honnête et te plaît, quand cela te sort de la misère ? »

« Cela te sort de la misère ! »

Mais si j'avais voulu n'être pas misérable, je ne l'aurais jamais été, moi qui n'avais qu'à accepter le rôle de grand homme de province, après mes succès de collège. Je pouvais trouver, à Paris même, un gagne-pain, un tremplin ; j'aurais enlevé des protections à la pointe de l'épée, grâce à ma nature bavarde et sanguine, à mon espèce de faconde et à ma verve d'audacieux. Je pouvais par mes anciens professeurs de Bonaparte ou de province obtenir une place qui m'eût mené à tout. On me l'a dix fois conseillé. Si je suis pauvre, c'est que je l'ai bien voulu ; je n'avais qu'à vendre aux puissants ma jeunesse et ma force.

Je pouvais, il y a beau temps, cueillir une fille à marier, qui m'aurait apporté ou des écus ou des protections.

Protections ou écus auraient senti le sang du coup d'État ; et je suis resté dans l'ombre où j'ai mangé les queues de merlan de Turquet.

« Mais, riche, tu pourras défendre tes idées et les mettre dans tes livres, tu aideras bien mieux les pauvres ainsi, qu'en te morfondant dans cette pauvreté qui te lie les mains et qui... (je te demande pardon de te parler ainsi) peut t'aigrir le cœur.

Il y a du vrai dans ces mots-là.

Ma mère me voit ébranlé et reprend :

« Mon ami, ce que tu feras sera bien fait, je ne te reprocherai pas de ne pas m'avoir écoutée... Tu es un homme... J'ai trop à me reprocher de ne pas t'avoir compris quand tu étais un enfant... Mais ne te hâte point, je t'en prie. »

Soit, je ne briserai rien : j'attendrai : mais encore dois-je savoir si celle qui veut être ma femme voudra être mon compagnon et mon complice...

Chez mon père aussi, j'avais la vie assurée ; il m'aimait, le pauvre professeur, tout dur qu'il parût.

Pourtant, cette vie-là, j'en ai eu horreur ! Je l'ai fuie, pour entrer dans les jours sans pain, — parce que tous mes penchants heurtaient les siens, parce que toutes ses idées repoussaient les miennes, parce que nos cœurs ne battaient pas à l'unisson, et que nos regards, à la suite des discussions amères, étaient chargés, malgré nous, de douleur et de haine...

L'argent — 100,000 francs ! 5,000 livres de rente, 20,000 à la mort des parents. — C'est beau ! on imprime bien des appels aux armes avec ça.

Mais si elle ne pense pas comme moi !...

Elle dira alors que je la vole ou que je la trahis, quand mes colères républicaines sauteront sur le monde auquel elle appartient.

Je sais à quoi m'en tenir depuis l'autre matin. C'est fini pour toujours !

Nous étions allés dans un des faubourgs, où un vieux professeur ancien collègue de mon père a organisé une espèce de bureau de charité.

En revenant elle m'a dit :

« Quand nous serons mariés, vous ne me mènerez pas dans des quartiers tristes. — Moi d'abord, a-t-elle repris avec une mine de suprême dégoût, je n'aime pas les pauvres...

Ah ! caillette ! à qui j'étais capable d'enchaîner ma vie ! fille d'heureux qui avais sans t'en douter, le mépris de celui que tu voulais pour mari! Car lui, il a été pauvre! Comme tu le mépriserais si tu savais qu'il a eu faim!

Elle sent bien qu'elle a fait une blessure.

Me reprenant le bras, et plongeant ses yeux tendres dans la sévérité des miens :

« Vous ne m'avez pas comprise, » murmure-t-elle, anxieuse d'effacer le pli qui est sur mon front.

Pardon, bourgeoise! Le mot qui est sorti de vos lèvres est bien un cri de votre cœur et vos efforts pour réparer le mal n'ont fait qu'empoisonner la plaie.

Et j'en saigne et j'en pleure! Car j'adorais cette femme qui était bien mise et sentait si bon!

Mais n'ayez peur, camarades de combat et de misère, je ne vous lâcherai pas!


« Vous m'en voulez, on dirait que vous me haïssez depuis l'autre jour. Soyez franc, voyons, a-t-elle dit en se plantant devant moi.

— Eh bien oui, je vous en veux, — parce que vous aviez jeté un rayon de soleil dans l'ombre de ma jeunesse, et que j'ai soif de caresses et de bonheur. Mais j'ai encore plus soif de justice... un mot qui vous fait rire... n'est-ce pas ?

C'est comme cela pourtant... on ne vous a raconté que le côté drôle de ma vie de bohème... tandis que j'en ai gardé des impressions poignantes, la haine profonde des idées et des hommes qui écrasent les obscurs et les désarmés. De grands mots!... Que voulez-vous ? Ils traduisent l'état de ma cervelle et de mon cœur ! Il y avait place encore là dedans pour votre charme et les joies douces que votre grâce m'eût données, mais il aurait fallu que vous eussiez avec votre belle santé de vierge, que vous eussiez un peu de ma maladie d'ancien pauvre... »

Et j'ai planté là celle qui était ma fiancée ! j'ai fui, enfonçant ma tête dans le collet de ma redingote comme une autruche, laissant ma mère désolée. J'ai filé par le premier train, désespéré.

J'ai peur du milieu où je rentre, qui me paraissait déjà lugubre quand je n'étais pas sorti de ses frontières, mais qui va me sembler bien autrement sombre, maintenant que j'ai vu les rivières claires, les bois profonds ; que j'ai vu surtout une maison heureuse où entrait à grands flots le soleil, le luxe et le bonheur ; où une créature élégante et fine rôdait autour de moi avec des mines d'amoureuse ; où j'étais celui qu'on regardait avec des yeux pleins de tendresse et pleins d'envie.

Un mot, rien qu'un mot a suffi pour noircir ce fond pur, pour mettre une tache de gale sur l'horizon. Par moments je me trouve si sot !... Je regrette mon acte de courage.

Pendant un arrêt, je suis bien resté cinq minutes, hésitant, prêt à lâcher le train qui me menait sur Paris, pour attendre celui qui me ramènerait au Puy.....

Allons ! Nous sommes arrivés !

Il est trois heures du matin.

J'ai laissé ma malle au bureau des bagages, ne sachant pas si, dans ma maison, après ma longue absence, à cette heure, je retrouverai ma chambre libre, et j'ai marché jusqu'au matin à travers les rues.

Encore un courage que je ne pourrais pas avoir deux nuits de suite : celui de rôder sur le pavé en regardant la lune mourir et le soleil renaître !

Il y a surtout un moment, quand vient l'aube, où le ciel ressemble à une aurore sale ou à une traînée de lait bleuâtre ; où les glaces dans lesquelles on se reconnaît tout à coup, à l'extérieur des magasins de nouveautés et des boutiques de perruquier, reflètent un visage livide sur un horizon dur et triste comme une cour de prison.

Le silence est horrible, et le froid vous prend : on sent la peau se tendre, et les tempes se serrer. Cette aurore aux doigts de roses, dont parlent les poètes, vous met un masque sale sur la figure, et les pieds finissent par avoir autant de crasse que de sang... On se trouve des allures de mendiant et de mutilé.

Je rencontre des gens sans asile qui baissent la tête et qui traînent la jambe ; j'en déniche qui sont étendus, comme des mouches mortes, sur les marches d'escalier blanches comme des pierres de tombe

L'un d'eux m'a parlé ; il était maigre et cassé, quoiqu'il n'eût pas plus de trente ans ; il avait presque la peau bleue, et ses oreilles s'écartaient comme celles des poitrinaires.

— Monsieur, m'a-t-il dit, je suis bachelier. J'ai commencé mon droit. Mes parents sont morts, ils ne m'ont rien laissé. J'ai été maître d'études, mais on m'a renvoyé parce que je crachais le sang. Je n'ai pas de logement et je n'ai pas mangé depuis deux jours.

J'ai éprouvé une impression de terreur, comme une nuit où, dans la campagne, j'avais été accosté, au détour d'un chemin qu'inondait la pleine lune, par une mendiante qui avait une grande coiffe blanche, la tête ronde et blême, l'œil fixe, et qui était recouverte d'une longue robe noire.

Je vis à un mouvement de cette robe, relevée tout d'un coup d'un geste gauche, que c'était un homme habillé en femme! Pourquoi? Était-ce un fou ou un assassin? un échappé d'asile, un évadé de bagne las de la fuite et qui s'arrêtait une minute entre la prison et l'échafaud?

De ses lèvres sortirent ces seuls mots :

— N'ayez pas peur, allez! Ayez pitié de moi.

Devant cet homme de Paris avec ses oreilles décollées, et qui murmurait : « Je suis bachelier, je crache le sang, je meurs de faim, » devant cette apparition, comme devant l'homme habillé en femme, j'ai ressenti de l'épouvante!

Il est bachelier comme moi... et il mendie; et il n'en a pas pour une semaine à vivre... peut-être il va pousser un dernier cri et mourir!

Dans le calme immense de la nuit, au milieu de la rue déserte, c'était si triste !

Je suis parti ; parti sans retourner la tête...

C'est qu'il est mon égal par l'éducation et l'habit ! c'est qu'il en sait autant que moi — plus, peut-être !

Et il marche, le ventre creux, l'œil hagard... Il marche et la mort ne lui fait pas l'aumône, elle ne lui tord pas le cou !...

Son cœur continue à battre, son cerveau las pense encore — et ce cœur et ce cerveau n'ont rien trouvé pour l'aider à ne pas crever comme un chien — non : rien trouvé, que la mendicité, la mendicité en larmes !

J'aurais dû lui parler, lui prêter mon bras, l'aider à se soutenir sur le pavé ! J'ai craint d'attraper sa fièvre, celle des poitrinaires et des mendiants...

Le soir, j'ai conté l'histoire aux camarades.

On n'a point frémi de mon frémissement, on a même blagué ma sensibilité et ma frayeur.

L'un des assistants qui vit avec mille francs de rente et qu'on appelle le Tribun, parce qu'il a parfois des gestes et des souffles d'éloquence, a souri amèrement :

« Que diriez-vous d'un marin qui passerait toute sa vie à plaindre les naufragés et qui aurait l'air de supplier l'océan de ne pas porter l'agonie de tant de victimes ! »


« Votre chambre est encore libre, m'a-t-il été répondu à mon ancien hôtel quand j'y suis rentré le matin. »

Mais des lettres, vieilles de huit jours, m'annoncent que j'ai exaspéré deux leçons, mes deux meilleures, qui me lâchent. Il ne me reste que du fretin. Me voilà frais ! Je suis juste aussi avancé que quand j'ai débuté.

Tout est à recommencer après tant d'hésitations, d'efforts, de douleurs ! Eh ! pourquoi suis-je allé dans ce trou de province ? Est-ce qu'on a le temps de faire du sentiment et de la villégiature quand on est engagé pour vendre à heure fixe du latin et du grec, quand il y a pour cela des périodes sacrées ?

Je rêvais de revoir mon village comme la *Vielleuse* de mélodrame ou le *Petit Savoyard* ! Triple niais !

J'ai recouru après les leçons perdues, j'ai eu le courage d'être lâche et de demander pardon.

Mais les places étaient prises et l'on ne pouvait ou l'on ne voulait flanquer dehors ceux qui m'avaient remplacé.

Si j'attends seulement un mois avant de gagner quelque argent, je ne serai plus en état de me présenter nulle part. Il ne me reste qu'un vêtement propre, redingote, pantalon et gilet noirs, — à peu près noirs encore, quoiqu'ils montrent par endroits la corde.

J'ai de quoi manger et payer un garni ignoble avec mes vingt-six sous et trois centimes par jour, mais mes habits sont mes outils. Il m'en faut de propres et de décents.

Je connais Cicéron, Virgile, Homère, tous les grands auteurs anciens, mais je ne connais pas de petit tail-

...eur moderne pour me raccommoder ou me faire un costume.

Il y a bien longtemps que je n'ose plus passer devant la maison de Caumont à qui je n'ai pas pu payer sa dernière note.

J'avais trouvé une belle leçon dans ce voisinage. Je n'ai pas osé l'accepter, j'aurais rencontré le tailleur et il m'aurait peut-être fait une scène.

## XXVIII

**MONSIEUR, MONSIEUR BONARDEL.**

Que faire ?

Copier des rôles ? Mais pourrai-je ! J'ai une écriture d'enfant, embrouillée et illisible. On disait dans les classes de lettres : « Il n'y a que les imbéciles qui *peignent* bien » ; on promettait le prix de calligraphie au plus bête. Et moi, faisant chorus avec mon professeur, ce niais ! avec mon père, cet aveugle ! j'étais presque fier d'écrire si mal. On trouvait cela original et coquet de la part d'un fort.

Si, au lieu de faire des discours latins, j'avais fait des *bâtons*, — si, au lieu d'étudier Cicéron, j'avais étudié Favarget ! — je pourrais aujourd'hui copier des rôles le jour, et être libre le soir, ou bien les copier la nuit et bûcher le jour à mon choix ! il eût suffi de cela pour que je fusse libre.

J'ai cherché tout de même les demandes de copistes derrière les grillages du Palais de Justice, dans les colonnes des *Petites affiches*, sur les plaques des pissotières, et je me suis rendu aux adresses indiquées.

On m'a ri au nez quand j'ai montré mes échantillons ; on m'a mis en face de gens à tête de sous-officier ou de notaire qui écrivaient comme des graveurs — c'était *moulé !*

J'en ai été quitte pour ma courte honte ; je ne puis pas gagner mon pain de cette façon.

« Ce serait bien difficile, allez, même si vous aviez une belle main ! On ne vit pas de cela ; vous vous useriez les yeux sans encore récolter de quoi manger, » m'a dit un de ces calligraphes.

Il faut avoir des maisons attitrées. — cela ne s'acquiert qu'avec le temps et de grandes protections !...

Il a l'air de m'assurer que c'est aussi difficile que d'être nommé préfet ou consul.

Peut-être bien ! et ce n'est pas plus sûr !

Mon écriture me tue. Toutes mes tentatives pour entrer n'importe où saignent et meurent sous le bec de ma plume maladroite.

Si je pouvais être caissier, teneur de livres ?

Je m'y mettrai !

Je crois qu'avec ma volonté de fils de paysanne, j'arriverais à faire entrer de force dans ma caboche les notions sèches qu'il faut au pays de la pierre et du fer, je forgerais mon outil d'employé de manufacture ou d'usine. J'apprendrais les chiffres, je me cramponnerais à l'arithmétique comme Quasimodo à sa cloche, dussé-je en avoir le tympan cassé, le cerveau meurtri, les ailes de mon imagination brisées.

Oh! ce serait terrible, si je devenais un chiffreur, qui ne rêve plus, n'espère plus, chez qui l'idée de révolte ou de poésie est morte! Mais je me figure que qui est bien doué résiste — je résisterai !

Allons ! j'irai trouver les commerçants, et je leur crierai : — Tenez voilà trois ans de ma jeunesse. Je *débiterai, j'aunerai, j'appellerai à la caisse*, je ferai les paquets ou je vendrai du fil !...

Est-ce qu'au moins, dans trois ans, j'aurai conquis un poste qui me laissera de la liberté ?... des heures pour causer avec moi-même et pour préparer la défense ou la rébellion des autres ?

Un camarade né dans la Laine, à qui j'en ai parlé, hoche la tête, et me dit :

« Dans trois ans, tu seras esclave, comme au premier jour! maladroit, autant que tu l'es aujourd'hui ! Mettons que tu t'y fasses, que tu ne sois pas renvoyé de maison en maison — ce qui est la destinée des commençants — mais quant à être libre! Es-tu fou ? Libre après trois ans !... — Pas après cinq, pas après dix !... Cette vie n'est possible qu'à qui l'aime et n'est bonne que pour qui peut, un jour, avec l'argent du papa ou de la fiancée, acheter un fonds — et ce jour-là, turlupiner les employés, *refaire* le client pour devenir riche au lieu de devenir failli — ou banqueroutier !... As-tu ce goût ? As-tu ces avances ?... As-tu ce courage, cette lâcheté ? Mon pauvre Vingtras, je suis fils de commerçant parvenu, et je sais ce que c'est !... Tu entrerais chez mon père demain, que dans quinze jours, tu le souffletterais et l'insulterais ! — si brave homme qu'il soit, si bon garçon que tu puisses être ! N'y pense plus ! Mieux vaux que tu ailles porter ailleurs tes gifles et ton ambition. »

Je me suis mis à rire. Il m'a fait remarquer que mon rire seul était un obstacle.

« Un tonnerre ! Mauvais vendeur, avec ce rire-là !... Mais tout est contre toi, malheureux ! Tes yeux noirs, ta voix de stentor, ton air d'insurgé, de lutteur !... Il ne faut pas ça pour écouler du ruban ou du drap, pour faire l'article, *glisser le rossignol !* Raye le commerce de tes papiers — à moins que tu ne t'engages, ne te fasses un de ces matins glorieusement trouer pour la patrie, et qu'on te décore ! Tu pourras alors, comme l'homme du *Prophète*, avec une calotte à glands et un habit noir, te tenir à l'entrée des magasins pour ouvrir les portes, pour porter les parapluies des clients, faire enseigne, en étalant, large comme un chou, le ruban de ta boutonnière. »

Il faut que j'en aie le cœur net cependant !

Je vais m'adresser à tous ceux qui ont paru m'aimer un peu, et leur demander des lettres de recommandation pour n'importe qui et n'importe où.

J'ai écrit à tous mes anciens professeurs — non, pas à tous ! je n'avais pas de quoi affranchir, et il ne me restait plus de papier.

J'attends les réponses.

Quatre jours, huit jours, quinze jours ! Rien !

Faut-il écrire de nouveau ? mais les timbres ?...

Un dernier effort, voyons !

Serrons la boucle, mangeons du pain bis — sans rien autre pendant deux jours — et affranchissons deux lettres encore.

J'ai eu de la peine pour les enveloppes ! Il ne m'en restait qu'une de propre — l'autre était vieille. — J'ai dépensé sur elle un sou de mie pour la nettoyer. Elle a mangé le quart de mon déjeuner, la malheureuse.

Enfin, je reçois une lettre du père Civanne.

« J'ai fouillé mes souvenirs, et me suis rappelé que le père d'un de mes anciens élèves, M. Bonardel, est un grand fabricant de Paris...

« Il trouvera peut-être à vous employer pour la correspondance, pour l'anglais. N'avez-vous pas eu un prix d'anglais ?

« Ci-joint la lettre pour M. Bonardel. »

M. Bonardel reste du côté de l'Hippodrome, dans une grande maison qui me fait peur par son silence... C'est sa demeure privée.

Je m'adresse au concierge :

« M. Bonardel y est-il ?

— Non, il n'y est pas. »

Un « *il n'y est pas* » insolent comme un coup de pied.

Il faut faire son deuil du linge blanc étalé exprès, de la toilette organisée à grand'peine, et redescendre vers Paris pour revenir ici demain, si j'en ai le courage.

Ah ! j'aimerais mieux me battre en duel, passer sous le feu d'une compagnie — je marcherais droit, je crois ; tandis que je reviens le lendemain, tout gauche et tremblant de peur !

« M. Bonardel ? »

Même réponse qu'hier.

« J'ai quelque chose de très pressé à lui dire. »

Le concierge m'écoute, il me demande mon nom...

« Monsieur Vingtras.

— Vous dites ? »

Il me fait répéter ; je réponds timidement — il entend Vingtraze — je n'ai pas osé appuyer sur l's, j'ai escamoté l's qui est une lettre dure, pas bonne enfant.

« Avez-vous votre carte ?

— Je l'ai oubliée. »

Ce n'est pas vrai, je n'ai pas de cartes — pourquoi en aurais-je ? — et je n'ai pas pu trouver un carré de carton pour en faire une ce matin...

L'homme ne s'y trompe pas et m'enveloppe d'un regard de mépris, tout en montant le grand escalier qui conduit sans doute au cabinet de M. Bonardel.

Je ne serais pas plus ému si j'attendais la décision d'un tribunal. J'écoute les pas qui sonnent, la porte qui grince, l'écho triste.

Deux voix !... on parle... le concierge redescend..

« M. Bonardel a dit qu'il ne vous connaissait pas. Il faudra lui écrire pourquoi vous voulez le voir. »

Je vais rédiger la lettre chez un de mes amis qui a du papier et des enveloppes ; mais il ne m'offrira plus de faire ma correspondance chez lui.

J'ai usé trois cahiers, six plumes — brouillons sur brouillons, taches sur taches !

Pour la suscription, je m'y suis pris à trois fois. Comment fallait-il mettre ?

*Monsieur*
*Monsieur Bonardel*

ou mettre :

*Monsieur Bonardel*

simplement — sur une seule ligne ?

Que fait-on dans le commerce ?

J'ai mis deux fois *Monsieur* à tout hasard ! Mieux vaut un *Monsieur* de trop qu'un *Monsieur* de moins.

A ma lettre j'ai joint celle de mon vieux professeur.

La réponse m'arrive.

« M. Bonardel vous recevra demain, vendredi,
« à 8 heures du matin. »

Je me suis levé à cinq heures — par prudence — il fait froid. J'ai été forcé d'ôter mes bottines et de tenir mes pieds dans mes mains jusqu'à six heures.

Il pleuvait.

Je n'avais pas d'argent pour prendre une voiture, bien entendu. J'ai dû marcher en sautillant pour éviter les flaques : j'ai sautillé depuis le quartier Latin jusqu'à l'Hippodrome. J'ai un pantalon noir qui traîne dans la boue. Je suis forcé de l'éponger avec mon mouchoir.

Mes bottes aussi sont sales ; je les gratte avec ce que j'ai de papier dans mes poches. Il y a là dedans des lettres auxquelles je tiens, mais je ne puis pas arriver crotté comme ça !

O mes lettres d'amour; de vertu, de jeunesse !

Pour finir, je suis forcé de me rincer les mains dans le ruisseau.

Je sens encore du gravier dans mes gants ; mais je n'ai plus de plaques de boue. C'est terne malheureusement ! les bottes que j'ai essuyées avec mon mouchoir sont ternes aussi : on dirait que je les ai graissées avec du lard.

Pour entrer juste à l'heure fixée sur la lettre, je suis allé dix fois regarder l'œil-de-bœuf d'un marchand de vin qui fait le coin ; j'y suis allé sur la pointe du pied, pour ne plus me crotter. J'avais l'air d'un maître de danse.

Enfin, il est 8 heures moins 5 minutes. Il me faut ces 5 minutes pour arriver.

M'y voici.

M. Bonardel a *donné le mot*.

Le portier me dit dès que j'ai montré mon nez :

« Suivez-moi. »

Il m'emmène par le grand escalier jusqu'à une

porte devant laquelle il me laisse planté. Enfin il revient et me fait signe d'entrer.

J'entre.

M. Bonardel m'indique un siège.

J'attends.

Rien !

Il regarde des papiers — et a l'air de ne plus s'occuper de moi. Je puis faire des cocottes, si je veux !

Je tousse un peu — ça lui est égal ; je peux tousser, je puis faire *hum*, en mettant ma main gantée de noir devant ma bouche ; il écrit toujours !

C'est terrible, ce silence !...

Si je brisais quelque chose ?...

Je laisse tomber mon chapeau ; il se met à rouler jusqu'au bout de la chambre, en faisant un grand rond avant de s'arrêter, comme une toupie qui va mourir...

Il s'en paie, mon chapeau !...

Je cours après ; cela prend un bon moment. Je le ramasse ; j'ai le temps de le ramasser, de revenir sur ma chaise. M. Bonardel me laisse libre, tranquille. Je ne le gêne pas.

. . . . . . . . . . . . . . . . .

Ah ! tant pis, je casse la glace !

— Monsieur, MONSIEUR *BONARDEL !*

Je me suis décidé à parler, mais d'avoir mis deux fois *Monsieur* sur la lettre l'autre jour, ça m'est resté dans l'esprit, et j'ai dit *Monsieur, Monsieur Bonardel*, comme si je lisais mon enveloppe.

Il ne bouge pas. Il croit que je lui écris une lettre, il attend sans doute que je la lui remette.

Je recommence, en précisant :

« Monsieur Bonardel, rue du Colysée, 28..... »

J'espère qu'il n'y a pas à s'y tromper et que je prends bien mes précautions !

C'est toujours le souvenir de l'enveloppe !

M. Bonardel a-t-il été frappé de mon insistance à mettre les points sur les *i* ? Reconnaît-il là des habitudes de commerce vraiment sérieuses et toujours utiles ? — Probablement, car, se tournant de mon côté :

« Monsieur Vingtras..., fait-il avec un geste de lapin de plâtre.

— 13, rue Saint-Jacques ! »

M. Bonardel s'incline.

Nous sommes bien les deux hommes en question. Pas de surprise !

Et maintenant, qu'est-ce que je veux ? L'œil de M. Bonardel, rue du Colysée, 28, demande à M. Vingtras, 13, rue Saint-Jacques, de quoi il s'agit.

Ce n'est pas sans doute pour faire rouler mon chapeau et lui lire des enveloppes que je suis venu.

Il faut s'expliquer.

« Monsieur, je suis jeune... »

J'ai dit cela très haut, comme si je faisais un aveu qui me coûtât; comme si, d'autre part, j'en avais pris mon parti carrément.

« Je suis jeune... »

M. Bonardel a l'air de n'en être ni triste ni heureux. Ça ne lui fait rien à M. Bonardel !

Je laisse mon âge de côté et je reprends d'une traite :

« Monsieur, j'ai compté, que sur la recommandation de M. Civanne, mon ancien professeur, vous voudriez bien vous intéresser à moi et m'aider à obtenir une situation, qu'il m'est difficile de trouver sans connaissance et sans appui. »

M. Bonardel me fait signe de m'arrêter — et d'une voix lente :

« Que savez-vous faire ? »

CE-QUE-JE-SAIS-FAIRE ?

Il me demande cela sans me prévenir, à brûle-pourpoint !...

CE-QUE-JE-SAIS-FAIRE ? ?

Mais je ne suis pas préparé ! je n'ai pas eu le temps d'y réfléchir !

CE-QUE-JE-SAIS-FAIRE ? ? ?

— Je suis bachelier.

M. Bonardel répète sa question plus haut ; il croit sans doute que je suis sourd.

« Que-sa-vez-vous-fai-re ? »

Je tortille mon chapeau, je cherche...

M. Bonardel attend un moment, me donne deux minutes.

Les deux minutes passées, il étend la main vers un cordon de sonnette et le tire.

« Reconduisez monsieur. »

Il remet le nez dans ses papiers. J'emboîte le pas du domestique et je sors, la tête perdue.

## CE-QUE-JE-SAIS-FAIRE ????

J'ai encore cherché toute la nuit, je n'ai rien trouvé.

. . . . . . . . . . . . . . . . . . .

J'ai lié connaissance avec un fils d'usinier, brave garçon que je mets franchement au courant de ma situation d'argent, d'esprit et d'ambition ; je lui fais part de mes déconvenues et de mes maladresses.

Il me répond en bon enfant :

« J'ai mon oncle qui est fabricant aussi, mais qui ne vous recevra pas comme M. Bonardel. Je lui parlerai de vous : allez le voir mardi, et bonne chance ! »

Mardi est arrivé.

Je m'ouvre à l'homme, il m'écoute avec bienveillance.

Quand j'ai fini :

« Eh bien ! je ne veux pas qu'il soit dit qu'un garçon de courage, qui demande à s'occuper, ne trouvera pas de travail chez moi. Vous entrerez à l'usine pour faire la correspondance. Vous savez tourner une lettre, comprendre ce qu'il y a dans les lettres des autres ? »

Je réponds : « Oui. »

Je dois savoir faire une lettre, puisque j'ai été dix ans au collège !

"Vous viendrez après-demain. »

J'arrive au jour dit.

On me regarde beaucoup.

Les blouses bleues, les bourgerons, les tricots, les cottes, les chemises de couleur, les ouvriers et les hommes de peine toisent ma redingote noire avec un air de pitié.

Ma redingote est propre, cependant : elle est boutonnée ; c'est pour cacher le gilet qui est fripé, mais il n'y a ni taches, ni trous, et mon col retombe bien blanc sur ma cravate de satin noir. Mes souliers brillent.

Vais-je briller aussi ?

« Par ici, monsieur Vingtras... »

M. Maillart me conduit à travers une longue galerie encombrée de débris de fer rouillé, jusqu'à un cabinet vitré où il y a une chaise haute, un pupitre très haut aussi, du papier bleu, des plumes d'oie et le courrier du matin.

— Voilà votre bureau.

Je fais une mine de satisfait ; j'esquisse un sourire de reconnaissance.

« Maintenant, ajoute M. Maillart, vous allez dépouiller cette correspondance ; je reviendrai dans une heure et vous me montrerez votre *classement*, vos *pointages*... J'ai dit à celui qui faisait la besogne avant vous, de n'arriver que vers midi, pour voir comment vous vous en tirerez par vous-même. »

Je frémis à l'idée de me trouver seul dans ce bureau vitré.

M. Maillart reprend en décachetant une lettre dans le tas et en me la montrant :

« Vous pourrez déjà faire une formule de circulaire à propos de cet *article*. Vous répondrez que la maison regrette beaucoup de ne pouvoir satisfaire à ces demandes... vous répondrez cela en termes qui ne fâchent pas les clients. »

Il sort.

Classer, pointer...?

Je place ensemble les lettres qui ont trait au même *article*; malheureusement, il est question d'un tas de choses, i ly a beaucoup d'articles !

Je n'ai plus de place sur le pupitre, je suis forcé de me lever et d'en mettre sur ma chaise.

Je ne sais plus où écrire ma circulaire — celle qui doit être polie et ne pas fâcher le client.

Je commence :

« *Monsieur*, »

« *C'est avec un profond regret que je me vois obligé* (TRISTE MINISTERIUM)...

J'efface « *triste ministerium*, » et je reprends :

« *Avec un profond regret que je me vois obligé de vous dire que votre demande est de celles que je ne puis*... ALBO NOTARE CAPILLO, *marquer d'un caillou blanc.* »

Faut-il garder *albo notare capillo* ? M. Maillart verrait que je ne mens pas, que j'ai vraiment reçu de l'éducation, que je n'ai pas oublié mes auteurs.

Non, c'est mauvais dans le commerce. Effaçons !

Un pâté !... Je l'éponge avec un doigt que j'essuie à mes cheveux.

Mais j'ai encore fait tomber de l'encre par ici ! Je me sers de mal angue, cette fois.

Continuons :

« *De celles auxquelles je ne puis faire droit, qu'à des conditions, qu'il serait impossible que vous acceptassiez, et que, pour cette raison, il serait inutile que je vous proposasse.* »

Que de QUE !

J'ai chaud ! J'écris debout, en tirant la langue, au milieu des lettres que j'ai peur de brouiller et que ma respiration soulève. Je m'arrange pour mettre mon nez dans ma poitrine, afin que les papiers ne s'envolent pas.

« *Que je vous proposasse...*

Ah ! comme je préférerais que ce fût en latin ! — Si je faisais d'abord ma lettre en latin ? Je *pense* bien mieux en latin. Je traduirai après.

C'était le moyen. Mais M. Maillart arrive !

Deux faits le frappent au premier abord, les lettres rangées en *réussite*, puis la couleur de ma langue, qui pend au coin de ma lèvre.

« Est-ce que vous êtes sujet à l'apoplexie ? me dit-il ?

— Non, monsieur.

— C'est que vous avez la langue toute bleue !.... Il

faudrait vous couper l'oreille tout de suite, si ça vous prenait...

— Oui, monsieur.

— Pourquoi avez-vous éparpillé la correspondance comme ça ?

— Pour la *classer, pointer*...

— Celle qui est sous vous doit être brûlante... »

Il ne me laisse pas le temps de combattre l'idée que j'ai pu déshonorer le courrier en m'asseyant dessus, et avant que j'aie fini de ranger, il me demande la lettre qu'il m'a prié de rédiger.

« Lisez. »

Il me laisse barboter, et quand j'ai lu mes trois lignes :

« Monsieur Vingtras, me dit-il, vous n'avez pas le style du commerce. J'aperçois du latin sur votre chiffon. Que diable vient faire ce latin dans une lettre d'usine !... Ne soyez pas désespéré de mes observations. Dans quelque temps vous en remontrerez peut-être à votre maître. Dès que vous serez, si peu que ce soit, en mesure de faire la besogne, je vous donnerai 100 francs par mois. En attendant, remettez les lettres comme elles étaient... pour que M. Troupat s'y retrouve... Bien... Maintenant, allez fumer un cigare dans la cour, et laver votre langue à la fontaine. »

Est-ce un ordre, une plaisanterie, un conseil?.. Mieux vaut ne pas s'exposer à un reproche.

Je vais laver ma langue à la fontaine.

Quand j'ai fini, je me promène. Je tâche de me donner une contenance.

A travers les vitres cassées de l'usine, les ouvriers me dévisagent.

A un moment, je suis croisé par un gros homme, sans barbe, l'air grave, la peau molle. Il me lance un coup d'œil froid, chagrin, insultant.

C'est M. Troupat.

M. Maillart me fait signe de rentrer.

La présentation a lieu, et il est entendu que je serai un mois à l'école de ce gros homme à la peau molle.

M. Troupat fait-il à contre-cœur son métier d'instructeur, ou bien est-ce ainsi dans les usines? Je l'ignore, mais chaque matin, en me levant, je tremble à l'idée de me trouver à côté de lui, tant il a l'air *prêtre* et glacial! tant j'ai la tête dure!

N'importe, je resterai! jusqu'à ce que j'aie pris le pli et que je sache rédiger selon la formule: « *En réponse à votre honorée du courant. — Veuillez faire bon accueil!*

« *Veuillez faire bon accueil!* »

La première fois que M. Troupat a dit cela, j'ai cru qu'il se déridait et commençait une romance.

« *Veuillez faire bon accueil à la lettre de change!* » a-t-il repris d'une voix de chantre!

Je suis un sot.

Au bout du mois, M. Maillart me fait appeler.

« Monsieur Vingtras. je ne puis décidément pas

vous garder! Ce serait vous voler votre temps — ce qui n'est pas honnête et ne m'avancerait à rien

C'est moi qui suis coupable d'avoir pu croire qu'un garçon lettré et d'imagination pouvait se rompre à la méthode et à l'argot commercial. Jamais vous n'aurez ce qu'il faut. Vous avez autre chose, mais ce serait folie de rester ici. Ne pensez plus au commerce, croyez-moi, et cherchez une voie plus en rapport avec votre intelligence et votre éducation. »

M. Troupat m'a tendu mon chapeau sans parler.

J'ai traversé la cour entre les deux rangées d'établis logés contre les vitres sur la longueur des ateliers.

Un apprenti qui avait entendu la scène avait porté la nouvelle de ma déconfiture.

C'était triste de passer sous le feu de cette pitié!

Mon intelligence — mon éducation!

Comment devient-on bête? Comment oublie-t-on ce qu'on a appris? Que quelqu'un me le dise bien vite! Criez-le-moi, vous qui n'avez pas fait vos classes et qui gagnez le pain quotidien!

## XXIX

#### SOUS L'ODÉON

Je n'ai pas vu un seul de mes anciens camarades depuis que je cours après les places de commerce. Ils ne pourraient m'aider à rien.

Puis ils me blagueraient !

« Vingtras qui se fait *calicot !* »

J'ai couru après Legrand.

« Notre vie isolée est bien triste. Veux-tu que nous restions ensemble ? »

Il a sauté sur l'idée.

C'est entendu, nous n'aurons qu'un toit, nous n'aurons qu'un feu et qu'une chandelle. Ce sera moins cher, puis on se serrera contre la famine. Et nous avons loué rue de l'École de Médecine une chambre meublée à deux lits.

C'est sombre, c'est triste, ça donne sur un mur plein de lézardes, noir de suie, vieux, pourri. C'est au-dessus d'une cour où un loup se suiciderait.

Nous vivons comme des héros, nous menons une

existence de puritains ; nous ne sommes pas allés au café trois fois en six mois, mais nous n'avons pas non plus fait un pas, placé une ligne, pas gagné dix sous à nous deux ! Nous avons lu quelques livres loués dans un cabinet de lecture à trois francs par mois. On ne nous a pas demandé de *dépôt*, parce qu'on nous a vus depuis une éternité dans le quartier.

« Je vous connais bien *de dessous l'Odéon*, » a dit mademoiselle Boudin, qui tient le cabinet de la rue Casimir-Delavigne.

On peut nous connaître ! L'Odéon, c'est notre club et notre asile ! on a l'air d'hommes de lettres à bouquiner par là, et on est en même temps à l'abri de la pluie. Nous y venons quand nous sommes las du silence ou de l'odeur de notre taudis !

Je me suis bien promené dans ces couloirs de pierre la valeur de quatre années pleines ; j'ai certainement fait, si l'on compte les pas, en allant et en revenant, au moins trois fois le tour du monde. On peut additionner, du reste.

Tous les matins, après déjeuner, une promenade ; tous les soirs, après l'heure du dîner, une autre, terrible, interminable !

Nous étions à peu près les seuls qui tenions si longtemps ; nous, et quelques personnages singuliers dont le plus important avait un habit noir, un lorgnon, des souliers percés et pas de bas. On l'appelait Quérard, je crois, il était légitimiste, sa femme était blanchisseuse.

Ce légitimiste avait un petit groupe de bas percés

comme lui — légitimistes aussi — qui venaient le trouver là, et qui faisaient les *incroyables*, et parlaient du Roy en pirouettant sur leurs bottes sans semelles — sur leur talon rouge de froid, l'hiver — noir l'été.

Cette idée d'être royalistes avec si peu de souliers et en habit boutonné par des ficelles, nous inspirait presque le respect; mais leurs allures étaient souvent impertinentes. Ils avaient l'air de dire « Ces manants! » en nous toisant. Les opinions, en tous cas, étaient bien tranchées.

L'Odéon appartenait à deux partis extrêmes: les henriquinquistes, commandés par l'homme au lorgnon, dont la femme était blanchisseuse, — les républicains avancés dont je paraissais être le chef, à cause de ma grande barbe et de mes airs d'apôtre, — j'allais toujours tête nue.

Je suis tête nue; il y a une raison pour cela.

J'ai depuis un temps infini un chapeau trop large cédé par un ami.

Avant, j'en avais un trop petit. J'étais obligé de le tenir à la main, derrière mon dos.

Cette pose me fait mal juger par les esprits étroits, par des gens qui ont des couvre-chefs faits sur mesure. On m'appelle poseur! Je veux me donner l'air d'un penseur, montrer mon front, parce qu'il est large! — « C'est un vaniteux! »

Vaniteux? — j'aimerais bien à mettre mon chapeau sur ma tête, moi aussi!

Nous avons notre droit de *feuilletage* acquis, chez les libraires qui ne voient que nous.

On nous laisse glisser un œil de côté dans les livres nouveaux. Nous pouvons juger — en louchant — toute la littérature contemporaine. Il faut loucher pour couler le regard entre les pages non coupées.

Je dis que nous connaissons toute la littérature contemporaine; nous ne connaissons que celle *coupée;* nous n'en connaissons que la moitié à peu près. Il y en a bien la moitié qui n'est pas coupée.

Moi, j'ai beaucoup de peine — plus qu'un autre, à me tenir au courant des nouveautés, à cause de mon chapeau.

Je le mettais à terre d'abord, mais on croyait que j'allais chanter, on attendait que j'allumasse une chandelle, et l'on se retirait désappointé en voyant que je ne chantais pas — j'avais l'air de promettre et de ne pas tenir,

J'ai dû renoncer à mettre mon chapeau à terre.

Je ne puis, on le voit, suivre les progrès de l'esprit nouveau comme ceux qui peuvent lire des deux mains, — aussi, s'il venait à quelqu'un l'idée de m'accuser d'ignorance, qu'il réfléchisse d'abord avant de me condamner! J'aurais appris, moi aussi, et je saurais plus que je ne sais, si j'avais pu mettre mon chapeau sur ma tête pendant que je lisais, si je n'avais pas eu les mains liées!...

Avoir les mains liées!... Cela paralyse un homme dans la politique, les affaires ou sous l'Odéon!

Il y a un moment même où j'ai été incapable de rien apprendre, mais rien ! Mon éducation moderne arrêtée net ! — les bords de mon chapeau avaient fait leur temps... ils se coupaient près du tuyau, et c'eût été folie de continuer à le porter par là. Autant enlever un bol par les anses recollées avec de la salive.

Les bords pouvaient ne pas se détacher en n'y touchant pas, mais il fallait tenir alors le chapeau comme on tient un bas qu'on raccommode, le poing dedans, ou bien le fond sur la main — ce qui réduisait un membre à l'impuissance !

Nous sommes surtout dans les bonnes grâces de madame Gaux, la libraire à cheveux gris, dont la boutique est en face du Café de Bruxelles.

« Vous devez avoir les pieds pelés, nous dit-elle quelquefois.

— Non.

— Gelés, alors !

— Oui.

— Mettez-les sur ma chaufferette. »

Elle remue la braise avec sa clef, et nous nous chauffons à tour de rôle.

Brave mère Gaux !

Je ne sais pas si elle a fait fortune...

Elle est un peu bavarde — un peu commère et médisante, mais elle a bon cœur.

Elle a bon cœur ! Je me souviens qu'un jour elle nous dit :

« J'ai inventé un café au lait — il n'y a que moi qui

le sache faire, mais je ne veux pas qu'il n'y ait que moi qui le boive — et elle nous en versa deux bols qui attendaient sous les journaux.

Elle avait dû voir que nous étions verts de faim ! Nous vivions de croûtes depuis deux jours, et elle avait trouvé cette façon délicate de venir à notre secours !

Lui refuser eût été lui faire de la peine.

Il fallut prendre le bol et le vider, pour prouver que je le trouvais bon — et aussi parce c'était chaud et que j'étais gelé, parce que c'était tonique et que j'étais faible, parce que c'était nourrissant et que j'avais faim...

Nous avons pu payer heureusement sa jatte et ses bontés, quand Legrand a reçu de l'argent de sa mère, quand mon mois est arrivé...

Nous lui achetâmes des bouquets qui embaumèrent son étalage pendant toute une semaine.

Le bouquet était séché depuis longtemps et son parfum envolé que je me souvenais encore de ce bol chaud qu'elle nous avait offert un matin d'hiver...


Pas un incident ! La rôderie monotone, la vie vide, mais vide !

J'ai eu une émotion pourtant, un matin.

Quelqu'un me frappe sur l'épaule.

« Vous ne me reconnaissez pas ? »

J'ai vu cette tête bien sûr, mais je ne puis pas mettre un nom sur la face luisante de graisse et de fatuité.

« Cherchez... Un de vos professeurs...

— A Saint-Étienne?... à Nantes?

— A Saint-Étienne. »

J'y suis — je crois que j'y suis !...

Le monsieur a l'air enchanté d'avoir rafraîchi ma mémoire, fixé mes souvenirs.

« Vous me remettez, maintenant?... »

Oui, je le remets, mais j'ai à peine la force de répondre, j'ai dû devenir blanc comme du plâtre, et je me sens flageoler sur mes jambes.

L'homme que j'ai en face de moi, dont la main vient de toucher ma manche, est un de mes anciens professeurs qui me souffleta un matin — un mardi matin : je n'ai pas oublié le jour, je n'ai pas oublié l'heure; je me rappelle le moment, ce qu'il faisait de soleil et ce qu'il me vint de douleur dans le cœur et de larmes dans les yeux !

« Vous êtes le fils de mon ancien collègue, M. Vingtras?...

— Parfaitement. Vous m'avez reconnu — je vous reconnais aussi.— Vous vous appelez Turfin, et vous fûtes mon bourreau au collège... »

Ma voix siffle, ma main tremble.

« Vous abusâtes de votre titre, vous abusâtes de votre force, vous abusâtes de ma faiblesse et de ma pauvreté... Vous étiez le maître, j'étais l'élève... Mon père était professeur. — Si je vous avais donné un coup de couteau, comme j'en eus souvent l'envie, on m'aurait mis en prison. Je m'en serais moqué, mais on aurait destitué mon père... Aujourd'hui je suis libre et je vous tiens!... »

Je lui ai pris le poignet.

« Je vous tiens, et je vais vous garder le temps de vous dire que vous êtes un lâche; le temps de vous gifler et de vous botter si vous n'êtes pas lâche jusqu'au bout, si vous ne m'écoutez pas vous insulter comme j'ai envie et besoin de le faire, puisque vous m'êtes tombé sous la coupe... »

Il essaie de se dégager. — Oh! non. — Je tords le poignet! — Élève Turfin, ne bougeons pas!...

Il fait un effort.

« Ah! prenez garde, ou je vous calotte tout de suite! Vil pleutre! qui avez l'audace de venir me tendre la main parce que je suis grand, bien taillé... parce que je suis un homme... — Quand j'étais enfant, vous m'avez battu comme vous battiez tous les pauvres.

Je ne suis pas le seul que vous ayez fait souffrir — je me rappelle le petit estropié, et le fils de la femme entretenue. Vous faisiez rire de l'infirmité de l'estropié — vous faisiez venir le rouge sur la face de l'autre, parlant en pleine classe du métier de sa mère... Misérable!.. »

Turfin se débat; le monde s'attroupe.

« Qu'y a-t-il?

— Ce qu'il y a? »

Il passe à ce moment — ô chance! — un troupeau de collégiens, je leur amène Turfin.

« Ce qu'il y a, le voici !... Il y a que ce monsieur est un de ces cuistres qui, au collège, accablent l'enfant faible.

Il y a que quand on retrouve dans la vie un de ces bonshommes, il faut lui faire payer les injustices et les cruautés de jadis. — Qu'en dites-vous ?

— Oui ! oui !

— A genoux ! le bonnet d'âne ! crient quelques gamins. »

Il essaie de s'expliquer, il balbutie. Il veut sortir du cercle. Le cercle l'emprisonne et le bourre.

« A genoux ! le bonnet d'âne !.. »

On a déjà plié un journal en bonnet d'âne, et l'on se jette sur lui. La pitié me prend, — je mens, ce n'est pas la pitié, c'est l'ennui du bruit, la peur du scandale. La scène a pris des proportions trop fortes. On va l'assommer, — j'en aurais la responsabilité... J'écarte la foule comme je peux, et lâchant Turfin :

— C'est assez... Je vous fais grâce... allez-vous-en... Que je ne vous retrouve plus sur ma route, à moins que vous vouliez vous battre avec moi...

Je lui griffonne mon nom et mon adresse sur un bout de papier et je lui fouette le visage avec ! puis je demande qu'on le laisse partir.

Il s'est enfui, poursuivi par les huées.

« Tu as été dur, me dit un camarade sortant du groupe.

— J'ai été poltron. J'aurais dû lui cracher dix fois

à la face. J'aurais dû le faire pleurer comme il me fit pleurer quand j'étais écolier. »

J'ai été chercher deux amis bien vite — qui ont monté la garde deux jours dans le cas où Turfin enverrait ses témoins.

Oh ! je donnerais ce que j'ai—mon pain de huit jours — pour me trouver en face de lui avec une arme à la main, et j'aurais accepté d'être blessé, à condition de le blesser aussi.

Je me rappelle ce mardi où il me souffleta — j'avais 13 ans... Depuis ce jour-là, la place où toucha le soufflet blanchit chaque fois que j'y pense !...

Encore des heures, des heures, et des heures de marche !

Toujours la loucherie dans les livres non coupés...

Nous voyons passer les artistes, les jours de premières — les auteurs eux-mêmes, quelquefois.

Le père Constant, le concierge du théâtre, veut bien nous faire un petit salut quand il nous voit.

Cela nous servira peut-être un jour pour faire recevoir une pièce. Si elle *marche* comme nous avons marché, nous rentrerons dans nos frais de souliers.

## XXX

### LE DUEL

Des pièces ? — Allons donc !

Nous nous étions dit, Legrand et moi, que nous en ferions une ensemble.

Au bout de huit jours, d'un commun accord, on a tout lâché.

Nous ne vivons que sur ce que nous avons lu, chacun de notre côté; or nos deux éducations jurent et ont envie de se battre. On m'a peu parlé de Bon Dieu à moi. — Lui, il a été élevé par une mère catholique et il a de l'eau bénite dans le sang.

Il a trouvé un mot pour caractériser les tendances de ce qu'il appelle nos âmes :

« Je crois à *Celui d'en haut*, tu crois à *ceux d'en bas.* »

C'est vrai, et nos deux croyances s'abordent et se menacent à tout instant.

C'est devenu terrible ! Dans cette chambre à deux lits éclatent de véritables tempêtes.

C'est trop petit pour nous trois, Legrand, Vingtras et la Misère. — La gueuse ! Elle nous fait nous heurter et nous blesser à chaque minute, devant les grabats, les chenets, la table boiteuse.

Nous en sommes arrivés presque à la haine. Elle n'est pas encore sur les lèvres, elle est déjà dans les yeux. — Nous nous insultons du regard pour une porte ouverte, une fenêtre fermée, une chandelle trop tard éteinte : essayant en vain de nous cacher l'un à l'autre ou de nous cacher à nous-mêmes le dégoût et la fureur que nous avons de cette promiscuité.

C'est comme un mariage de bagne, entre forçats jaloux !

Il nous est défendu d'avoir une maîtresse, et nous sommes condamnés à la chasteté.

Si une femme entrait, l'autre devrait partir... Il fait froid dehors; puis cela viendrait peut-être juste au moment où l'on était bien en train : jamais l'inspiration n'avait été meilleure. — Quel supplice !

Notre envie de travail même est dévorée par cette lutte sourde.

Il y a des moments où, bâtis comme nous sommes, nous nous tirerions dessus si nous avions un pistolet sous la main.

On a trouvé le pistolet !

Un homme est là roulant à terre dans une mare rouge. C'est moi qui ai fait le coup.

Un soir, Legrand m'a souffleté — pour je ne sais

quoi ! je ne le lui ai jamais demandé ; je ne le lui demanderai jamais !

C'est à propos d'une femme, peut-être.

Qu'importe le prétexte !

C'est la goutte de lait qui a fait déborder le vase : je devrais dire la larme amère qui est restée au bout de nos cils pendant nos années de tête-à-tête.

Si nous avons eu cette querelle, si demain nous la poursuivons les armes à la main, c'est que nous avons l'un contre l'autre toute l'amertume du bagne, où nous tirions la même chaîne.

Chacun était vertueux à sa façon et ambitieux à sa manière — et ces manières, et ces façons saignaient à chaque geste fait par nous dans l'ombre affreuse de notre vie !

— Il faut, dans une association, qu'il y ait une femelle et un mâle, m'a dit un des témoins, avec qui nous devisions de l'aventure. Il n'y avait pas de femelle. Si ! il y en avait une : la Famine ; et vous allez vous tuer par horreur d'elle, comme des mâles se tuent par amour d'une fauve.

C'est vrai ! et voilà pourquoi j'ai demandé des excuses pour la forme, et pourquoi Legrand n'en a pas fait. Notre appartement était trop petit pour nos deux volontés, l'une bretonne, l'autre auvergnate..., surtout parce qu'elles ne s'évaporaient point dans des scènes comme en font les faibles... Elles se sont tues ou à peu près, mais se sont tout de même menacées dans ce silence ; aujourd'hui elles vont parler par la bouche des pistolets ou la langue pointue des épées.

Mais une piqûre ne serait point assez. L'épée ne suffit pas ; elle ne ferait qu'égratigner le grand miroir sombre qui, sous le geste de Legrand, m'a semblé sortir de terre et se dresser devant moi — pour que j'y voie se refléter l'image de notre jeunesse drapée de noir !

Il faut tirer là-dessus, tirer à balles, tirer jusqu'à ce que l'on entende du fracas.

« Vous direz aux témoins de M. Legrand, que nous nous battrons, s'il le veut, jusqu'à ce que l'un des deux tombe.

— Vous direz à M. Vingtras que j'accepte. »

Il est samedi, huit heures du soir. Nous avons le temps de tout régler pour demain.

Régler les conditions, oui ! Mais trouver les armes, non. Nous n'avons pas le sou.

Il faut de l'argent pour louer des pistolets et aller se battre dans la campagne.

Ce ne sera que pour lundi. On pourra mettre au clou, lundi ; mais on n'engage pas, le dimanche.

Collinet, notre condisciple de Nantes, l'étudiant en médecine qui doit assister en cette qualité à la rencontre, possède une chaîne et une montre d'or. On lui prêtera bien 80 francs là-dessus. Avec ce que j'ai, ce sera assez pour notre part.

Legrand a besoin aussi de vingt-quatre heures pour trouver ce qu'il lui faut.

A quelle heure ouvrent les clous ?

« A neuf heures.

— Rendez-vous à dix au café des Variétés, pour être près de Caron, l'armurier chez qui on louera les armes.

— Entendu. »

La journée du dimanche a été inondée de soleil. Je me rappelle qu'il dorait l'absinthe sur les tables du café en plein air, où nous étions assis ; parfois un peu de vent faisait scintiller et frémir comme de la moire verte le feuillage des arbres qui étaient sur le boulevard Montparnasse, devant le cabaret de la mère Boche ; il faisait bon vivre.

Une jeune fille, qui n'a pas encore ôté son corset devant moi, vient s'asseoir à mes côtés et m'embrasse à pleine bouche.

« On dit que tu te bats. Si tu meurs, tu auras toujours eu ce baiser ; et si tu veux, je couche avec toi cette nuit. »

Elle a une fleur sur l'oreille. Elle la détache et me la donne.

« Tiens, si tu es tué, on t'enterrera avec. »

Et de rire !

Elle ne croit pas, personne ne croit, par ce temps tiède, dans le cabaret joyeux, sous ce ciel ouaté de blanc, à la cruauté d'un duel sans pitié. Et cela m'irrite et m'exaspère ! Ils pensent donc que je suis de ceux qui envoient des témoins pour rire. Ils ne devinent donc pas ce que je vaux et ce que je veux ; ils ne sentent donc pas l'homme qui poursuit son but aveuglément, et qui pour l'atteindre est plus heureux que mécontent d'être le héros d'une sanglante tragédie !

Ils ont parlé de me conduire au tir. Pourquoi ? Qu'ai-je besoin de savoir si je suis adroit ou non ? Je m'en soucie comme de rien. Je ne me demande même pas si je serai le blesseur ou le blessé, si je serai tué ou si je tuerai.

J'ai écrit dans ma tête depuis longtemps, comme avec la pointe d'un clou, que je devais être brave, plus brave que la foule, que cette bravoure serait ma revanche de déshérité, mon arme de solitaire.

J'ai averti mes témoins qu'on ne tirerait pas au commandement, mais qu'on marcherait l'un sur l'autre en faisant feu à volonté.

De cette façon, même atteint, je pourrai arriver assez près de Legrand pour le descendre.

Les insistances ont triomphé de mon refus d'entrer au tir.

Legrand et les siens en sortaient ; on s'est salué comme des étrangers.

Un mannequin de tôle dont l'habit de métal est moucheté de taches blanches se tient debout contre le mur.

Je compte les taches sur l'habit.

— Onze ?

—Oui, répond celui qui charge les pistolets. M. Legrand tire bien. Il n'a perdu qu'un coup.

On débarbouille l'homme de tôle et l'on me passe l'arme. j'épuise ma douzaine de balles.

Une seule a porté.

Mes cornacs ont l'air consterné, font presque la moue. Ils voudraient que leur *sujet* fût plus adroit.

Nous nous sommes quittés à dix heures du soir.

« Couchez-vous de bonne heure, m'a dit quelqu'un qui prétend s'y connaître. Vous aurez comme cela le sang plus calme, la main plus sûre. »

Je me suis couché et j'ai dormi comme une brute.

Je me suis réveillé pourtant de grand matin et j'ai songé un tantinet à la chance que je courais d'être estropié ou de mourir après une longue agonie. Eh bien! voilà tout. Si je meurs, on dira que j'avais du cœur ; si je suis estropié, les femmes sauront pourquoi et m'aimeront tout de même. D'ailleurs, ce n'est pas tout ça ! J'ai besoin de déblayer le terrain, de me faire de la place pour avancer ; j'ai besoin de donner d'un coup ma mesure, et de m'assurer pour dix ans le respect des lâches.

On voit le Luxembourg de ma fenêtre. Ma foi, en jetant un dernier regard sur ce grand jardin bête ; en voyant s'y glisser les maniaques en cheveux blancs qui viennent tous les matins à la fraîcheur traîner là leurs chaussons mous, et salir du bout de leurs cannes la rosée dans l'herbe ; ma foi ! je viens de me dire qu'au lieu d'être les victimes de la verdure mélancolique, nous allons, Legrand et moi, être pendant un moment les maîtres de tout un coin de nature ; nous allons faire un bruit de tonnerre dans une vallée silencieuse ; nous allons fouetter avec du plomb l'air lourd qui pesait sur nos têtes.

C'est mon premier matin d'orgueil dans ma vie, toujours jusqu'ici humiliée et souffrante: Est-ce la peine de la mener longtemps ainsi, — pour aboutir à l'imbécillité des maniaques à cheveux blancs ?... Plutôt disparaître tout de suite dans une mort crâne.

Prenons ma plus belle chemise, pour que j'aie bonne figure dans mon linge, si c'est moi qui tombe.

Je cherche l'attitude qu'il faut avoir, le pistolet à la main, et je regarde dans la glace si j'ai grand air en mettant en joue.

« Ne laissez pas voir de blanc, m'a-t-on dit. »

Je me suis boutonné, de façon à ne pas livrer un éclair de chemise.

Mes témoins entrent.

« Avez-vous bien réfléchi ? L'affaire ne peut-elle pas s'arranger ?... »

C'est à les souffleter.

« Au moins, vous n'échangerez qu'une balle, n'est-ce pas ? »

Et ils me tapent dans le dos et me disent comme à un moutard : « Voyons ! il ne faut pas faire le méchant comme ça ! »

C'est pour eux, pour leur paraître brave, c'est pour le public fait de niais de ce genre, que je vais en appeler au hasard des armes !

Avec cela, ils commencent à me coûter cher.

Ce n'est pas avarice de ma part, mais je rage de les

voir commander, trinquer, boire, avec un pareil oubli de mon individu et une telle insouciance de notre pauvreté.

Puis ils lâchent des mots que je n'aime pas.

« Nous buvons comme à un enterrement, » a dit l'un deux.

On a beau être brave, cela vous donne un petit frisson.

Allons ! il est neuf heures, le mont-de-piété est ouvert. Collinet vient me prendre en voiture avec mes témoins, Legrand est dans un autre fiacre avec les siens.

On entre au café des Variétés. Les témoins ne restent que le temps d'avaler un chocolat et filent ensemble du côté du clou, pour se rendre de là chez l'armurier.

Nous restons seuls, Legrand et moi : Legrand se place à gauche, moi à droite sur la terrasse. Nous attendons.

Mais, comme ils tardent !

Chacun de nous à tour de rôle s'avance sur le trottoir et plonge ses regards dans la longueur du boulevard.

Le patron nous surveille.

Dans le café, les arrivants, avertis par les garçons, nous désignent et parient.

« Je vous dis que ce sont deux capons? — Non, des escrocs. »

Oh ! ce ridicule et cette honte !... Je préférerais être étendu, les côtes fracassées ou le front troué, sur ce canapé, plutôt que d'être la cible de ces coups d'œil et de ces blagues...

Enfin, voici les témoins !

« Que s'est-il donc passé ? »

On a demandé des pièces à Collinet qui n'en avait pas. Il a dû aller les chercher chez lui.

« Vous avez l'argent ?
— Oui.
— Réglez ces chocolats ! » et je pousse un soupir d'aise.

Je vois que Legrand fait de même.

Il était temps : nous allions nous raccommoder un moment, pour que l'un de nous pût partir en expédition et rapportât cent sous.

J'avais même déjà eu l'idée de lui proposer un duel immédiat et terrible. On aurait tiré au sort à qui serait allé au comptoir et aurait dit à bout portant : « C'est moi qui dois les chocolats. »

Mais si j'avais assez de courage pour le duel à l'américaine, je n'en avais pas assez pour être capable, si le sort eût tourné contre moi, d'approcher du comptoir et de dire : « C'est moi qui dois les chocolats ! »

En route pour la gare de Sceaux !

L'un des témoins connaît par là un endroit, où l'on sera bien.

Mais, quand nous arrivons, le train est parti.

« Si nous allions avec les voitures ?
— Comme on voudra. »

**Nous sommes riches grâce au clou !**

Je fais arrêter le sapin au premier bureau de tabac que nous apercevons, et j'achète un gros cigare, très gros.

On m'offre des fleurs par la portière.

Je ne veux qu'un bouquet d'un sou. Je n'arrachais qu'une poignée d'œillets ou de violettes dans les jardins des autres, quand j'étais petit : plus tard, je ne pouvais pas rogner mon pain pour enrichir les bouquetières, et j'ai gardé l'amour des touffes discrètes qu'on serre contre sa poitrine ou dans la main; je presse les fleurs entre mes doigts tièdes, et tout un monde d'images fraîches danse dans ma tête, comme quelques feuilles vertes que le vent vient d'arracher des arbres.

Les camarades ne parlaient pas. A mesure qu'on avançait, la tristesse de la zone, la solitude des champs, le silence morne, et peut-être le pressentiment d'un malheur, arrêtaient les paroles dans leur gorge serrée; et je me rappelle, comme si j'y étais encore, que l'un d'eux me fit peur avec sa tête pâle et son regard noyé !...

Ah bah ! Ce duel doit tasser le terrain de ma vie, si ma vie n'y reste pas. Aussi, quand j'y suis, faut-il que je l'organise digne de moi, digne de mes idées et digne de mon drapeau.

Je suis un révolté... Mon existence sera une existence de combat. Je l'ai voulu ainsi. Pour la première fois que le péril se met en face de moi, je veux voir comment il a le nez fait quand on l'irrite, et quel nez je ferai en face de lui.

Nous sommes arrivés, je ne sais après quelle longueur de rêves et quelle longueur de chemin jusqu'à Robinson.

Nous apercevons l'arbre tout fleuri de filles en cheveux qui sifflent comme des merles ou roucoulent comme des tourterelles.

C'est la fête!

Les balançoires volent dans l'air, avec des femmes pâmées et qui serrent leurs jupes entre leurs jambes qu'on voit tout de même...

Je me rappelle les *reinages* de chez nous et les belles paysannes aux gorges rondes, autour desquelles rôdaient mes curiosités d'écolier. Ma chair qui s'éveillait parlait tout bas; aujourd'hui qu'elle attend la blessure, elle parle aussi.

« A quoi penses-tu? me dit Collinet.

— A rien, à rien!... »

Et nous traversons le champ de foire...

Sur une baraque de lutteurs les hercules font la parade. Ils frappent à tour de bras le gong de cuivre pommelé, et soufflent de toute la force de leurs poumons dans le porte-voix qui aboie et mugit.

Autour d'un tir, on épaule les carabines. Ces détonations déchirent dans ma tête claire une rêverie qui commence et ramènent les témoins à leur mission.

C'est dans un coin éloigné du bruit, devant une table que cerne et étouffe une ceinture de feuillage, qu'on discute les conventions dernières.

« Qu'avez-vous de poudre? Combien de balles?

— Six.

— Je suis tellement maladroit, que c'est peut-être trop peu. Si avec les premières balles nous nous manquons, ou du moins si nous ne sommes pas estropiés à ne plus faire feu, nous nous rapprocherons jusqu'à cinq pas.

Je suis l'insulté, j'ai le droit de réclamer une réparation à ma fantaisie, telle qu'elle me satisfasse ou qu'elle m'amuse.

— Mais nous, disent ensemble les témoins, nous serons spectateurs et complices d'une tuerie ! »

Une tuerie où chacun court le même danger. Ce sont les chances de la guerre.

Il a fallu leur en faire de ces phrases !

Ils commençaient à avoir peur en se voyant si près du moment et en mesurant les suites de ma décision.

J'ai tout mon sang-froid, et ce qu'ils appellent ma dureté n'est que le geste et le cri d'une volonté qui ne recule pas.

Nous partons.

« Tu es pâle ! me dit Collinet.

— Mais je crois bien ! — j'étais pâle aussi le 2 décembre. »

J'ai eu une faiblesse.

Une pauvresse a passé : à qui je n'aurais donné que deux sous à un autre moment. Je lui en ai donné vingt, pour qu'elle me dise : « Cela vous portera bonheur. »

Les baraques continuent à faire dans Robinson, qui

disparaît derrière les arbres, un tapage que la distance déchire; il vient jusqu'à nous des lambeaux de musique barbare.

On marche en silence, Legrand avec ses amis et moi avec les miens.

Collinet ouvre de temps en temps sa trousse d'une main agitée, comme pour voir s'il n'a pas oublié quelque chose, s'il a bien tout ce qu'il faut pour tout à l'heure...

« Garez bien votre tête avec votre pistolet... comme ceci, de profil, en lame de couteau ! me répète l'un des témoins.

— Laissez Legrand tirer le premier, me conseille l'autre. »

J'écoute à peine et j'ébauche des gestes de dédain qui se reproduisent sur la route baignée de soleil. Mon ombre se dessine comme sur le mur blanc du tir l'homme en tôle d'hier; un peu plus, je chercherais les taches blanches sur mon habit, les taches faites sur le mannequin par les balles...

Je n'ai pas encore été *moi* sous la calotte du ciel. J'ai toujours étouffé dans des habits trop étroits et faits pour d'autres, ou dans des traditions qui me révoltaient ou m'accablaient. Au coup d'État, j'ai avalé plus de boue que je n'ai mâché de poudre. Au lycée, au Quartier-Latin, dans les crémeries, les caboulots ou les garnis, partout, j'ai eu contre moi tout le monde; et cependant j'étreignais mon geste, j'étranglais ma voix, j'énervais mes colères...

Mais nous ne sommes que deux à présent !... Il y

a plus. Ma balle, si elle touche, ricochera sur toute cette race de gens qui, ouvertement ou hypocritement, aident à l'assassinat muet, à la guillotine sèche, par la misère et le chômage des rebelles et des irréguliers...

Je ne lâcherais pas pour une fortune cette occasion qui m'est donnée de me faire en un clin d'œil, avec deux liards de courage, une réputation qui sera ma première gloire,— ce dont je me moque! — mais qui sera surtout le premier outil dur et menaçant que je pourrai arracher de mon établi de révolté.

En place — et feu!

Je ne jette ces mots dans l'oreille de personne, mais je les murmure comme une conclusion; c'est le total de mon calcul.

Nous passons devant une ferme. Les témoins demandent s'il y a quelque chose à boire. Je prends un verre d'eau, Legrand aussi; il faut se battre bien de sang-froid. Nous avons eu la même idée tous deux; comme moi, il sent que cette heure était nécessaire pour nous, et il sent aussi qu'un flot de sang, d'où qu'il jaillisse, lavera la crotte et la tristesse de notre jeunesse!

Messieurs, dit d'une voix un peu tremblante un des témoins, je viens de marcher en avant, et je crois avoir trouvé une place. »

On n'entend que des bouts de branches mortes qui crient un peu sous les souliers, des toussements courts qui sortent des poitrines étranglées ; on entend filer un lézard, partir un oiseau... sonner un tambour de saltimbanques dans le lointain.

On entend autre chose à présent. C'est le bruit des pistolets qu'on arme, puis un mot : « Avancez ! »

Deux détonations emplissent la campagne. Nous restons debout tous les deux. J'ai fait je ne sais combien de pas, j'ai abattu mon arme. C'est manqué. Legrand, plein de sang-froid, m'a ajusté longuement. Sa balle m'a passé juste à un demi-pouce de l'oreille et a même frisé ma tignasse. J'aurais dû la faire couper. Elle fait boule et sert de cible.

« Vous pourriez en rester là ! dit Collinet. A dix pas ! mais c'est un assassinat ! vous allez y rester tous les deux !

— Chargez ! »

L'accent a été impérieux, paraît-il, car les témoins ont obéi comme des soldats.

Nous nous promenons, Legrand et moi, chacun de notre côté, muets, très simples, les mains derrière le dos, et ayant l'air de réfléchir.

Un chien, venu on ne sait d'où, se trouve dans mes jambes et me regarde d'un œil doux, en demandant une caresse. Il m'a fait penser à Myrza, la chienne que nous avions à la maison quand j'étais enfant, qui me léchait les mains et semblait pleurer quand j'avais pleuré et qu'on m'avait battu. J'étais forcé de me laisser faire alors, je ne pouvais que conter ma douleur à la pauvre bête...

On avait le droit de me faire souffrir, et si je me plaignais, on disait que j'étais un mauvais fils et un mauvais sujet. Je devais finir par demander pardon.

Aujourd'hui, cinq hommes sont là, par le hasard d'une querelle, à la discrétion de mon courage, insulteur, témoins et médecin!

Il m'en vient un sourire et même un bout de chanson sur les lèvres. Je fredonne malgré moi, comme on se frotte les mains quand on est joyeux.

« Tais-toi! » fait Collinet à demi-voix.

Il a raison. Je diminue la belle cruauté de notre duel.

Les témoins nous rappellent.

« A vos places! »

Nous devons faire un pas pour indiquer que nous y sommes. Ce pas fait, nous avons le droit de rester immobiles ou de marcher et d'attendre.

Je voudrais le toucher. Il a fini par m'irriter avec ses refus d'excuses. Ma foi, tant pis s'il me descend!

Cette fois, encore, je tire le premier.

Legrand reste debout, avance, avance encore.

C'est long. Il tire. Je me crois blessé.

La balle a marqué à blanc. — Comme celles qu'il envoyait hier dans l'homme en tôle.

Elle a enlevé le lustre du drap et éraillé la manche de mon habit.

Nouvelle démarche des camarades pour arrêter le combat.

Non!

Je trouve que Legrand a tiré trop bien, et moi trop

mal. Je trouve qu'après avoir passé tant de temps dans les champs, s'en aller sans qu'il y ait un résultat, c'est prêter à rire. Je trouve que le but est manqué, que l'occasion sera perdue, et qu'elle ne se représentera peut-être jamais aussi belle.

Une autre idée aussi tracasse mon cerveau. Encore l'idée de pauvreté.

TOUJOURS LE SPECTRE !

Puisque j'ai tant fait, puisqu'il y a eu déjà deux actes de joués, jouons le troisième, et jouons-le comme un pauvre qui peut donner son sang plutôt que son argent ; qui aime mieux recevoir aujourd'hui une balle que recevoir dans l'avenir des avanies qu'il n'aura peut-être pas le sou pour venger.

Les témoins insistent pour en rester là.

« Oui, si l'on veut me faire ici, sur place, des excuses — et complètes. »

Mon accent est dur et je semble faire une grâce.

Legrand répond du même ton, et par un signe qui veut dire : « Recommençons ! »

Le ciel est bleu, le soleil superbe ! Oh ! ma foi ! j'aurai eu une belle minute avant de mourir ! Je bois avec les narines et les yeux tout ce qu'il y a dans cette nature ! J'en emplis mon être ! Il me semble que j'en frotte ma peau. Allons ! dépêchons, et s'il faut quitter la vie, que je la quitte, baigné de ces parfums et de cette lumière !

« Messieurs, quand vous voudrez ! dit un des témoins d'une voix presque éteinte. »

Cette fois, à cinq pas !

J'ai fondu sur Legrand.

Je lâche le chien. Legrand reste immobile: il semble rire.

Je me replace, l'arme à l'oreille !

Où la balle va-t-elle m'atteindre? C'est la sensation de la douleur qui m'empoigne : elle court sur moi, il y a des places que je sens plus chaudes. C'est dans une de ces places qu'il va y avoir un trou où fourrer le doigt, et par où ma vie fichera le camp.


Mais Legrand a tourné sur lui-même; le sourire que j'attribuais à la joie d'avoir échappé et de me tenir à sa merci court toujours sur ses lèvres.

Ce sourire est une grimace de douleur.

J'aperçois un gros flot de sang !

Il tourne encore, essaie de lever son bras qui retombe.

« Je suis blessé. »


On accourt : la balle a fait trois trous, elle a traversé le bras, et est venue mourir dans la poitrine.

Collinet s'approche, coupe l'habit et après quelques minutes d'examen, nous dit à demi-voix :

« La blessure est grave : il en mourra probablement. »

Je ne le crois pas; — pas plus que je ne croirais mourir moi-même, parce que j'aurais un peu de plomb dans les os. Nous avons trop de force. Elle ne peut être démolie comme ça en une seconde, et, d'ailleurs, Legrand a la figure colorée, l'œil clair.

Il me tend la main.

« Je ne t'en veux pas ; mais dans un duel entre nous, il fallait aller jusque-là. »

Je réponds oui d'un geste et d'un salut.

« Otez-moi mes bottines : il me semble que je souffrirai moins. »

Collinet prend son canif pour couper le cuir.

« Non, non, dit Legrand.... Je n'ai que celles-là. »

Lui aussi, lui aussi! il a eu comme moi la préoccupation des *sans le sou*. Pendant qu'on chargeait les armes ; pendant que les témoins faisaient des phrases pour que nous consentissions à mettre plus de place entre nous et la mort ; pendant que nous marchions l'un sur l'autre dans cette prairie pleine de fleurs, pendant toute cette journée d'acharnement sauvage, le spectre de la misère s'est dressé devant ses yeux comme devant les miens! Le SPECTRE, toujours le SPECTRE!

L'os est en miettes dans le bras et les bandes de toile se gonflent de sang. Quelques gouttes ont fait des perles rouges sur l'herbe : le petit chien vient les flairer et les lécher.

Collinet demande le secours d'un docteur.

Un des témoins et moi, nous partons pour en dénicher un.

Course inutile dans la campagne chaude et vide !

Nous revenons vers Legrand, adossé contre un arbre, le bras pendant.

« Il est si lourd ! » dit-il avec une expression de souffrance.

Que faire de ce grand corps cassé ?

Les témoins, qui ont choisi le terrain, l'ont choisi éloigné des maisons, et l'on n'aperçoit pas même une ferme à l'horizon. On ne voit que la grande route blanche et des nappes d'herbe verte.

Pour comble de malheur, nous ne nous sommes pas aperçus, en entrant, que nous enjambions des fossés et des barrières, que nous nous écorchions à des haies, que nous poussions des obstacles. Mais à présent, nous voyons que, pour sortir, il faut casser des branches, sauter un ruisseau, escalader un buisson...

On s'en est tiré tout de même. On a trouvé un endroit par où l'on a fait passer le cul d'une charrette à bras, dans laquelle on hisse Legrand ; puis, le tassant comme un sac, on l'a accoté dans un des coins.

Nous nous mettons en route.

Nous voici près de Robinson. Une troupe de joyeux garçons et de jolies filles blaguent notre *procession*, comme ils appellent notre défilé muet et triste. Un coucou à voyageurs frôle la roue de la charrette, et le conducteur fait mine d'agacer avec la mèche de son fouet Legrand qu'il croit pochard.

« Mais le sang pisse par les fentes ! » crie tout d'un

coup une étudiante, en indiquant la place du bout de son ombrelle.

On arrive à deviner ce qui s'est passé, et les promeneurs et les promeneuses en parlent tout bas. Quelques-uns demandent quel est celui qui a tiré sur le blessé.

« Il n'a pourtant pas une mauvaise figure, disent les uns.

— Hum ! » font les autres.

Il n'y a pas plus de médecin à Robinson qu'ailleurs : ce qui désespère l'aubergiste chez lequel la charrette est entrée, et qui voudrait bien se débarrasser de ce paquet sanglant.

On va le débarrasser.

Legrand dit :

« Je ne veux pas mourir ici. Qu'on me ramène à Paris. »

Collinet s'y refuse. Legrand insiste :

« Je t'en prie....je l'exige! »

Où trouver une voiture où l'on puisse l'étendre

« Cet omnibus? »

On fait marché pour la location de l'omnibus, tapissière fermée qui a amené les Parisiens à la fête et qui attend le soir pour les ramener. Il y a des bribes de bouquets qui traînent sur les banquettes. Il y a un drapeau sur l'impériale, et des pompons rouges à la tête des chevaux.

L'aubergiste fournit une paillasse. Un homme de l'endroit, qui cligne de l'œil en disant qu'il sait ce que c'est qu'un duel, offre un matelas ; une dame que la poésie de l'aventure séduit, prête une couverture blanche qui recouvre Legrand tout entier.

Nous remercions et nous partons.

Je prends place près des autres. Legrand y tient, m'a-t-on dit, et je juge de mon devoir de l'accompagner et de rester en face de lui. J'aurais trouvé simple et naturel qu'il en fît autant, si c'était lui qui m'eût touché.

Ma sensibilité ne joue pas la comédie. Je croirais cela indigne de la sérénité du blessé. Je reste muet et je songe! Je songe encore une fois au long accouplement forcé dans la solitude, l'obscurité et la peine.

Legrand souffre le martyre en ce moment.

Eh bien! je parierais que cette souffrance, qui précède probablement la mort, l'effraie moins que ne le tourmentait la vie que nous vivions, et d'où nous n'avions pas le courage ou les moyens de nous évader autrefois.

Si Legrand survit, ce coup de pistolet aura affranchi notre avenir en trouant la muraille des souvenirs cruels. Il viendra peut-être un peu d'air frais par ce trou-là!

Il a demandé à être transporté chez un ami.

On a fait arrêter l'omnibus devant une petite maison de la rue de l'Ouest, blanche et proprette, qui a par derrière un jardinet, et qui est habitée par des gens tranquilles.

Quand il est monté, soutenu par deux d'entre nous, la couverture blanche prêtée par la châtelaine de Robinson était comme un manteau de pourpre.

Lorsqu'on n'est pas mort après avoir perdu tant de sang, on ne doit pas mourir.

J'ai serré sa main gauche, j'ai salué les gens, et je suis parti.

Je me suis attardé dans ces sensations et ces détails, parce que les gestes et les paroles de ce jour-là eurent pour témoin la campagne heureuse, parce que le soleil versait de l'éclat et de la joie sur les cimes des arbres et sur nos fronts; parce que les heures que prit cette rencontre furent les premières qui ne sentirent pas la gêne et la honte, le souci du lendemain.

Je suis tout confus des éloges de quelques-uns, qui parlent de mon sang-froid par ci, de mon sang-froid par là... Mais je n'y ai pas grand mérite ! Ils ne savent pas combien ma résolution de rester un insoumis et un irrégulier, de ne pas céder à l'empire, de ne pas même céder aux traditions républicaines, que je regarde comme des routines ou des envers de religion, ils ne savent pas combien cette vie d'isolé m'a demandé d'efforts et de courage, m'a arraché de soupirs ou de hurlements cachés! Ils ne le savent pas !...

C'est pendant ces années de bûchage sans espoir et sans horizon que j'ai été brave ; appelez-moi un héros à propos de cela, je ne dirai pas non! Mais s'étonner de ce que j'ai eu de la carrure pendant un jour, s'étonner de ce que Legrand et moi nous ayons gardé la tête haute devant le danger, c'est ne pas savoir combien il est nécessaire de la tenir baissée pour monter les escaliers des hôtels lugubres.

Après ce duel, c'était au pis aller un lit à six pieds sous terre, la tête dans les racines des fleurs et des arbres, au lieu du sommeil dans les draps sales d'un garni.

Mais je me battrais encore aux mêmes conditions pour avoir l'air crâne et menaçant vis-à-vis des témoins tout surpris de voir des écrasés se redresser ainsi ! Joie suprême que paient trois minutes de tir. C'est pour rien.


Quatre chirurgiens, réunis en consultation, ont déclaré qu'il fallait couper le bras ; que sinon ils ne répondaient de rien. Legrand les a entendus, et malgré lui son regard me crie : « C'est toi qui me fais mourir ! » Dans le délire de sa fièvre, je lui apparais, non comme un adversaire, mais comme un assassin.

Je viens de mettre pour la dernière fois le pied dans cette maison.

On avait suspendu une ficelle au ciel du lit ; au bout de cette ficelle, un filet dans lequel un glaçon fondait. Là-dessous était étendu comme une chose morte le bras fracassé, et la glace pleurait ses larmes froides sur le trou fait par la balle ; ce trou bleu avait des airs d'œil crevé.

C'était triste. Cette larme de glace m'est tombée sur le cœur, éteignant toute la fierté et tout le soleil de la journée de combat.

## XXXI

### AGONIE

Les années se sont écroulées sur les années ; j'ai vu revenir les étés et les hivers, avec la monotonie implacable de la nature. — L'Odéon, glacé en décembre, frais en avril : voilà tous les souvenirs qui emplissent ma tête et mon cœur depuis une éternité.

Est-ce un total de mille ou de deux mille journées sans émotion que j'ai à enregistrer dans l'histoire de ma vie ? Je ne saurais le dire.

C'est affreux de ne pouvoir ressusciter une image, une scène, une tête, pour les planter le long de la route parcourue, décolorées ou saignantes, afin de se rappeler les moments de joie ou de douleur !

Eh bien, le chemin par où je me suis traîné s'étend comme un sentier désert et se perd à travers le blanc de la neige ou le noir des ruisseaux, sans une pousse ou une racine qui soient restées, pour que ma mémoire s'y accroche et sauve un événement du naufrage ! Je n'ai rien à me rappeler et je n'ai rien à oublier, rien, rien.

Comme le temps a été rongé sans bruit! Les années ont paru courtes parce qu'elles étaient creuses et vides, tandis que les journées étaient longues, longues, parce qu'elles avaient chacune leur intrigue de famine et leur tas de petites hontes!

A peine si je sais les dates! Je ne revois debout, dans ma mémoire, que quelques premiers janviers sans étrennes et sans oranges. Je pouvais aller souhaiter le nouvel an, les mains vides, à Renoul, à sa femme, à Matoussaint! Mais deux pauvretés qui s'embrassent, ça n'est pas gai!

J'ai vécu et je vis comme un loup.

Mon duel avec Legrand m'a fait d'ailleurs une réputation de dangereux, qui éloigne de moi tout le monde ou à peu près. Ils calomnient jusqu'à mon courage.

Je passe ma vie à la Bibliothèque ; j'y viens souvent, l'estomac hurlant, parce qu'on ne va pas loin avec mes quatorze sous par jour qui se réduisent à douze et même à dix bien souvent, car j'emprunte au trou de mon estomac pour boucher d'autres trous.

Peut-être un jour entendront-ils un homme glisser de sa chaise et rouler évanoui sur le plancher. Ce sera moi qui aurai faim; c'est à moitié arrivé déjà l'autre lundi. Mais à ceux qui me relèveront, je dirai : « C'est la chaleur. » ou bien ; « J'ai fait la noce hier. » J'accuserai la température ou mes vices. On ne saura pas que c'est la misère — si quelqu'un le devine, après tout, il n'y aura pas à en rougir : je serai tombé sans appeler au secours.

En été, le grand soleil m'accable. Il m'accable, il me tue! J'ai des sueurs de faiblesse et des évanouissements de pensée dans mon cerveau las!

L'hiver, je suis mieux. Je cours. Cependant le gris du temps, le sec des pierres, le vent méchant, le verglas traître, l'isolement dans la rue attristée et presque vide !.. Ah! cela m'emplit de mélancolie quand je sors, et je trouve la vie bien affreuse.

Où aller, le soir ?

Heureusement, à six heures, l'autre bibliothèque Sainte-Geneviève est ouverte.

Il faut arriver en avance pour être sûr d'une place. Les calorifères sont allumés; on fait cercle autour, les mains sur la faïence. J'ai voulu causer avec mes voisins de poêle! Pauvres sires!

Alors que je saignais de leurs douleurs plus que des des miennes — car j'avais au moins mordu dans un morceau de pain avant d'entrer — alors que j'espérais entendre sortir de leurs bouches qui bâillaient la faim un cri de colère ou un gémissement de douleur; ils me contaient des balivernes, me parlaient de l'idéal, du bon Dieu...

Des Prudhommes, ces déguenillés en cheveux blancs! Des Prudhommes qui venaient là pour lire les *bons livres;* gamins de soixante ans, qui puaient encore l'école à deux pas de la tombe; égoïstes pouilleux qui, étant lâches, ne pensaient pas à ceux qui ne l'étaient point, et se prélassaient dans leur misère, attendant la mort avec l'espérance d'une vie future. Si l'on s'était battu au Panthéon, ils auraient été du côté de ceux qui les affamaient, contre ceux qui voulaient tuer la famine!

Pas une tête de révolté dans le tas! Pas un front de penseur, pas un geste contre la routine, pas un coup de gueule contre la tradition!

Je vais en bas quelquefois, dans une salle qui a des odeurs de sacristie.

La fraîcheur, le silence !... C'est là que sont les livres illustrés. J'y lis *l'Artiste*, et l'histoire de l'impasse du Doyenné, où Gautier, Houssaye et Gérard de Nerval avaient leur cénacle.

J'ai d'abord parcouru ces récits avec une curiosité pleine d'envie, puis avec le frisson du doute.

Ils crient que le printemps de leur jeunesse fut tout ensoleillé. — Mais par quel soleil? J'ai appris d'un garçon qui a connu le secrétaire de l'un d'eux, j'ai appris une nouvelle qui m'a fait trembler.

Ce Gautier, ce Gérard de Nerval, ils en sont à la chasse au pain! Gautier le récolte dans les salons de Mathilde, Gérard court après des croûtes dans les balayures. On me dit qu'il a parlé de se tuer un soir qu'il n'avait pas de logis.

Ils mentent donc, quand ils chantent les joies de la vie de hasard, et des nuits à la belle étoile! Littérateurs, professeurs, poètes comiques, poètes tragiques, tous mentent!

Ah ! je suis empoigné et envahi par le dégoût !

J'ai longtemps réfléchi, écrit — pour la joie austère d'écrire et de réfléchir. J'ai tiré ma charrette courageusement ; je n'ai pas pensé, comme bien des jeunes, à franchir le chemin au galop... je me suis défié de mon inexpérience et de mon orgueil ; je me suis dit : « A tel âge, tu devras avoir fait ton trou » et mon trou n'est pas fait.

Voilà longtemps, bien longtemps, que j'ai jeté le manche après la cognée !

C'est fini : je me mangeais le cœur, je me rongeais le foie dans la solitude de ma chambre, en face de mes productions, qui sortaient muettes de mon cerveau et que je n'entendais ni vivre, ni crever.

Une mère finirait par cracher sur son fruit et sur elle, si tous ses enfants étaient mort-nés !

Je suis trop mal vêtu pour passer l'eau. — J'y trouverais des arrivés qui auraient pitié de ma misère ou qui me régaleraient. — Je ne me laisse pas régaler, ne pouvant rendre les régalades.

Et je rôde dans deux ou trois rues du quartier latin, toujours les mêmes, cherchant l'ombre !

Ah ! j'aurais besoin d'air, d'air clair et d'un peu de vin pur !

Si je trouvais de quoi m'habiller et payer mon voyage, je partirais au pays, chez l'oncle le curé, au sommet de Chanderolles.

Il y a là du vin et le grand vent ! Je verrais ma mère en passant.

Je verrais aussi ces cousines, qui logèrent dans le cadre rouillé de mon enfance le pastel d'or d'un jour d'été.

Quand je retournai là-bas pour le projet de mariage avec cette mépriseuse de pauvres, je comptais me gorger des odeurs du pays, boire — à m'en saouler — aux sources perdues dans l'herbe, je comptais mâcher des feuilles, embrasser des chênes, donner ma peau à cuire au soleil !

Je partis sans avoir touché la main de Marguerite, la belle cousine, sans avoir cassé une motte de terre avec le museau de mes bottines de Paris!

Et depuis j'ai vécu, dans les bibliothèques, les garnis, les coins sales !

Je n'ai jamais pu sortir de ma bourse un jour de bonheur à travers les champs, avec ma jeunesse chantant dans ma tête ou la jeunesse d'une autre sautant à mon bras! moi qui ai tant de parfums dans mes souvenirs, et qui entends rouler tant de sang dans mes veines!

J'ai besoin de rafraîchir ma vie.

Il me faudrait 300 francs pour aller au Puy!

« Je vous les avance, m'a dit un garçon, si vous me promettez, au retour, de passer ma version de bachau pour moi. »

Mais c'est un faux! Si je suis pris, c'est la prison.

« Dites-vous oui, dites-vous non ?

— Je ne dis pas non... je vous demande jusqu'à demain. »

J'allais céder, bien sûr, céder pour le grand air et

le vin pur, pour le baiser sur le front de la mère, pour les cousines à embrasser à pleines lèvres ! J'aurais joué contre trois ans de centrale, quinze jours de bonheur, de vagabondage dans les vergers et dans les bois !

La mort est arrivée, qui m'a barré le chemin de Clairvaux.

## XXXII

### JE ME RENDS

Une lettre à mon adresse m'attendait dans mon garni.

Elle est du vieux professeur qui m'avait annoncé la séparation entre mon père et ma mère.

J'apprends aujourd'hui que la séparation est éternelle !

Mon père est mort, — mort du cœur.

Il est mort dans les bras d'une étrangère, celle qu'il avait emmenée avec lui. Elle est restée, me dit la lettre, jusqu'au dernier moment à ses côtés ; mais, dès qu'on a pu redouter un malheur, prise de remords ou ayant peur du cadavre, elle a fait prévenir du danger celle dont elle avait, par amour, volé la place. Ma mère a pu arriver à temps pour ensevelir celui que depuis longtemps elle pleurait vivant.

Il faut que je parte moi-même, sur-le-champ, dans une heure, si je veux arriver avant qu'on l'enterre.

Au chemin de fer, en débarquant, j'ai croisé une femme qui, sans être en deuil, avait un crêpe noir. On la montrait du doigt. J'ai deviné qui elle était !

Je n'ai pas eu de colère contre elle !

C'est moi qui me prends à la plaindre quand les autres l'accusent. — L'accuser ? Et pourquoi ? Après tout, mon père lui doit, peut-être, des heures de bonheur — elle l'avait compris. Mais sa vie, à elle, est perdue !

La cloche sonne... le train part.

Où va-t-elle ?..

Me voici dans la maison en deuil, sur une chaise, près du lit où repose le cadavre.

Ma mère est dans la chambre voisine, blanche comme de la cire.

. . . . . . . . . . . . . . .

J'ai fermé la porte, j'ai voulu être seul.

Je tiens à n'avoir d'autre témoin de mon rêve ou de mes larmes que celui qui est là sous ce drap blanc

C'est la première fois que nous sommes à côté l'un de l'autre, tranquilles, ou dans un silence sans colère. Nous avons été longtemps deux ennemis. On se raccommoda, mais la réconciliation prit une soirée : la lutte avait duré dix ans, — cela, parce que nous avions lâché la terre, la belle terre de labour sur laquelle nous étions nés !

Par le calme de cette nuit, à travers la croisée restée entr'ouverte, j'aperçois là-bas de vieux arbres, je vois une meule de foin ; la lune étend de l'argent sur les prés. Ah ! j'étais fait pour grandir et pousser au milieu de ce foin, de ces arbres ! J'aurais été un beau paysan ! Nous nous serions bien aimés tous les trois : le père, la mère et le garçon !

C'est bien du sang de village qui courait sous ma peau, gourmande de grand air et d'odeur de nature. C'est eux pourtant qui voulurent faire de moi un monsieur et un prisonnier.

Eh bien ! je me rappelle que je voulus me tuer à douze ans, parce que le collège était trop triste et trop méchant pour moi. Oui, mon père, vous qui êtes là avec votre front pâle et glacé comme du marbre, sachez que, comme écolier, j'ai souffert jusqu'à vouloir être la statue froide et dure que vous êtes aujourd'hui !

Vous ne vous doutiez pas de mon supplice !

Vous pensiez que c'étaient grimaces d'enfant, et vous me forciez à subir la brutalité des maîtres, à rester dans ce bagne — par amour pour moi, pour mon bien, puisque vous pensiez que votre fils sortirait de là un savant et un homme. Je ne suis devenu savant que dans la douleur, et, si je suis un homme, c'est parce que dès l'enfance je me suis révolté — même contre vous.

Nous n'avons pas eu le temps de nous revoir pour nous serrer la main et nous embrasser.

Avez-vous au moins pensé à moi, au moment où

vous avez senti partir la vie? Avez-vous cherché mon image dans l'espace?

On me dit que vous avez demandé dans votre délire de quel côté était Paris, et que vous avez voulu qu'on posât de ce côté votre tête qui est retombée et me regarde...

Il y a de la vertu et de la douleur plein ce visage!
Sous ces yeux clos à jamais, dans ce creux du larmier où il n'y aura plus de pleurs, que de douleurs cachées! Je sens le coup de pouce des bourreaux en toge qui humiliaient et menaçaient. Pauvre universitaire! Un proviseur ou un principal tenait dans sa main de cuistre le pain, presque l'honneur de la famille.

Je comprends qu'il ait eu des colères, qui retombèrent sur moi... Je me plains d'avoir souffert! Non, c'est lui qui a été la victime et l'hostie!

Cet homme, qui est là étendu, a juste quarante-huit ans! Il n'a pas reçu une balle dans le crâne, il n'a pas été écrasé par un camion. A quarante-huit ans, il s'éteint, non point à vrai dire abattu par la mort, mais usé par la vie. Il meurt d'avoir eu le cœur écrasé entre les pages des livres de classe; il meurt d'avoir cru à ces bêtises de l'autre monde.

S'il fût resté un homme libre, il serait encore debout au soleil, il aurait l'air de mon grand frère! Comme nous serions camarades tous les deux!

On frappe; un homme entre et me parle bas.

« Faites sortir votre mère, nous apportons le cercueil. »

J'ai confié la pauvre femme à une vieille voisine qui a trouvé un prétexte pour l'emmener.

« Je vais te rejoindre, » ai-je dit — et je suis resté à attendre les vestes noires qui se sont mises nonchalamment à la besogne.

C'est donc fini! Il va être cloué là dedans! Cette planche est la porte de l'éternelle prison.

Adieu, mon père! Et avant de nous quitter, je vous demande encore une fois pardon!. . . . . . .
. . . . . . . . . . . . . . . . .

L'horloge sonne dix heures! Comme le temps a passé vite dans ce tête-à-tête solennel!

Je n'ai pas vu partir la nuit et venir le soleil. Je ne regardais que dans mon cœur. Je n'entendais ni ne voyais l'heure présente, perdu que j'étais dans la contemplation du passé et l'idée de l'avenir. Il me semblait que le mort aussi réfléchissait, et me tenait compagnie pour cette austère rêverie.

Le dernier coup vient d'être donné.

Ah! il m'est venu comme de la rage et non de la douleur dans l'âme! Il me semble qu'on emporte un assassiné!

Moi, j'aurais peur d'être enterré ainsi! Je veux avoir lutté, avoir mérité mes blessures, avoir défié le péril, et il faudra que les croque-morts se lavent les mains après l'opération, parce que je saignerai de toutes parts... Si la vie des résignés ne dure pas plus que celle des rebelles, autant être un rebelle au nom d'une idée et d'un drapeau !

— *Messieurs, quand il vous fera plaisir.*

Minuit.

Mon père est enterré au milieu des herbes... Les oiseaux lui ont fait fête quand il est venu ; c'était plein de fleurs près de la fosse... Le vent qui était doux séchait les larmes sur mes paupières, et me portait des odeurs de printemps... Un peuplier est non loin de la tombe, comme il y en avait un devant la masure où il est né.

J'aurais voulu rester là pour rêver, mais il a fallu ramener ma mère. Je lui ai demandé encore, comme une douloureuse faveur, de me laisser seul en face de moi-même dans la chambre vide.

Le lit garde pour tout souvenir du cadavre disparu un pli dans le grand drap et un creux dans l'oreiller.

Dans ce creux, j'ai enfoncé ma tête brûlante, comme dans un moule pour ma pensée...

Où en suis-je ?
Où j'en suis ?
Voici — Comme mon père n'est pas mort assez vieux, comme ils l'ont tué trop jeune, ma mère n'aura qu'un secours, pas de pension : 400 francs par an qui peuvent même lui manquer un jour ; mais, en ajoutant ce qui constituait ma rente de 40 fr., par mois, et avec une quinzaine de mille francs cachés, paraît-il, dans un coin, elle aura des habits, un toit et du pain.

Pour moi, je n'ai plus rien !

Avec 40 francs, je parvenais tout juste à ne pas mourir.

J'ai essayé de tout pourtant !

Ah ! je n'ai rien à me reprocher !

Sanglier acculé dans la boue, j'ai fouillé de mon groin toutes les places, j'ai cassé mes défenses contre toutes les pierres !

J'ai dit BA BE BI BO BU, chez celui-ci, j'ai mangé du raisiné chez celui-là. J'ai mouché des enfants, rentré des chemises : *A moi le pompon !*

J'ai passé chez Bonardel et chez Maillart.

J'ai été satiriste, chansonnier et chaussonnier. J'ai tout fait de ce qu'on peut faire quand on n'a pas d'état — et que l'on est républicain !

J'ai fait plus encore !

Je trouve une joie amère à m'en souvenir et à pétrir cette pâte de douleur bête, en ce moment de récapitulation douloureuse.

J'avais connu dans un coin de crémerie un employé de la maison de déménagements Bailly. On avait mangé l'un près de l'autre ; lui, des plats de huit sous ; moi, des demi-portions.

Un jour, je suis allé le trouver.

« Puis-je gagner trois francs comme aide déménageur dans votre boîte ?

— Vous ?

Le brave homme était tout honteux pour moi, et

ne voulait pas croire que je mettrais mes épaules sous les fardeaux.

« Je les mettrai, et je soulèverai encore assez lourd, je crois. »

Et j'ai été déménageur ! On m'avait prêté une blouse, une casquette, et envoyé à la Villette.

J'ai failli dix fois m'estropier — ce qui n'est rien ; mais j'ai failli estropier les meubles.

« Espérons que ça ira mieux demain, » m'a dit mon homme en me payant, le soir.

Le lendemain, j'arrivai brisé ; sous ma chemise, mon épaule était bleue, mais je voyais quelques sous au bout des meurtrissures.

Il était dit que j'aurais encore dans ce métier les mains coupées, et coupées avec un couteau bien sale !

On a cru un instant qu'un bijou avait été volé dans une des maisons où nous avons travaillé, et c'est moi, le portefaix à la main sans calus, qu'on a soupçonné et qu'on allait fouiller !

Le bijou se retrouva, par bonheur.

Mais je partis épouvanté.

. . . . . . . . . . . . . . .

Ce n'est pas vrai : un bachelier ne peut pas faire n'importe quoi, pour manger ! Ce n'est pas vrai !

Si quelqu'un vient me dire cela face à face, je lui dirai : TU MENS ! et je le souffletterai de mes souvenirs ! Ou plutôt je le giflerai pour tout de bon, parce que si un échappé de collège entend cette gifle, il sera peut-être sauvé de l'illusion qui fait croire qu'avec du courage on gagne sa vie. Pas même comme *goujat*!

J'ai voulu en faire l'épreuve. Je suis allé à la Grève, un matin, pour voir s'il était possible à un lettré, qui aurait un cœur de héros, de descendre des hauteurs de sa chambre, d'aller parmi les maçons et de demander de l'ouvrage.

Allons donc! On m'a pris pour un escroc qui voulait se cacher sous du plâtre.

On ne trouve pas à vivre en vendant son corps, pour un mois, une journée ou une heure, en offrant sa fatigue, en tendant ses reins, en disant : « Payez au moins mon geste d'animal, ma sueur de sang! »

Je veux l'écrire en grosses lettres et le crier tout haut.

Pauvre diable, qu'on nomme bachelier, entends-tu bien? si tes parents n'ont pas travaillé ou volé assez pour pouvoir te nourrir jusqu'à trente ans comme un cochon à l'engrais, si tu n'as pas pour vingt ans de son dans l'auge, tu es destiné à une vie de misère et de honte!

Tu peux au moins, le long du ruisseau, sur le chemin de ton supplice, parler à ceux qu'on veut y traîner après toi!

Montre ta tête ravagée, avance ta poitrine creuse, exhibe ton cœur pourri ou saignant devant les enfants qui passent!

Fais-leur peur comme le Dante, quand il revenait de l'enfer!

Crie-leur de se défendre et de se cramponner des

ongles et des dents et d'appeler au secours, quand le père imbécile voudra les prendre pour les mener là où l'on fait ses *humanités*.

Je n'étais vraiment pas mal taillé, moi.

Peux-tu me dire ce que je vais devenir demain

Ce sera pour moi comme pour les autres l'hôpital, la Morgue, Charenton — je suis moins lâche que quelques-uns et je suis bien capable d'aller au bagne.

Un soir de douleur et de colère, je suis homme à arrêter dans la rue un soldat ou un mouchard que je ferai saigner, pour pouvoir cracher mon mépris au nez de la société en pleine Cour d'assises.

. . . . . . . . . . . . . .

« Jacques. »

C'est ma mère qui m'appelle.

Elle me fait asseoir à ses côtés.

« Écoute : le proviseur s'est approché de moi au cimetière, pendant que tu regardais les arbres et que tu arrachais la tête à des fleurs... tu ne te rappelles pas?... tu avais l'air d'un fou ! »

Je me rappelle. Pendant que la terre tombait sur le cercueil, je songeais à la vie des champs, lâchée pour le bagne universitaire !

Ma mère m'a dit ce qu'elle voulait me dire.

J'ai poussé un cri et j'ai eu un geste qui l'a atteinte et même meurtrie.

Elle a éclaté en sanglots. Je me suis jeté à ses genoux. J'ai attiré sa tête à moi, et j'ai bu les larmes rouges sur ses joues blanches.

Elle a voulu être la coupable.

« C'est ma faute, mon enfant, c'est ma faute..
Mais, vois-tu, tu m'as écrit quelquefois de Paris des lettres qui me faisaient tant de mal! quand tu demandais que ton père t'ouvrit un crédit chez le boulanger ou qu'il t'avançât quelques sous pour que tu fusses sûr d'avoir un endroit où coucher... Le proviseur disait que tu resterais juste le temps de passer ta licence, puis que tu ferais ton doctorat, qu'alors tu serais libre — et j'aurais été sûre que tu ne serais plus malheureux... »

Je l'ai laissé parler.

Il était tard quand je l'ai reconduite dans sa chambre, où j'ai vu la lampe brûler longtemps devant des lettres jaunies qu'elle relisait.

Moi, je me suis accoudé à la fenêtre, et j'ai réfléchi, la tête tournée du côté du cimetière.

2 h. du matin.

Ma résolution est prise : JE ME RENDS.

Je finirais mal.

Je me rappelle un des soirs qui ont suivi mes vaines tentatives de travail chez les bourgeois. Un de mes voisins de garni, un ancien officier dégommé, avait oublié chez moi un pistolet chargé. Le canon luisait sous la cassure d'un rayon de lune, mes yeux ne pouvaient s'en détacher. Je vis le fantôme du suicide ! et je dus prendre ma vie à deux mains : sauter sur l'arme, l'empoigner en tournant la tête, faire un bond chez le voisin !

« Ouvrez ! ouvrez ! »

Il entre-bâilla la porte et je jetai le pistolet sur le tapis de la chambre...

« Cachez cela, je me tuerais... »

Je veux vivre. — Comme l'a dit ce cuistre, avec des *grades*, j'y arriverai : bachelier, on crève — docteur, on peut avoir son écuelle chez les marchands de soupe.

Je vais mentir à tous mes serments d'insoumis ! N'importe ! il me faut l'outil qui fait le pain..

Mais tu nous le paieras, société bête ! qui affame les instruits et les courageux quand ils ne veulent pas être tes laquais ! Va ! tu ne perdras rien pour attendre !

Je forgerai l'outil, mais j'aiguiserai l'arme qui un jour t'ensanglantera ! Je vais manger à ta gamelle pour être fort : je vais m'exercer pour te tuer — puis j'avancerai sur toi comme sur Legrand, et je te casserai les pattes, comme à lui !

Derrière moi, il y aura peut être un drapeau, avec des milliers de rebelles, et si le vieil ouvrier n'est pas mort, il sera content ! Je serai devenu ce qu'il voulait ; le commandant des redingotes rangées en bataille à côté des blouses...

Sous l'Odéon.

Les talons noirs et les républicains sont mêlés.

On se presse autour d'un vieux bohème qui vient de recevoir une nouvelle.

« Vous vous rappelez Vingtras, celui qui ne parlait que de rosser les professeurs, et qui voulait brûler les collèges?...

— Oui.

— Eh bien! il s'est fait *pion*.

— Sacré lâche! »

FIN.

# ORFÉVRERIE CHRISTOFLE

 *MANUFACTURES à Paris, à Saint-Denis et à Carlsruhe.*

## SEUL GRAND PRIX
Décerné à l'Orfévrerie Argentée

EXPOSITION UNIVERSELLE DE 1878

## MAISON SPÉCIALE DE VENTE
# BRUXELLES
2, rue Saint-Jean, 2

## COUVERTS CHRISTOFLE
Argentés sur Métal Blanc

## SURTOUTS DE TABLE
ORFÉVRERIE D'ARGENT

Galvanoplastie. — Reproductions Artistiques.

ARGENTURE, DORURE & RÉARGENTURE

Articles spéciaux pour Hôtels, Cafés et Paquebots

La seule garantie pour le Consommateur est de n'acheter que les produits portant la marque de fabrique ci-dessus et le nom CHRISTOFLE en toutes lettres.

CHRISTOFLE ET Cie.

# ORFÉVRERIE CHRISTOFLE

*MANUFACTURES*
à Paris,
56, RUE DE BONDY, 56
à Saint-Denis
et à Carlsruhe
GRAND DUCHÉ DE BADE

⋯⋅❋⋅⋯

*Exposition Universelle de 1878*

## SEUL GRAND PRIX

DÉCERNÉ A L'ORFÉVRERIE ARGENTÉE

(Orfèvrerie Classe 24)

## MEDAILLE D'OR

(Métallurgie du Nickel, Classe 43)

## COUVERTS CHRISTOFLE

### Argentés sur Métal Blanc

*Surtouts de Table et Services de Desserts*

ORFÉVRERIE D'ARGENT

Galvanoplastie. — Reproductions Artistiques.

ARGENTURE & DORURE

Orfévrerie de Table

---

La seule garantie pour le Consommateur est de n'acheter que les produits portant la marque de fabrique ci-dessus et le nom **CHRISTOFLE** en toutes lettres.

CHRISTOFLE ET Cie.

# ORFÉVRERIE CHRISTOFLE

## Liste de nos Représentants

DANS LES DÉPARTEMENTS

| | | | |
|---|---|---|---|
| Agen | MM. Coumet. | Grenoble | MM. V⁰ Blanchet & fils |
| Alais | Poncet-Bonnamy. | Guéret | Bailly. |
| Alençon | Barbey de l'Isle. | Havre | Daveluy et Sandret. |
| Angers | Jouannin. | Laon | Soidex. |
| Angoulême | Ed. Lassuze. | Lille | Renard-Sauvage. |
| Aurillac | Besson. | Limoges | E. & H. Demerliac. |
| Auxerre | E. Moreau fils. | Lisieux | Sortais. |
| Avallon | Peslier. | Lons-le-Saulnier | Arcelin frères. |
| Avignon | Alfred Brunel. | Louviers | Marquais. |
| Bayonne | Artéon. | Lyon | Pascalon père et fils. |
| Beaugency | Amplement-Jallet. | Marseille | G⁰ Racine. |
| Bayeux | Métais. | Mayenne | Bineau-Pouteau. |
| Belfort | Poulain. | Meaux | Dessepme. |
| Belleville-s'-Saône | Sargnon. | Montpellier | B. Bardon et fils. |
| Bergues | Cekyndt. | Moulins (Allier) | Delvaux. |
| Bernay | Beauvivier. | Nantes | V⁰ J. Boissier. |
| Besançon | Bader. | Nice | Leriche. |
| Bordeaux | Servan. | Nimes | Bouchet. |
| Caen | Desmarquets. | Orange | Sautel. |
| Cahors | Mandelli frères. | Orléans | Garreau. |
| Cambrai | Dubois-Ancelin. | Perpignan | Charrasse. |
| Carcassonne | Boyer fils. | Reims | Lalouette-Chrétien. |
| Cette | Ed. Torquebiau. | Rennes | Veuve Raffaut. |
| Chalons-s'-Marne | Leclerc-Drouot. | Roanne | Defforges fils. |
| Charleville | Veuve Bodart. | Rodez | J. Bousquet. |
| Chartres | Fauveau-Bidet. | Rouen | Mazure. |
| Châteaudun | G. de Beauvivier. | Saint-Etienne | Doniol. |
| Châteauroux | Lachapelle-Millot & C⁰ | Saint-Flour | Delzers-Vidal. |
| Châtillon-s'-Seine | Petit-Demandre. | Sainte-Menehould | Charbonnier-Prat. |
| Clamecy | Guerbet-Séguin. | Saint-Quentin | L. Degon. |
| Clermont-Ferrand | Péret et neveu. | Sens | Etienne. |
| Cosne | Bonvin. | Tarare | Bœuf. |
| Dijon | Guerre-Ameline. | Tarbes | Chalamon. |
| Draguignan | Lanceman. | Toulouse | Trapé. |
| Elbeuf | Hamel. | Troyes | Bigey fils. |
| Epinal | Poulit. | Valence | Tarel. |
| Evreux | Maillart. | Verdun | Mazilier. |
| Foix | Trailin. | Villeneuve-s-Lot | A. Merc. |
| Fontainebleau | L. Raviart. | Villefranche (Rhône) | Pont-Desnoëls. |
| Gray | Febvrel père. | | |

PARFUMERIE SÉVIGNÉ

POUDRE DE RIZ

*Sarah Bernhardt*

*Parfumeur Fabricant*

FOURNISSEUR DES COURS ÉTRANGÈRES

Seul Autorisé.

48, Avenue Parmentier, 48

COMMISSION  EXPORTATION

Représentants à
LONDRES, BARCELONE, MADRID, BRUXELLES, BORDEAUX, TOULOUSE, LYON, RENNES.

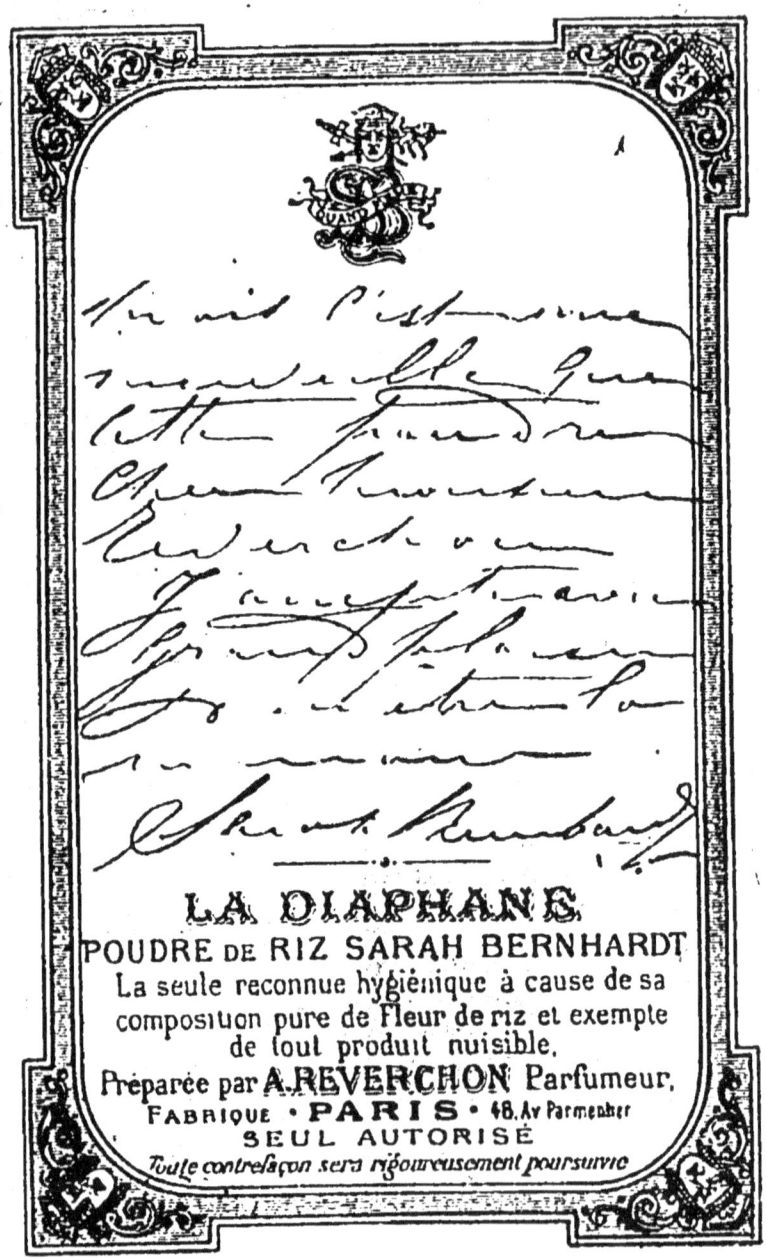

# Grand Café-Restaurant de Bordeaux

10, BOULEVARD BONNE-NOUVELLE, 10

**PARIS**

Consommations de 1ᵉʳ Choix

DÉJEUNERS à 2 fr. 50. — DINERS à 3 fr.

Maison organisée pour faire la Carte aussi bien que son Prix fixe

## SPÉCIALITÉ
DE
### Terrines de Foie Gras et de Gibiers

FABRICANTS

Châlet du Jardin-des-Plantes.

*La même Maison vient d'ouvrir un Etablissement en face du pont d'Austerlitz :*

98, QUAI DE LA RAPÉE, 98

*où elle joint à sa Fabrique de Terrines si goûtées du Public, un Restaurant à la Carte. (Prix modestes.)*

SALONS DE 200 COUVERTS

Salons de Société

# Café Français

❖ ❖

## A. BRISVILLE

❖ ❖

12 — BOULEVARD SAINT-DENIS — 12

PARIS

## Restaurant au Premier

Rendez-vous

DE MM. LES VOYAGEURS

de Commerce

# AMER PICON

## Délicieux Apéritif Algérien

### TONIQUE HYGIÉNIQUE

Supérieur à tous les Bitters connus

---

PREMIÈRES MÉDAILLES

A TOUTES LES EXPOSITIONS

---

Croix de la Légion d'Honneur

A L'EXPOSITION UNIVERSELLE DE PARIS 1878

---

## Entrepôt

POUR LA FRANCE ET L'EXPORTATION

Paris, Marseille, Rouen, Bordeaux.

*Fabrique de Cartonnages Fins*

# Gustave BESSIÈRE
## PARIS
### 5 — RUE DE BRAQUE — 5

ARTICLES
**POUR CONFISEURS, CHOCOLATIERS, PARFUMEURS**
Grand assortiment de Napolitains illustrés
400 MODÈLES DIFFÉRENTS
**CARTES, DOMINOS, FABLES, JOURNAUX
ENFANTS CÉLÈBRES, TRAVESTIS, JEUX ENFANTINS
PAIN ET VIN, TRIC-TRAC, GUIGNOL
JEU DE L'OIE, LES INSECTES, LANGAGE DES FLEURS
DEMANDES ET RÉPONSES.**

### Articles de Fumeurs pour Chocolatiers

Caisses Londrès de tout format
Paquets Cigarettes Caporal, Cigarettes universelles
Tubes pour Cigarettes, Paquets Cigarettes du Chasseur
Porte-Cigarettes Cuir, Boîtes Allumettes, Cigares
Paquets de Tabac.

---

BOITES RONDES, OVALES, OCTOGONES, FANTAISIES & NOUVEAUTÉS
Étuis à Croquettes
Caramels et Étuis pour Bonbons, Sacs carrés porcelaine et riches
Poches en tout genre
Portefeuilles pour Pastilles et Marrons glacés — Boîtes ivoire
Grand assortiment de Surprises
Boîtes plissées, Fer à dorer et Chromos pour Baptême, Fruits.

**ÉDITION DE CHROMOS EN FEUILLES**
Petits Journaux pour Réclames

# MONTPELLIER

##  Restaurant RIMBAUD

*Situé sur la rive du Lez, à quelques minutes de Montpellier.*

SERVICE D'OMNIBUS

Se recommande à MM. les Voyageurs par le confort et la célérité du service.

## TERRASSE, KIOSQUES

## Salons particuliers

## REPAS DE CORPS

*Bassin de Natation*

PROMENADES EN CANOT

# A L'USAGE DES BUREAUX

## Machine Autographique
### DE
### LÉON BRIET
Chef de Comptabilité aux Chemins de Fer de l'Hérault

TIRAGE RAPIDE — IMPRESSION NETTE
Seul Système récompensé à l'Exposition Universelle Paris 1878.
Adopté par l'École Normale et diverses Administrations.

CONSERVATION DES ORIGINAUX
SUR FEUILLES MÉTALLIQUES
Permettant le Tirage au fur et à mesure des besoins.

Prix : **150 à 300 fr.**, selon format.

**L. BRIET**, 9, rue Poitevine, 9, **MONTPELLIER**

## FOURNITURE DE PLANCHES
### TOUTES PRÊTES A IMPRIMER
En Caractère d'Imprimerie, Gravure, Lithographie ou Autographie

*Ces feuilles métalliques, que l'on conserve dans un carton comme tous les autres papiers, peuvent recevoir successivement plusieurs compositions.*

# Produits Alimentaires

## Ferdinand FOUQUES & Fils

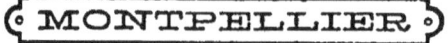
MONTPELLIER

GRANDE MANUFACTURE
DE
Chocolats, Réglisses en Suc et Pastilles
*VERMICELLERIE & PATES*
MOUTARDE

Usine à Vapeur Avenue de Toulouse

**MAISON DE VENTE**
*91, Boulevard du Jeu-de-Paume, 91*

# M.me Recolin-Delarebeyrette

### 33, BOULEVARD DU TEMPLE, 33

## PARIS

## MODES & COIFFURES

### Deuil, Demi-Deuil

## FLEURS & PLUMES

Hautes Nouveautés et Fantaisies

Chapeaux de Dames, Feutre, Paille
Peluche, etc.

## COIFFURES POUR ENFANTS

ET JEUNES FILLES

### Articles Riches & Ordinaires

### MODÈLES EXCLUSIFS

### EXPÉDITION EN PROVINCE

Franco de Port

## SIÈGES ET MEUBLES LAQUÉS

# A. RECOLIN FILS

### 33 — Boulevard du Temple — 33

## PARIS

Peinture, Décoration de tout style

### LAQUE

Dorure à l'eau, à l'huile et au four

## RÉPARATION ET IMITATION DE VERNIS MARTIN

Laques de Chine & du Japon, etc.

### NOUVELLE DORURE GARANTIE INALTÉRABLE

sur Bois, Plâtre, Carton-Pierre, etc.

Économie de **80 %** sur les Procédés connus

### Bustes en plâtre & en plâtre doré

#### DE TOUTES DIMENSIONS

pour intérieurs ou fêtes publiques

### ENTREPRISES A FAÇON

# A. GOUVERNEUR

### Fabrique de GAINERIE en tous genres

## 37 – QUAI DE L'HORLOGE – 37

MÉDAILLE D'ARGENT, PARIS 1878

ATELIERS : Place Dauphine, 24     ATELIERS : Place Dauphine, 24

PARIS     PARIS

### Fabrique spéciale de Boîtes & Coffres d'Argenterie

en Ebénisterie de tous genres et en Peau
pour Surtouts de table
Candélabres, Service de table,
Boîtes pour Couverts, à tiroirs avec agencement
facile pour le voyage
Coffres pour Bronze, Cristaux et Porcelaine
Boîtes pour Objets d'art, Armes de fantaisie
Nécessaire de voyage et de toilette

Boîte de voyage à tiroirs pour couverts.

Étui pour un couvert.

Boîte pour service à thé.

# MELLITE Végétal A. VAUVILLÉ
## EFFET MERVEILLEUX
### CONTRE

les Affections de Poitrine, les Engorgements des Viscères,
Bile, Glaires, Embarras gastriques,
Lourdeurs de Tête, Constipation, etc., etc.

**3 FR. LE FLACON**

La NOTICE de ce SIROP est envoyée franco
aux personnes qui en font la demande.

### Pharmacie VAUVILLÉ
42, RUE MONSIEUR-LE-PRINCE & RUE DE VAUGIRARD, 1

PARIS

# L'HYGIÈNE PRATIQUE
## JOURNAL HEBDOMADAIRE

Rédigé par les Sommités scientifiques dans le but de vulgariser l'Hygiène,
et rendre ainsi son application facile dans
la Famille, l'Ecole, l'Atelier, l'Armée, les Champs, etc.

L'Hygiène Pratique est le Journal le plus intéressant, le plus instructif et le meilleur marché de toute la presse scientifique de France.

PRIX DE L'ABONNEMENT : 3 FR. PAR AN

Adresser mandat ou timbres-poste à M. MARC de ROSSIÉNY, Administrateur-Délégué de l'Hygiène Pratique, 14, rue de la Tour-d'Auvergne, Paris.

# LA VIE DOMESTIQUE
## PARAIT TOUS LES SAMEDIS

La plus complète et la plus variée des Revues de la Famille.

La Vie domestique est rédigée par des Célébrités littéraires et scientifiques. Chaque numéro contient, en outre, une *Chronique de Mode* accompagnée d'un Patron découpé.

C'est le journal indispensable à tous les foyers, dont il est le conseil écouté. — Il offre à sa Clientèle des PRIMES qui sont de véritables occasions de séduction et de bon marché.

ABONNEMENT : 10 FR. PAR AN

Adresser mandat-poste à M. le Dir' de la VIE DOMESTIQUE, 14 r. de la Tour-d'Auvergne, Paris

# Brunel & Klein

## MÉCANICIENS-GRAVEURS

*Adjudicataires des Ministères et des Chemins de fer.*

**SPÉCIALITÉ DE MACHINES A DATER LES BILLETS**

Pinces à Plomber et à annuler les Billets

*Numéroteurs* pour *Folioter* les *Registres*

TIMBRES A DATES, ETC.

86, Faubourg Saint-Denis, 86
PARIS

---

# DENELLE

## Relieur-Doreur des LIVRES-ECHANGE

*Grande Spécialité pour la Musique*

S'OUVRANT ENTIÈREMENT

**RELIURES D'AMATEURS**

Lavage et Mise de Marges

53, RUE DES SAINTS-PÈRES, 53
PARIS

Typ. A. Lanier, rue Jacob, 11.

www.ingramcontent.com/pod-product-compliance
Lightning Source LLC
Chambersburg PA
CBHW070209240426
43671CB00007B/598